· 广西工业高质量发展研究中心资助项目

ZUZHI ZHONG DE
DUJI YU BEIDUJI
JIQI GUANLI

组织中的妒忌与被妒忌及其管理

潘清泉 著

企业管理出版社
ENTERPRISE MANAGEMENT PUBLISHING HOUSE

图书在版编目（CIP）数据

组织中的妒忌与被妒忌及其管理 / 潘清泉著. —北京：企业管理出版社，2023.10

ISBN 978-7-5164-2895-5

Ⅰ.①组… Ⅱ.①潘… Ⅲ.①嫉妒－组织管理学 Ⅳ.①C936

中国国家版本馆CIP数据核字(2023)第175538号

书　　名	组织中的妒忌与被妒忌及其管理
书　　号	ISBN 978-7-5164-2895-5
作　　者	潘清泉
选题策划	周灵均
责任编辑	张　羿　周灵均
出版发行	企业管理出版社
经　　销	新华书店
地　　址	北京市海淀区紫竹院南路17号　　邮　编：100048
网　　址	http://www.emph.cn　　电子信箱：2508978735@qq.com
电　　话	编辑部（010）68456991　　发行部（010）68701816
印　　刷	北京厚诚则铭印刷科技有限公司
版　　次	2023年10月第1版
印　　次	2023年10月第1次印刷
开　　本	710mm×1000mm　　1/16
印　　张	29.25
字　　数	410千字
定　　价	98.00元

版权所有　翻印必究·印装有误　负责调换

本专著是2020年教育部人文社会科学研究规划基金项目"组织中被妒忌员工的矛盾性体验及其二元对立性选择反应机制研究"(20YJA630050)的研究成果。

PREFACE

·序言·

"红眼病"或称妒忌（envy）是社会生活中普遍存在的一种现象。俗语说"有人在的地方就有比较"，一旦有了比较就会出现优劣之分，从而引发对优秀者的妒忌心理。其实，工作环境中也包含了大量可诱发妒忌的情境（Duffy et al., 2008），提供了许多可能令人不快的社会比较的机会，从而导致妒忌在工作场所中可以说是无处不在（Duffy et al., 2012）。工作场所中妒忌的普遍存在及其弥漫性影响使得管理实践者与组织行为学者对妒忌所产生的影响的关注日益增长。近年来，组织中妒忌与被妒忌研究主题的涌现可见一斑。

在工作场所中，员工会努力获得组织的奖励、提升和赞誉，不过在实现这些目标的同时，他们会发现自己已成为不成功的同事的妒忌目标。组织管理者与研究者一直以来主要关注如何激励员工使其变得更优秀，而很少考虑对优秀员工而言与成功相伴的较高的社会成本。研究表明，妒忌是一种不愉快的、痛苦的状态（Lieberman & Eisenberger, 2009）。由此，个体会被极大地激发去减少妒忌感。如果个体的妒忌感无法得到有效控制并减少，妒忌感一直持续的话，会导致各种有害的结果，如社会阻抑（social undermining)、攻击，甚至是犯罪（Duffy et al.，2012；Yu et al.，2018）。另有学者认为，妒忌是一种投入人际伤害行为的"行动呼吁"，尤其是采取旨在减少或者最好是完全消除被妒忌对象优势的行动（Smith & Kim，2007）。由此来看，优秀员工在获取个人成功和积极推进组织进步的同时，可能会由于他人的妒忌而受到一定的威胁甚至遭受"放冷箭"。如何在激励员工卓越发展和服务组织的同时，管理工作场所中由此可能引发的妒忌及其负面结果是一个亟待解决的现实问题。

妒忌伴随社会比较而产生。当个体缺乏他人的优秀品质或成就，而自己又渴望拥有这些东西或者希望对方没有这些东西的时候，妒忌就产生了。基于妒忌者视角，妒忌可能引发的个体反应会有所不同。工作中对他人的妒忌可能产生积极的结果，如激发个体努力，提升自我；妒忌也可能产生负面结果，如伤害行为。具体来说，妒忌的情感是令人不快的，因为妒忌同时伴随着挫败感和敌意（Smith & Kim，2007）。个体常常被激发去减少妒忌，减少妒忌者觉得自己不如人的挫败感（Crossley，2009；Dunn & Schweitzer，2006）。根据社会功能观，妒忌意味着个体需要采取一些纠正性行动（Smith & Kim，2007）。一方面，妒忌可能导致破坏性的行为模式（Cohen-Charash & Mueller，2007；Duffy et al.，2012；Vecchio，2007）；另一方面，妒忌也可能是自适应的（adaptive），通过让个体知道自己的绩效是相对不足的，从而激励他努力提升自己以达到一个更好的状态（Smith & Kim，2007；Tai et al.，2012）。根据情感的社会功能观（socio-functional perspective），妒忌可以看作一种既是自我威胁又是适应性的情感（Hill & Buss, 2006），它可能会驱使个体调动自己的资源以改善自己的相对状况（Lee & Duffy, 2014; Yu et al., 2018）。

随着妒忌相关研究的不断推进，普遍认为个体产生妒忌后的反应可能是拉低被妒忌者，也可能是提升自我（Duffy et al., 2012; Schaubroeck & Lam, 2004），但是对于选择不同反应的内在机制的研究还是相当少的（Yu et al., 2018）。知觉到自己缺乏并且渴望他人的优秀品质、成就或者拥有物是对自尊的一种很大的威胁（Duffy et al., 2012）。个体可能会通过以目标对象为代价夸大自我从而减轻与妒忌相联系的不愉快（Wert & Salovey, 2004），如作为一种工具性的攻击，社会阻抑行为是一种强有力的以他人为代价支撑自我的方式（Salmivalli, 2001）。还有研究发现，妒忌激活与道德脱离相联系的认知机制（Duffy et al., 2012），而个体对于妒忌对象（target）的基于身份的解释将影响道德脱离中介过程是否显著，具体表现为当对同事的社会认同较高的时候道德脱离的中介作用较弱（Duffy et al., 2012）。

虽然有关工作场所中妒忌的研究取得了较丰富的成果，但是组织中妒忌的研究长期以来主要关注的是妒忌或者基于妒忌者（envier）视角的分析（Cohen-Charash & Mueller, 2007; Dineen, Duffy & Henle et al., 2017; Duffy et al., 2012; 刘得格等, 2018），而对于被妒忌（being envied）的关注相对较少，已有文献缺乏一种关于被妒忌的影响效应及其过程机制的引导性理论观点。考虑到工作场所中妒忌的普遍性，缺乏对于被妒忌者或者妒忌对象的系统探讨将不利于全面理解工作场所中的妒忌，同时也不能更好地引导员工理解被妒忌对于妒忌对象动机与工作的影响效应（Lee et al.，2018）。

值得庆幸的是，近年来基于妒忌对象视角探讨被妒忌也被一些学者所提及并进行了一些初步的探讨（Vecchio，2005，2007；Lee et al.，2018），如员工被妒忌的原因是多种多样的。Lee等（2018）关注的是职场成功（workplace success），他们认为，职场成功可能是组织背景中导致妒忌产生的最普遍和最常见的原因（Schaubroeck & Lam，2004；Scott，Shaw & Duffy，2008）。Parrott（2016）也指出，被妒忌的原因几乎是无限的，可以说是无限可能。Lee等（2018）指出，被妒忌的原因不同引发的反应与结果也会不同。Lee等（2018）研究发现，被妒忌可能通过积极情感与消极情感双重路径引发对立性的行为反应。Exline等（2012）研究指出，个体的自恋水平不同可能导致对被妒忌的体验有显著的不同。表现突出的个体受到妒忌，一方面可能产生自豪感和骄傲感，反映了自己比他人优秀的当下状态（Lee et al.，2018；Mosquera et al.，2010），另一方面可能会担心来自他人的敌意以及被排斥（Exline & Lobel，1999）。可见被妒忌的反应并不确定，导致不同反应的机制及其影响结果究竟如何，仍然是未来需要深入探究的主题。

实际上，妒忌包括了互动与关系，妒忌在工作场所中的无所不在意味着被妒忌的体验在组织中也是很普遍的（Parrott，2016）。员工可能因为各种原因被妒忌，而工作场所中的成功（workplace success）是组织情境中被妒忌发生的最普遍和最常见的原因

（Schaubroeck & Lam, 2004；Scott, Shaw & Duffy, 2008）。妒忌是大多数员工想要避免的一种不受欢迎的状态（Duffy et al., 2012），被妒忌则未必如此。究竟什么人或者什么情境下想要避免被妒忌，而什么人或者什么情境下不仅不会避免甚至享受被妒忌的感觉，其中可能存在的个体差异或者情境差异是什么，需要进一步探讨。另外，被妒忌的反应也可能存在极大的个体差异。Lee等（2018）指出，对于妒忌对象的反应而言，可能联系着积极或者消极的情感评价，进而带来截然不同的结果，包括在工作投入以及工作绩效方面的表现。导致这一差异的原因与内在机制究竟如何，仍然是一个并不明确的问题。

概括而言，尽管快速发展的妒忌研究日益重视工作中被妒忌的一些相关问题探讨（Smith, Merlone & Duffy, 2016），但是现有的研究还是很少关注如何管理工作场所中的这一现象（Lee et al., 2018），如实际上妒忌与被妒忌直接影响到个体自尊与自我概念（Yu et al., 2018）。工作场所中的妒忌与被妒忌也可能影响到个体对自我或者自我身份的理解与感受，并可能作为一种外界刺激激发个体对自我职场身份（如工作身份）进行解构与再建构，即可能激发个体投入身份工作中（韦慧民和刘洪，2014；Watson, 2008）。通过身份工作建构起的新的工作身份又将影响其随后的体验与行为。又如，个体面对来自周围其他人的妒忌与被妒忌时可能引发何种性质的反应在很大程度上还受到环境特征的影响，如何有效引导环境中可能的积极力量，促进妒忌与被妒忌的积极性质反应，是值得管理学者和实践者高度重视的问题。正因如此，本书聚焦组织中伴随发生的妒忌与被妒忌现象，探讨妒忌与被妒忌的发生及其影响，并据此提出针对性的管理措施，以帮助组织管理者及其成员正视可能存在的妒忌与被妒忌现象，在利用其积极一面的同时尽可能地降低随之产生的负面影响。

潘清泉

2022年12月

CONTENTS

目录

PART 1　导　论

PART 2　组织中妒忌主题研究的发展：从妒忌到被妒忌

2.1 组织中妒忌研究的逐渐细化发展·10

2.2 组织中妒忌的产生与反应研究进展·16

    2.2.1　组织中妒忌的产生研究进展·16

    2.2.2　组织中妒忌的反应研究进展·17

2.3 组织中被妒忌引发的反应与内在机制研究进展·23

    2.3.1　组织中被妒忌引发的反应研究进展·23

    2.3.2　组织中被妒忌引发反应的内在机制与边界条件研究进展·25

2.4 组织中妒忌主题研究发展趋势小结·28

PART 3　职场中妒忌的研究进展及未来研究展望

3.1　引言·36

3.2　职场中妒忌的概念界定、维度与测量·38
　　3.2.1　职场中妒忌的概念界定·38
　　3.2.2　职场中妒忌的维度划分·40
　　3.2.3　妒忌与相关概念辨析·41
　　3.2.4　妒忌的测量·42

3.3　职场中妒忌的影响因素与发展机制·46
　　3.3.1　个体因素·46
　　3.3.2　情境因素·47

3.4　职场中妒忌的影响结果与内在机制·57
　　3.4.1　职场中妒忌的负面影响机制·57
　　3.4.2　职场中妒忌的积极影响机制·60
　　3.4.3　职场中妒忌的"双刃剑"效应机制·61
　　3.4.4　不同维度妒忌的差异性反应机制·62

3.4.5　职场中妒忌影响效应的边界条件·63

3.5　管理启示与未来研究展望·68

3.5.1　管理启示·68

3.5.2　未来研究展望·71

PART 4　同事妒忌对员工主动性行为的影响机制研究

4.1　问题提出·76

4.2　理论基础与研究假设·81

4.2.1　同事妒忌与员工主动性行为·81

4.2.2　工作倦怠的中介作用·83

4.2.3　精神型领导的调节作用·86

4.3　研究方法·88

4.3.1　研究对象及其特征·88

4.3.2　变量测量·90

4.4 数据分析与结果·94

    4.4.1　验证性因子分析·94

    4.4.2　共同方法偏差·95

    4.4.3　描述性统计与相关分析·95

    4.4.4　假设检验分析结果·97

4.5 研究结论与管理启示·101

    4.5.1　研究结论·101

    4.5.2　理论意义·102

    4.5.3　管理启示·103

    4.5.4　研究局限性与未来研究展望·105

PART 5　组织公平感对员工工作绩效的影响：同事妒忌的中介作用

5.1 引言·110

5.2 理论背景与研究假设·113

    5.2.1　组织公平感与员工工作绩效·113

    5.2.2　组织公平感与同事妒忌·116

  5.2.3 同事妒忌与员工工作绩效·117

  5.2.4 同事妒忌的中介作用·119

5.3 研究方法·121

  5.3.1 研究对象与程序·121

  5.3.2 测量工具·123

5.4 数据统计分析·127

  5.4.1 信效度检验·127

  5.4.2 描述性统计检验结果·129

  5.4.3 假设检验·131

5.5 结论与讨论·136

  5.5.1 研究结果·136

  5.5.2 理论贡献·137

  5.5.3 管理启示·138

  5.5.4 研究不足与未来研究展望·140

PART 6　员工社交媒体使用与亲社会行为：妒忌和公平感的作用

6.1　引言・146

6.2　理论推演与研究假设提出・150

　　6.2.1　员工社交媒体使用・150

　　6.2.2　员工社交媒体使用与同事妒忌・151

　　6.2.3　同事妒忌与亲社会行为・153

　　6.2.4　同事妒忌的中介作用・155

　　6.2.5　整体公正感在同事妒忌与亲社会行为之间的调节作用・157

　　6.2.6　有调节的中介模型构建・158

6.3　研究方法・160

　　6.3.1　研究样本与测量・160

　　6.3.2　测量工具・161

　　6.3.3　分析策略・162

6.4　研究结果・164

　　6.4.1　验证性因子分析与共同方法偏差检验・164

6.4.2 描述性统计检验结果·166

6.4.3 假设检验·168

6.5 结论与讨论·175

6.5.1 研究结论·175

6.5.2 理论贡献·176

6.5.3 管理启示·178

6.5.4 研究不足与未来研究展望·180

PART 7 领导者宽容差序、同事妒忌与员工创造力的关系研究

7.1 问题背景·186

7.2 研究假设提出·192

7.2.1 领导者宽容差序与同事妒忌·192

7.2.2 领导者宽容差序与员工创造力·194

7.2.3 同事妒忌在领导者宽容差序与员工创造力之间的中介作用·197

7.3 讨论与分析·199

    7.3.1 理论贡献·199

    7.3.2 管理启示·200

PART 8　工作场所中被妒忌研究述评

8.1 引言·204

8.2 工作场所被妒忌的概念界定与理论基础·207

    8.2.1 工作场所被妒忌的定义·207

    8.2.2 工作场所被妒忌的相关概念辨析·208

    8.2.3 工作场所被妒忌的理论基础·210

8.3 工作场所被妒忌的测量·213

    8.3.1 量表测量法·213

    8.3.2 情境诱发法·214

8.4 工作场所被妒忌的形成机制·216

    8.4.1 自恋·216

    8.4.2 社会依赖·218

    8.4.3 工作绩效·218

  8.4.4 个别协议·219

  8.4.5 职场地位·220

8.5 工作场所被妒忌的影响结果与反应机制·221

  8.5.1 工作场所被妒忌影响工作态度·221

  8.5.2 工作场所被妒忌影响工作行为·222

  8.5.3 工作场所被妒忌的矛盾性情绪体验的中介机制·226

  8.5.4 工作场所被妒忌影响效应的调节机制·227

8.6 结论、启示与展望·229

  8.6.1 研究结论·229

  8.6.2 管理启示·230

  8.6.3 未来研究展望·233

PART 9 中国文化背景下员工被妒忌感知对工作绩效的作用机制研究

9.1 引言·240

9.2 理论基础与研究假设·244

  9.2.1 被妒忌的概念界定·244

9.2.2　被妒忌、积极情绪与工作绩效·245

　　9.2.3　被妒忌、消极情绪与工作绩效·248

　　9.2.4　同事关系在被妒忌感知与情感反应之间的调节机制·250

　　9.2.5　有调节的中介变量·252

9.3　研究方法·255

　　9.3.1　研究对象与程序·255

　　9.3.2　变量测量·256

9.4　数据结果分析·258

　　9.4.1　验证性因子分析·258

　　9.4.2　共同方法偏差检验·259

　　9.4.3　假设检验·259

9.5　结论与讨论·265

　　9.5.1　结论·265

　　9.5.2　贡献·266

　　9.5.3　管理启示·267

　　9.5.4　研究不足与未来研究展望·268

PART 10　工作场所被妒忌感知对员工行为的影响机制

10.1　引言·274

10.2　理论基础与研究假设·278
  10.2.1　被妒忌感知与人际敏感性交互影响消极情绪·278
  10.2.2　消极情绪与逢迎行为·282
  10.2.3　消极情绪的中介作用·284
  10.2.4　有中介的调节模型·286

10.3　研究设计·288
  10.3.1　研究对象与程序·288
  10.3.2　变量测量·289

10.4　数据统计结果·294
  10.4.1　共同方法偏差检验·294
  10.4.2　信效度分析·295
  10.4.3　描述性统计分析·296
  10.4.4　假设检验分析结果·298

10.5 结论、讨论与展望·303

    10.5.1 研究结论·303

    10.5.2 理论贡献·304

    10.5.3 管理启示·306

    10.5.4 研究局限性与未来研究展望·308

PART 11 职场地位与员工工作行为：被妒忌感知与内在动机的影响

11.1 引言·314

11.2 文献回顾与假设提出·319

    11.2.1 职场地位与被妒忌感知·319

    11.2.2 被妒忌感知引发的矛盾反应：主动性行为与工作退缩行为·322

    11.2.3 被妒忌感知的中介作用·326

    11.2.4 内在动机的调节作用·327

    11.2.5 有调节的中介模型·330

11.3 研究设计·332
    11.3.1 研究样本与程序·332
    11.3.2 测量量表·334
    11.3.3 统计分析·337

11.4 数据分析结果·338
    11.4.1 验证性因子分析·338
    11.4.2 共同方法偏差检验·339
    11.4.3 描述性统计分析·340
    11.4.4 被妒忌感知的中介作用检验·340
    11.4.5 内在动机的调节作用检验·345
    11.4.6 有调节的中介效应检验·347

11.5 研究结论、理论贡献与管理启示·349
    11.5.1 研究结论·349
    11.5.2 理论贡献·350
    11.5.3 管理启示·352
    11.5.4 研究不足与未来研究展望·353

PART 12　基于被妒忌者视角的被妒忌差异性体验综合模型构建

12.1　被妒忌差异性体验的关键影响因素·358

12.2　差异性被妒忌体验产生的过程机制·360

12.3　差异性被妒忌体验产生的跨层面边界分析·362

12.4　妒忌对象的适应性选择反应的内在机制研究·365

　　12.4.1　认知—身份工作的联动影响机制·366

　　12.4.2　情感—身份工作的联动影响机制·368

　　12.4.3　妒忌对象差异性选择反应的边界条件·370

PART 13　工作场所中被妒忌者与妒忌者双主体影响下的被妒忌反应

13.1　基于被妒忌者视角的被妒忌者—妒忌者互动与反应动态发展·380

13.2 基于妒忌者视角的妒忌者—被妒忌者互动与反应动态发展·384

13.3 妒忌者—被妒忌者互动与反应动态发展的综合互动影响机制·387

13.4 被妒忌者—妒忌者互动视角下妒忌体验综合模型构建及管理策略·392

    13.4.1 关注领导者角色的发挥·393

    13.4.2 关注妒忌者角色的发挥·396

    13.4.3 关注被妒忌者角色的发挥·397

参考文献·399

后记·437

1
PART

导 论

组织中的妒忌与被妒忌及其管理

妒忌与被妒忌是人类社会生活中的一种普遍现象。妒忌与被妒忌是相伴而生的。其中，妒忌是人际互动过程中，因社会比较发现自己不如人而产生的一种消极情绪体验。妒忌这种情绪似乎是人们生活和工作中的普遍存在（Schoeck，1969）。近年来学者普遍将妒忌视作一种由于不利社会比较引起的极为痛苦和复杂的消极社会情绪，包括自卑、沮丧、不满，甚至是憎恶等（詹小慧等，2019；马君等，2021）。这种不利社会比较是当他人拥有自己想要但又不具备的稀缺资源时在心理上形成的一种落差感（González-Navarro et al.，2018；姚柱等，2020；王林琳等，2021）。可以说，妒忌作为一种普遍存在的个人情绪（Foster，1972），随着社会竞争日益激烈以及社会阶层流动性增强（Lu，2013）变得更为突出，并对个体产生了更为重要的影响作用，值得我们特别关注。

当前妒忌已经成为组织中一个重点研究主题。组织中的妒忌问题愈发突出，作为一种具有双重影响的情感状态，近年来引发了众多学者的关注。由于工作场所的整体环境极易引起员工的社会比较，包括薪酬分配、工作关系等方面，都可能是社会比较的内容，特别是在这些资源有限的情况下更是如此（Yu & Duffy，2017）。因此，工作场所中的妒忌影响更应该引起重视。

在工作中，妒忌情绪可以带来多种消极影响，比如引发反生产行为（González-Navarro，2018；詹小慧，2019；Mao，2020），降低被妒忌者的绩效（Duffy & Shaw，2000），等等。近年来随着研究的进一步深入，妒忌的积极影响也得到了证实，比如职场妒忌促使员工更加努力地工作（dineen，2017），激发内在动机（姚柱，2020），促进主动性学习（sibunruan，2016），提高工作绩效（kiyoung，2019）。这种促使个体通过个人努力和"挑战性行为"来获得自己想要的东西的妒忌情绪被学者称为"善意妒忌"（Sterling et al.，2016；Yu & Duffy，2016），通过"破坏性行为"把比较对象"拉下马"的妒忌情绪则被称为"恶意妒忌"（Duffy et al.，2012）。可见，对工作场所中妒忌的研究越来越细化。

与妒忌密切相关但又有显著不同的被妒忌也随着妒忌主题研究的发展得到越来越多的关注。被妒忌感是指当个体拥有他人渴望而又无法拥有的东西时产生的一种他人妒忌自己的感知（Yu et al.，2018）；李方君等，2020），是一种"被动"向下的社会比较（Molleman et al.，2007）。这种"被动"比较一方面是一种对潜在伤害与威胁的恐惧与忧虑，比如，担心妒忌者的排斥、厌恶、蓄意破坏等；另一方面是他人对个体能力的肯定，有助于被妒忌者体验到优越感和成就感（黄庆等，2019）。

被妒忌同样会产生双重影响：一方面，被妒忌员工往往是企业中的明星员工（Campbell，2017），因被妒忌而产生积极的自我评价，由此产生自豪感和优越感（Mosquera，2010），从而激励他们提高组织公民行为，如建言行为（陈丽金，2019），积极主动投身于工作中（Liu，2019），提高个体绩效（张兰霞，2021）；另一方面，明星员工因为被妒忌产生一种人际压力，这种人际压力使其对妒忌者可能采取的威胁破坏行为产生恐惧和焦虑（Exline，1995），这会耗费其大量的心理资源，使其无法将注意力集中于工作，因而表现出退缩性的工作行为（张兰霞，2021），导致绩效表现不佳。在面对人际压力时，个体倾向于采取措施以消除职场妒忌的消极影响，其中，隐瞒、自我贬低等是被妒忌者减小自我领先优势的主要应对策略（刘得格，2018）。一些员工还会采用道德伪善、冷漠逃避等策略来消除人际压力的消极影响（高旺，2014）。可见，面对被妒忌，不同的个体可能采取截然不同的应对措施。

概括而言，工作场所中的妒忌与被妒忌研究得到管理学者与管理实践者越来越多的关注，相关研究也取得了较为丰富的成果，但其中仍然存在不少问题需要深入检验。比如，近年来许多学者发现，妒忌不仅会影响妒忌者，对被妒忌者的影响也极为显著（Parrott，2017；Yu & Duffy，2017）。这种对于妒忌双方均产生重要影响的情绪状态对员工个人、所在团队以及整个组织都会产生重要影响。未来研究可以基于双主体视角探讨工作场所中妒忌的效应机制。又如，被妒忌是一个独特的概念，虽然与妒忌紧密相关，但又具有不同的特点。妒忌与被妒忌间的关系如何，被妒忌对于妒忌者和被妒忌者有何影响，等等，都可以进一步进行实证检验。总之，工作场所中妒忌与被妒忌是值得学者进行专门的深入探讨的主题，相信相关研究成果对于组织管理实践者同样深有裨益。

2
PART

组织中妒忌主题研究的发展：从妒忌到被妒忌

比较是社会生活中常见的现象，由此引发的妒忌心理更是常见，而具体到组织情境中妒忌更是不可避免的。组织中利益与地位的差异导致比较更容易被激发，优秀与否及其后果对比的差异更为明显。可见，组织提供了对妒忌研究更为适合的场所。不过，组织情境中的妒忌研究长期以来主要是基于妒忌者视角探讨妒忌的发展及其影响，包括可能引发妒忌的环境和个体因素有哪些，妒忌可能带来的妒忌者反应及其内在机制是什么，等等，而基于被妒忌者视角探讨妒忌的影响及其发展近几年才逐渐引起学者的重视。综合来看，学者们主要是对组织中妒忌的影响因素以及反应机制探讨得比较多，而对被妒忌的影响因素的关注相对较少，特别是有关组织中被妒忌反应机制的研究更是鲜见。

虽然有研究表明，妒忌与被妒忌的知觉与体验是密切相关的（Lee et al., 2018），但是毕竟妒忌不同于被妒忌（刘得格等，2018），在组织情境中妒忌与被妒忌的影响因素以及影响效应也会有所不同。虽然组织中的妒忌研究取得了一定的成果，但还是有必要对工作场所中被妒忌问题进一步展开相关研究。例如，与被妒忌相关的情感体验是多面的（Lee et al., 2018），未来可以深入探讨与被妒忌相联系的各种可能的情感，包括积极情感和消极情感。又如，很少了解工作中被妒忌知觉或者体验可能会引发员工怎样的反应，以及中间的边界条件是什么，等等（Vechio, 2005, 2007; Lee et al., 2018）。总之，组织中妒忌研究的发展是逐渐由关注妒忌到关注被妒忌，未来还需要对被妒忌可能激发的反应及其机制进行深入剖析。

2.1 组织中妒忌研究的逐渐细化发展

社会比较可能会引发不同的情感，而其中的一种主要情感就是妒忌（Dineen et al., 2017）。妒忌伴随社会比较而产生（杨丽娴和张锦坤，2008）。在社会比较过程中，当个体发现自己缺乏某人的优秀品质、成就或者财富，而自己又很渴望拥有这些东西或者希望对方没有这些东西的时候，妒忌就产生了（Parrott & Smith, 1993）。可见，妒忌是与社会比较紧密相连的，可以说是社会比较的最直接的产物。

关于妒忌的定义，不同的学者有不同的看法。Smith 和 Kim（2007）认为，妒忌是一种令人不快的情感，可能引发一种行动呼吁（call to action）。Tai、Narayanan 和 McAllister（2012）认为，妒忌是伴随不利社会比较或者上行社会比较而产生的一种痛苦的负面情感。吴宝沛和张雷（2012）梳理文献指出，心理学家将妒忌视为个体在社会比较中发现他人拥有但自己渴望而又缺乏的东西所产生的一种不愉快感受。从上述关于妒忌的定义来看，妒忌因为社会比较而产生，不过社会比较是否一定会引发妒忌，还取决于个体对于比较物的看法。上述定义指出，在进行社会比较后，发现自己没有某样东西同时自己又对之非常渴望时才会产生不快体验。由此看来，妒忌体验的产生与否会因个体的想法不同而有所不同。实际上，面对不利社会比较，个体也可能会做出平静的反应，如对自身缺乏的东西保持平静的心态。

随着研究的不断推进，对于妒忌的探讨也越来越细化，其中一个主要特点就是对妒忌进行分类研究。基于不同的标准，妒忌有不同的细化维度。根据妒忌诱发因素的差异，妒忌可以分为三个维度，即环境性妒忌、特质性妒忌与情景事件妒忌；根据性质不同，妒忌可以划分为恶意妒忌与善意妒忌；根据对象地位的不同，妒忌可以分为同事妒忌、下行妒忌和上行妒忌。

（1）三维度的妒忌划分：环境性妒忌、特质性妒忌与情景事件妒忌。

有学者根据妒忌的诱发因素差异将妒忌细分为环境性妒忌、特质性妒忌与情景事件妒忌（Duffy et al., 2012）三个维度。首先，环境性妒忌（situational envy），即在一个环境中对他人的普遍性妒忌，如在一个工作环境或者一个团队中，这种妒忌包括多个参照对象或者比较者（Duffy & Shaw, 2000）。在环境性妒忌中可能不存在一个明确的妒忌对象，而可能是一种偏向于弥漫性的体验。其次，特质性妒忌（dispositional envy）（Smith, Parrott & Kim et al., 1999），即跨越不同环境的一种普遍性倾向。由此看来，特质性妒忌是个体的一种倾向性特征，不针对具体环境或者具体个人。最后，情景事件妒忌（episodic envy），即对一个具体事件的情感反应，是源于一个具体事件或者是遇到一个特定目标对象而产生的妒忌,它以一个具体的个人作为参照对象（Cohen-Charash,2009）。个体在一个工作环境中对他人的环境性妒忌不同于特质性妒忌和针对具体个人的情景事件妒忌（Duffy et al.,2012）。

上述三种不同维度的妒忌可能的引发因素不同,其带来的个体反应也会有所区别。因此,在探讨妒忌时需要进一步区分妒忌是由什么因素诱发的,可能的具体反应机制是什么,从而可以更具针对性地对不同维度的妒忌提出更有效的妒忌管理策略。例如,环境性妒忌没有明显的针对对象,而情景事件妒忌是针对具体事件或者具体对象的,那么已有研究中妒忌引发的针对妒忌对象的"拉低策略"可能更适合情景事件妒忌的情况,而非环境性妒忌情境。

（2）二维度的妒忌划分：恶意妒忌与善意妒忌。

还有学者根据性质来对妒忌进行分类,包括恶意妒忌（malicious envy）与善意妒忌（benign envy）（刘得格等,2017；王月竹等,2013）。其中,恶意妒忌是指对于被妒忌者持有一种恶意或者敌对的情绪,善意妒忌相比恶意妒忌则少了一种敌对情绪。由恶意妒忌引发的更可能是针对妒忌对象的一种拉低策略,即很可能引发损害妒忌对象的行为或者对被妒忌者的破坏行为；善意妒忌则会产生一种自我改善的动机,而不是试图通过拉低优秀的人使之与自己齐平来显示自己并没有不如人。

这种根据性质区分的妒忌从妒忌的不同界定中就可得知面对妒忌时妒忌者会产生的反应,如由"羡慕忌妒恨"带来的针对妒忌对象的社会阻抑或者攻击等负面行为则是恶意妒忌的表现。不过，这种根据性质划分的妒忌类型是在出现妒忌后果时才显得更为清晰，使得具体实证检验不同性质的妒忌产生的原因以及后果可能会比较困难，毕竟这种敌对或者恨意的心理感受在测量过程中是难以直接让测量对象回答的，可能通过观察后果来判断结果更为准确。

（3）三维度的妒忌划分：同事妒忌、下行妒忌与上行妒忌。

依据妒忌对象地位的不同可以将妒忌划分为同事妒忌（横向妒忌）、下行妒忌与上行妒忌。同事妒忌或者横向妒忌是指对于与自己地位相同的人（如自己的同事）产生的妒忌；下行妒忌即对地位低于自己的人产生的妒忌；上行妒忌刚好与下行妒忌相反，即是对地位高于自己的人产生的妒忌。就具体妒忌对象而言，Yu等（2018）研究了下行妒忌，即当领导知觉到下属拥有某种自己渴望而又缺乏的东西时所引起的一种不如人的痛苦感受。

对于妒忌的研究，早期一直强调的是因领导职位可能获得的好处，所以长期以来人们都认为处于领导职位的个体不太可能或者说不会那么容易对自己的下属产生妒忌，即认为下行妒忌是较少发生的。正因如此，妒忌研究文献主要关注的是横向妒忌（如同事间的妒忌）以及上行妒忌（如下属对于上级的妒忌）（Duffy, Shaw & Schaubroeck, 2008；Yu & Duffy, 2016）。实际上，下行妒忌也是屡见不鲜的（Menon & Thompson, 2010）。领导也可能体会到来自对下属的优越性与社会地位的知觉的威胁，具体来说，当知觉到下属拥有很强的社交技能，展现出领导潜能，发展了与更上层领导的亲密关系，以及被看作是创新观念与想法的来源的时候，可能会引发领导对于下属的妒忌（Yu et al., 2018）。

对于比自己地位低的人产生妒忌的情况古已有之,如中国的"武大郎开店"便是一个体现。

(4)其他分类:针对具体情境的特定类型妒忌。

妒忌可能是具体情境妒忌,即针对具体的情境产生的忌妒。就具体情境而言,Dineen等(2017)研究了工作搜寻妒忌(job search envy),即一种特定工作搜寻领域的环境性妒忌。这种环境性妒忌不同于特质性妒忌。特质倾向性妒忌是一种在不同的生活情境中体验妒忌的普遍化倾向(Smith,Parrott & Kim et al.,1999)。

就Dineen等(2017)的妒忌研究来看,当学者们要研究具体的妒忌时,可以考虑妒忌发生的情境,如工作搜寻情境下产生的妒忌就可能有不同于其他环境性妒忌的诱发因素,妒忌者的反应也可能会有所不同。因此,当研究Duffy等(2012)所强调的环境性妒忌时,还需要进一步区分所针对的特定环境,以便获得更具特点的研究发现与创新,从而促进工作场所妒忌研究的深入开展。

综合上述分析,工作场所中关于妒忌的研究在不断地细化发展,一个比较突出的表现即是将组织或者工作场所中的妒忌划分为不同的类型,要么是同时比较不同类型的妒忌,要么是针对具体某一类妒忌展开研究。可见,工作场所中的妒忌有不同的细化维度与内涵界定,对于工作场所中妒忌的探讨需要区分不同类型的妒忌,以便深入准确地研究工作场所妒忌的内涵、发展及其影响机制。如Vecchio(2005)在探讨工作场所妒忌(workplace envy)时就指出,个体在工作环境中会识别出与多个比较者之间在社会身份地位、工作绩效、待遇等方面的差异。这些比较可能并不是一个具体短暂的情景事件,而是多个令人不快的比较的现存状态。这是因为社会比较过程常常要考虑一个或者多个与自己相关的他人(Wood,1996)。据此,工作场所妒忌可以重点关注环境性妒忌,同时对比特质性妒忌与情景事件妒忌,以便更全面地理解工作场所的妒忌。另外,不同性质的妒忌、不同情境或者不同对象的妒忌也是可以进一步关注的妒忌研究切入点。比如,过去研究者常常忽视的下行妒忌实际上也是组织中普遍存在的一种现象,并且可能有与同事妒忌或者上行妒忌不同的发展过程和影响结果,值得我们特别关注。总之,关于组织中妒忌的研究得到了很大的发展,随着研究的不断推进,不断细化探讨不同类型或者特定环境下的妒忌将是未来妒忌研究的一个发展趋势。相信针对细化分类的特定类型妒忌的探讨是促进组织中妒忌理论研究发展的一个有益尝试,也是调和已有关于组织中的妒忌研究发现中存在矛盾结论的一种可能的途径。

2.2
组织中妒忌的产生与反应研究进展

2.2.1　组织中妒忌的产生研究进展

为了更好地管理组织情境中的妒忌，还需要了解妒忌产生的原因及其内在机制。实际上，个体在工作场所中产生妒忌可能受到多种因素的影响，包括个体层面因素、环境层面因素等。妒忌是否会产生以及所产生的妒忌的程度往往会受到上述两大类因素的跨层面影响。

第一，个体层面影响因素。个体层面对于妒忌的影响因素包括个体的文化价值观、控制感等。Parrott 等（2008）、Exline 和 Lobel（1999）都指出，个体层面的个人主义—集体主义文化价值观对于妒忌有着显著影响。Van de Ven 等（2011，2012）指出，个体的控制感影响个体的妒忌体验与反应。

第二，环境层面影响因素。环境层面因素对于妒忌的影响也非常明显。Duffy 等（2012）指出，社会背景因素，如低的社会互依性（social interdependence）以及有关负面行为被惩罚的可能性的组织规范也会影响妒忌对于社会阻抑影响效应的大小,值得未来进行深入检验。Sterling等(2016)就强调,组织中的竞争氛围会对妒忌产生影响。竞争会加剧个体间的恶意妒忌(Cohen-Charash,2009)。组织中较强的竞争氛围使个体在不利比较中更易产生消极体验,也更倾向于对被妒忌者表现出敌意行为。Hoogland等(2016)也认为,组织中的竞争氛围会导致更多的恶意妒忌。另外,有学者指出,如果工作场所是一个"病态的系统",如处于一种较高水平的敌对与不信任的关系状态,则个体应对妒忌的策略是难以产生良好效果的(Adler et al.,1994;王月竹和方双虎等,2013)。

由此可见,组织情境中对于妒忌影响因素的探讨相对较少,虽然个体层面因素和环境层面因素都有提及,但是涉及的因素还是有限的,未来还需要进一步拓展研究其他可能的个体因素与环境因素,以加深对"妒忌为何发生"这一问题的理解。另外,个体是处在一定的环境之中的,未来还可以通过跨层面设计探讨环境—个体跨层面影响模型,以便更好地理解"什么样的人在什么样的环境下更易产生妒忌"这一问题。

2.2.2 组织中妒忌的反应研究进展

1.组织中妒忌可能引发的两种不同性质的反应研究进展

有利的社会比较信息会让人感觉愉悦,而不利的社会比较信息会让人将注意力聚焦于自己相对其他同事所缺乏的东西上（Hogg, 2000）。由不利社会比较引发的妒忌可能产生的影响得到许多研究者的关注，相关成果也较为丰富。基于妒忌者视角，妒忌可能引发的个体反应会有所不同。工作中对他人的妒忌可能产生积极的结果，如激发个体提高自身绩效或者努力进行自我提升（Duffy, Shaw & Schaubroeck, 2008；Schaubroeck & Lam, 2004）。不过，妒忌也可能产生负面的结果，如道德脱离和社会阻抑（Duffy et al., 2012）。通过对已有妒忌研究结果的归纳发现，妒忌者可能会产生两种用于管理妒忌引发的自尊威胁的适应性反应（adaptive response），即拉低策略与提升策略。

第一，拉低策略。妒忌适应性反应的一种常用策略是拉低目标对象（leveling-down），即通过让被妒忌者承受某种条件或者损失的方式来缩小知觉到的妒忌者与被妒忌者之间的差距（Smith & Kim, 2007；Yu & Duffy, 2017）。这种策略意在剥夺被妒忌对象被知觉到的优势。Duffy等（2012）发现，个体管理妒忌的方式之一就是通过社会阻抑（social undermining）来阻挠同事的成功，从而缩小可能导致不利社会比较的结果间的差距。此外，个体还可能采取反生产工作行为（Cohen-Charash & Mueller, 2007）、非伦理行为（Gino & Pierce, 2009）等。可见，工作场所中妒忌引发的个体负面反应常常是拉低优秀者，以使得自己与优秀者的差距在感觉上是缩小了。一般而言，妒忌被管理者忌惮的主要原因即是妒忌者的这种"损人而可能并不利己"的反应，导致组织或者团队管理效能下降。组织管理者对于妒忌管理的一个重要方面即是尽可能地降低妒忌可能引发妒忌者的负面行为反应。由此看来，管理学者深入探究妒忌与负面反应间可能的缓冲条件便十分重要了。

第二，提升策略。提升策略（level-up），即通过增进妒忌者的优势来缩小知觉到的与被妒忌对象优势间的差距（Dineen et al., 2017；Yu & Duffy, 2016；Yu et al., 2018）。有研究指出，妒忌是一种社交适应性体验，可能激发个体追求自我提高（self-improvement）的动机（Yu et al., 2018）。研究发现，个体对同事的妒忌可能会提高其工作动机（Cohen-Charash, 2009），提高其任务绩效（Schaubroeck & Lam, 2004），加强其与被妒忌者的关系（Vecchio, 2005），促使其做出更合意的职业选择（Dineen, Duffy & Lee et al., 2017）。由此可见，妒忌者面对自己不如人的妒忌情境可能做出的反应，除了前面所说的拉低妒忌对象之外，还有一种更为积极的反应方式，即努力提升自己，让自己变得更加优秀，从而缩小自己与优秀的妒忌对象间的差距。不过，由于努力提升自己以达到缩小与优秀者间的差距之目的可能需要花费很多的精力与时间，并且其效果短时间内可能难以显现，所以妒忌者面对妒忌时选择提升策略需要有强大的毅力和恒心。

2. 组织中妒忌反应的内在机制研究进展

鉴于妒忌可能引发个体选择两种不同的适应性反应策略，学者们又尝试进一步剖析导致这一差异的可能的原因，以便明确理解究竟在什么样的条件下妒忌更可能引发个体的积极反应。虽然拉低策略与提升策略有一个共性，是意在缩小妒忌者与被妒忌者之间的差距，但是两者间存在本质上的差异。具体来说，拉低策略是把优秀者"往下拉",而提升策略是把自己"往上提"。由此看来,组织管理者为了组织发展目的显然更愿意看到妒忌者与被妒忌者均向上表现出优秀的结果,即希望妒忌者更多地采取提升策略。因此,妒忌—反应策略关系间可能的边界影响因素研究便显得更有价值了,包括妒忌—提升策略的强化条件与妒忌—拉低策略的缓冲条件。这些研究发现相信都能够为组织管理者"扬长避短"以促进全体成员共同进步提供有效指导。就目前梳理的组织妒忌研究文献来看,妒忌与个体反应选择之间的机制和边界条件研究还在不断发展之中,未来仍需要进行深入探讨。

首先,就妒忌—反应间的关系机制研究来看,有学者指出,妒忌引发拉低策略反应的一个重要因素是妒忌员工要克服在工作环境中伤害他人的个人以及社会障碍(Duffy et al., 2012)。就个人方面而言,妒忌会提高个体的道德脱离,使得妒忌员工可以克服认知障碍或者自我制裁,即妒忌通过道德脱离的中介机制引发有害的人际行为;而就社会障碍方面而言,对同事的社会认同以及社会阻抑规范具有重要影响作用。可见,妒忌之所以会引发个体消极反应或者所谓的拉低策略其实是在妒忌之后有关个体道德调节机制或者环境控制机制下降或者缺失所致。加强个体的道德自我调节或者组织环境中的制度控制或者社会控制机制(如不遵守相关规范可能受到社会关系损失的影响),不失为一种缓解妒忌引发个体消极反应的有效途径。

其次,就妒忌—反应间的边界条件研究来看,Yu等(2018)的研究基于社会认知理论(theory of social cognition)指出,领导在妒忌下属的时候所采取的行为反应还受到一些权变因素的影响，如对于下属的友好和能力的知觉也可能影响妒忌所引起的领导的行为反应。下行妒忌会激发领导的自尊威胁知觉，而这会进一步引发对被妒忌下属的评价，主要是对于其友好性以及能力的评价，进而决定了领导会采取怎样的缩小引起自尊威胁的差距的适应性反应。基于社会认知观，影响个体对他人印象的重要因素有两个，即友好和能力。友好（warmth）包含与有帮助的、可信的及美德等有关的特征。能力反映了与才能、效率等有关的特征。总的来说，人们会基于对他人的意图（如友好）以及实现这些意图的能力的评价形成对他人的印象。心理学家指出，当个体试图对外部环境进行理解和做出反应时，会依赖于那些有关他人的意图和执行这些意图的能力的信息（Cuddy et al., 2008；Fiske et al., 2007）。基于这些信息做出的判断会影响对他人的情感反应体验，如可以从蔑视到羡慕钦佩，对他人的行为反应则可以从怠慢到合作（Cuddy et al., 2011）。可见，当个体产生妒忌之后会有什么样的反应还可能受到个体对妒忌对象的认知评价的影响。如果知觉妒忌对象是"没有恶意的，并且真的有能力"，在看到妒忌对象比自己优秀而产生妒忌时更多时候引发的是一种偏向于善意的回应。基于此逻辑，实际上个体面对妒忌做出的反应可能会受到对外界刺激信息是否会威胁到自己的评价的影响，而外界刺激信息除了妒忌对象的意图与能力之外，还包括环境信息，如自己所处的集体或者团队处于过度竞争状态的话，知觉到他人的优秀意味着自己受到的威胁可能会增大，从而面对妒忌时更可能产生拉低策略的负面反应。不过，相关研究还是比较少的，未来需要对妒忌—反应的边界条件进行探讨，包括被妒忌者个人因素和组织环境因素等可能影响妒忌者对于妒忌可能威胁到自我的刺激因素，以及影响个体对信息解读的妒忌者自身因素的探讨。

综上来看，组织中妒忌可能引发的妒忌者反应受到了较多学者的关注，早期研究一个普遍的结论即是妒忌会引发的妒忌者反应并不是唯一确定的，而是可能有着两种性质截然不同的反应，包括拉低优秀者的负面反应与提升自己的积极反应。在此背景下更为重要的是，要明确在何种条件下会产生负面反应，而什么时候更可能产生积极反应。因此，组织管理学者的研究就将关注重点放到了在工作场所中妒忌引发个体反应的内在机制以及可能的边界条件研究上。明确"何时以及为何妒忌的个体会产生更为积极的表现而不是破坏行为"将是未来组织中妒忌研究的发展趋势。

2.3
组织中被妒忌引发的反应与内在机制研究进展

2.3.1 组织中被妒忌引发的反应研究进展

组织中妒忌的研究早期关注的是妒忌者,而随着研究的不断推进,对于被妒忌者的可能影响逐渐得到管理学者和实践者的重视。基于被妒忌者视角,被妒忌的体验与反应表现出较大的差异:一方面,被妒忌可能是令人愉快的,因为它可能引发一种自我提升感、自豪感、优越感及成就感(Mosquera, Parrott & de Mendoza, 2010; Parrott & Mosquera, 2008; Lee, Duffy & Scott, 2018);另一方面,被妒忌可能激起个体由于威胁到了他人的自尊而可能破坏自己的社会关系结构的害怕和担心(Daubman & Sigall, 1997; Juola Exline, 1996; Parrott & Smith, 1993)。就被妒忌者的具体反应来看,一些妒忌对象会对他们的能力感觉更自信、更骄傲,并被激励从而更努力地工作(Lee et al., 2018)。

还有一些被妒忌对象会感到焦虑并受到极大影响,不能聚焦于工作,甚至会想到要辞职(Kodewrita,2012;Lioyd,2003)。

对于被妒忌,个体可能会采取一定的应对策略。Parrott等(2008)认为,被妒忌者会通过鼓励和帮助他人等关系修复与发展行为来降低自己所担心的与他人关系受到威胁等消极结果。Henagan和Bedeian(2009)发现,被妒忌者可能通过减少努力和降低自身业绩来尽可能地减少来自他人的妒忌。Van de Ven等(2010)的实验研究表明,被妒忌者为了减少他人的妒忌,可能会表现出更多的亲社会行为,如提出建议或者帮助他人。不过这种行为常常是针对潜在妒忌者而不是所有人。由此看来,帮助行为可能是被妒忌者采用的一种应对被妒忌的策略。Yu和Duffy(2017)指出,被妒忌者可以通过与妒忌者分享重要资源以及自己的知识技能等方式来解除被妒忌的困境。刘得格等(2018)在总结他人研究的文献综述中指出,被妒忌的个体在面对他人妒忌时采取的行为策略主要有两种,即强化策略(如炫耀行为、亲社会行为等)和弱化策略(如隐藏行为、展现谦虚等)。

由此可见,在工作场所中当面对被妒忌的困境时,表现优秀的妒忌对象可能受到的影响和做出的反应也有很大的不同,所以组织管理者特别想知道究竟如何做才能让那些成为妒忌对象的优秀组织成员受到的是正面激励而不是因害怕而退缩。在此背景下,组织管理学者就将对组织内被妒忌的研究转向了被妒忌反应的内在机制以及可能的边界条件的研究,以更好地理解"为何以及何时被妒忌引发的是妒忌对象的更为积极的表现"。

2.3.2 组织中被妒忌引发反应的内在机制与边界条件研究进展

1. 组织中被妒忌引发反应的内在机制研究进展

关于组织中被妒忌引发反应的内在机制问题，有学者探讨了组织中被妒忌的情感机制，即被妒忌可能引发个体的不同性质情感体验，进而导致其产生不同的态度与行为反应。Lee等（2018）提出并检验了源于个体对工作场所中被妒忌知觉的双重情感与动机体验模型。他们提出，被妒忌可能是令人高兴的也可能是令人不愉快的情感体验，进而可能对后续动机与工作绩效产生对立的影响。具体来说，他们的实证研究表明，被妒忌可能给个体带来不愉快的情感体验以及焦虑情绪，进而对其工作投入和工作绩效产生负面影响；另外，被妒忌引发的积极情感体验（如积极情绪）可能会提高个体的工作投入度和工作绩效。基于情感的认知评价理论（cognitive appraisal theory of emotion）（Lazarus,1991），被同事妒忌可能产生的两种情感体验（高兴或者不高兴）影响着员工在工作中究竟是追求"走在前面"的目标（getting ahead）还是"和同事保持在同一水平"的目标（getting along）。

因被妒忌产生的不同情感体验可能会对个体后续的工作投入和工作绩效产生截然不同的影响。因被妒忌产生的这些情感体验会影响妒忌对象是否觉得在组织中努力工作是重要的和安全的，以及是否有足够的资源来完成工作角色要求（Kahn，1990）。尽管被妒忌可能关系着妒忌对象在工作场所中引发妒忌的地位的利益或者优势，但是被妒忌的员工也可能体验到负面的情绪以及对于被妒忌可能带来的关系破坏的焦虑，这些负面的情感反应可能有害于被忌妒员工的工作投入以及各种类型的绩效结果。

2.组织中被妒忌引发反应的边界条件研究进展

鉴于组织中被妒忌可能引发的个体反应有着很大区别，学者们开始着手进行组织中被妒忌引发反应的边界条件研究。由上述内容可以看出，被妒忌可能产生积极的情感体验，也可能产生负面消极的情感体验，而导致这种可能的对立体验的因素有多个层面，如个体层面因素及情境层面因素都可能影响个体被妒忌时产生的反应。

就个体层面因素而言，Exline等（2004）指出，自恋水平较高的个体更乐于看到自己表现优秀，而对于他人可能因此产生的敌意他们并不关注。Exline和Zell（2012）发现，高水平自恋的个体对于自己比他人优秀更可能产生积极情绪体验。可见，高水平自恋的个体更可能享受被妒忌，由被妒忌引发的体验更可能倾向于积极方面。由此看来，被妒忌者的个体特征可能会影响其对于被妒忌事件的解读和评价，从而导致差异性的反应。不过究竟可能引发这种差异反应的个体特征有哪些还需要未来进行深入挖掘，除了个体自恋水平之外，个体的敌意归因特征或者敏感性特征等是否也可能产生影响，值得未来进行实证检验。

就情境因素而言，工作环境和团队氛围对于被妒忌者的反应会产生重要的影响（Lee et al.，2018）。在组织中个体是处于一定的环境中，而这一环境氛围对于个体的影响常常是难以消除的。如个体处于竞争性极强的氛围之中或者处于关系质量很差的环境之中，成员间的相互猜忌或者敌意更深，那么个体被妒忌时更可能倾向于归因存在较大的威胁，因而做出的反应可能更偏向于消极的方面，但是究竟哪些环境因素或者氛围更容易影响被妒忌个体的反应还需要进一步进行实证探讨。

综上所述，虽然组织中被妒忌引发反应的内在机制与边界条件研究开始得到组织学者的关注，但是相关研究还是比较少的，未来还需要进一步地拓展相关研究，如组织中被妒忌引发反应除了情感机制之外，认知是否也是一种重要机制或者情感与认知可能共同影响被妒忌反应，而边界条件中个体特征与环境氛围是否共同影响被妒忌反应选择等问题，都是需要进一步探究的重要问题。

2.4 组织中妒忌主题研究发展趋势小结

组织中的妒忌与被妒忌研究已经成为组织行为领域的一个重要主题，得到了众多管理学者的关注，相关的研究成果也比较丰富并在进一步发展。相信随着研究的不断推进，对于组织中妒忌与被妒忌相关问题的认识会越来越深刻，而就此给组织管理实践者提供的借鉴与参考会更具针对性和有效性。具体来说，现有的组织中妒忌主题研究发展趋势主要可以归纳为以下几个方面。

首先，基于妒忌者视角的组织中妒忌主题研究越来越细化。组织中妒忌主题研究得到越来越多的学者的关注，相关研究也在不断推进，学者的研究日益细化。如根据主客体不同区分妒忌与被妒忌（Lee et al., 2018）；区分不同方向的妒忌，如上行妒忌、横向妒忌和下行妒忌（Yu et al., 2018）。因为妒忌引发的体验与反应策略不同于被妒忌的相应反应策略，而下行妒忌又不同于上行妒忌和横向妒忌，所以这种妒忌研究的细化发展将有助于更深入地挖掘组织妒忌研究并获得更为深刻的发现。

其次，组织中妒忌主题的研究由早期的关注妒忌者转向对被妒忌者的关注。之前的已有研究主要是从妒忌者视角探讨妒忌产生的原因以及可能引起的相关反应，而从被妒忌者视角探讨妒忌的可能影响的相关研究还相对较少。Yu等（2018）在探讨下行妒忌问题时，就明确指出未来研究可以探讨下属作为一个被妒忌者会如何对领导的下行妒忌做出反应。实际上，近年来的相关研究表明，被妒忌对象可能会做出不同的反应，从因为自己的成就和优势而感到高兴到对妒忌者感到害怕（Rodriguez Mosquera，Parrott & Hurtado de Mendoza，2010；Yu & Duffy，2016）。不过，被妒忌也是近年来才开始受到组织管理研究者的关注，尚处于探索阶段，仍有许多不明确之处需要进一步研究（Smith et al.，2017；Yu et al.，2018；Lee et al.，2018；刘得格等，2018），如可以基于引发妒忌的原因视角分析其可能带来的被妒忌者的不同反应。因为不同原因的妒忌可能引发的被妒忌对象的反应也会有所不同。Lee等（2018）关注职场成功引发的妒忌导致的被妒忌对象的情感反应，以及随后的动机与绩效影响。未来研究还可以进一步探讨其他原因诱发的妒忌引发的被妒忌者反应。另外，还有导致被妒忌者不同反应的个体特征因素有哪些，以及组织环境或者领导行为在这一过程中究竟起着什么样的作用，等等，都可以进行深入挖掘。

再次，开始关注妒忌可能的积极作用或者同时探讨可能的双面效应影响。关于组织中妒忌主题研究主要关注的是妒忌可能引发的负面效应，而对于其可能引发的积极作用的探讨还不够（刘得格等，2017）。实际上，妒忌可能是一把"双刃剑"，未来需要进一步综合考虑妒忌可能产生的不同性质的影响作用，包括积极影响与消极影响。同时，与妒忌密切联系的被妒忌是否也可能存在对立性的效应，其具体的路径机制有何差异，都是可以进一步对比分析的问题。

最后，可以逐渐发展与其他相关主题的融合研究。例如，已有研究对于工作场所妒忌和身份工作的研究是相对独立的，虽然有研究指出，工作场所妒忌是对个体的自尊与自我概念的一种威胁（Yu et al., 2018），也是对于职业身份的一个挑战（Vidaillet, 2006），但是还鲜见基于身份及身份工作视角探讨工作场所中的妒忌，特别是被妒忌问题。相信未来基于身份工作视角探讨工作场所中妒忌与被妒忌问题将是一个有趣的研究切入点，也必将促进工作场所中妒忌主题研究，同时为工作场所中妒忌管理实践提供新的借鉴。除此之外，已有研究探讨了情绪认知理论在组织妒忌影响效应中的应用，其他理论在组织妒忌与被妒忌研究中的应用也是未来可以关注的一个重点，如信息加工理论或者社会学习理论等在上述主题中的应用探讨也可能促进妒忌研究以及相关理论研究的发展。

概括而言，妒忌古已有之，可以说人的生活长期伴随着妒忌的存在。人可以说是比较的动物，在比较中自我鉴别，在比较中不断发展，而组织显然是社会比较的良好土壤。组织绩效评估的排名、优秀员工的奖励、组织晋升等过程常常伴随着突出的优秀个体与较弱的成员的比较。在这个过程中妒忌往往是一个不可回避的客观存在。组织情境中妒忌的普遍存在及其弥漫性影响使得管理实践者与组织行为学者对妒忌产生的影响的关注日益增长。具体来说，随着对组织情境中的妒忌的研究得到学者越来越多的关注，相关研究也越来越细化，如对妒忌的研究发展到关注被妒忌者的体验与反应。基于被妒忌者视角探讨工作场所中的妒忌问题，如被妒忌可能存在的差异性体验及其原因，职场身份在其中可能的影响作用如何；妒忌对象对于被妒忌的适应性选择反应及其内在机制是什么；被妒忌者可能会对自我职场身份做出何种调整，采取的身份工作是什么，又将如何影响其反应；妒忌者与被妒忌者的互动又会如何影响被妒忌者的反应，其中的动态发展机制是什么；这一动态发展会受到被妒忌者的动态性身份工作的哪些影响，其可能的联动机制是什么；等等。这一系列问题都是不明确的，未来还需要对工作场所中被妒忌问题展开探讨，以促进组织中妒忌研究的深入发展，同时对指导组织中妒忌管理实践有所启迪。

PART 3

职场中妒忌的研究进展及未来研究展望

组织中的妒忌与被妒忌及其管理

妒忌作为一种不良情绪体验广泛存在于人际交往之中，是进行向上社会比较所产生的一种消极体验。同样地，妒忌普遍存在于职场之中，并对员工自身及所在组织产生影响。职场妒忌已引发学术界和实践界的广泛关注，但对于引发职场妒忌的前因后果尚缺乏系统的梳理与总结。本研究从职场妒忌出发，首先明确妒忌及职场妒忌的概念内涵，其次梳理妒忌的测量量表，对职场妒忌的前因后果变量进行归纳总结，并在此基础上提出可能对组织发展有利的具体措施和未来可能的研究方向。

3.1 引言

妒忌是人们日常生活中非常普遍的一种情绪体验，妒忌常被认为是一种令人不愉快的情绪体验，最近社交媒体中的"柠檬精""酸"等网络用语，实际上表达出的也是一种"妒忌"的情绪体验。同样地，妒忌也存在于职场中，职场中的妒忌非常普遍，会对员工本身及其工作绩效等产生影响，是管理者应该高度关注的内容。

职场中普遍存在着妒忌情绪，这会给员工个体和组织造成影响，可能会导致严重的后果，因此职场妒忌日益成为理论界和实践界关注的重点。以往研究按照妒忌者与被妒忌者在组织中的地位不同将妒忌分为三类，即上行妒忌、下行妒忌和横向妒忌（闫威，田密，张勇，2022）。由于妒忌情绪本身容易发生于与自身相似的个体中，因此在职场妒忌中同事妒忌更加普遍。以往学者大多针对职场中的同事妒忌进行研究，研究同事妒忌可能引发的后果并对此提出具体的措施，但目前针对职场妒忌的前因后果等的梳理总结较少。回顾已有研究，引发妒忌的因素主要有两大类：一是与领导者的关系、组织差序氛围等外在情境因素，二是员工个体对相似性的感知等个体因素。妒忌可能引发的后果主要包括对员工自身和组织中的他人两个方面。具体来说，妒忌可能引发焦点员工的自我完善提高其工作绩效，也可能引发组织中对其他同事的职场排斥等一系列负面行为。

基于以上研究背景，本研究主要通过梳理相关文献来对职场妒忌进行整理归纳。首先对妒忌以及职场妒忌的概念内涵进行梳理；其次总结出职场妒忌的二维度划分和三维度划分；最后通过梳理以往研究对职场妒忌的前因变量以及后果变量进行系统划分。本研究旨在通过对职场妒忌相关变量的归纳总结厘清职场妒忌的概念及其内在机制，便于未来做更加深入的研究，实践意义上能够帮助企业更好地了解员工的心理和行为反应，从而为企业管理实践提供启示。

3.2
职场中妒忌的概念界定、维度与测量

3.2.1 职场中妒忌的概念界定

Parrott 和 Smith（1993）认为，妒忌是因社会比较处于劣势而产生的一种痛苦情绪。Brigham（1997）认为，妒忌是个体在与他人进行比较时发现他人拥有某种优势自己却没有时产生的一种消极情绪。Maijala 等（2000）也指出，妒忌是个体没有但是比较对象拥有一些自己渴望的东西时产生的一种痛苦和矛盾的情绪。Smith 和 Kim（2007）认为，妒忌是一种在社会比较中发现自己处于劣势而产生的不愉快和痛苦的感受。Tai 等（2012）指出，妒忌是个体向上社会比较时产生的一种痛苦情绪体验。由此可见，不少学者将妒忌看作一种情绪体验。

另外，Cohen-Charash（2009）认为，妒忌包含了情感与认知两种成分，其中情感表现为消极和敌意的体验，认知则是对比较对象的评价。妒忌中认知评价的成分与正向的提高自我能力有关，情感的成分则与负向的对被妒忌者的报复行为有很强的关联

（Helgeson et al.，1995；Cohen-Charash，2009）。妒忌与他人拥有的成功、权力或地位等有关（Özkoç & Çalişkan，2015）。

Vecchio（1995）将工作场所的妒忌定义为一种思想、情绪和行为的模式，由自尊的丧失或与关系相关的结果的丧失而产生。因此，工作场所的妒忌本质上是三元的，涉及三个人，即焦点员工、竞争对手和有价值的目标。

国内学者也对妒忌进行了一些相关的研究。吕逸婧等（2014）认为，妒忌是一种复杂而痛苦的情绪，这种痛苦情绪产生的原因是个体在进行向上的社会比较时发现别人拥有自己渴望但缺乏的某种能力或优势。妒忌是个体针对优胜者产生的敌意，是自己不具备某种优势时希望别人也不具备或者丧失这种优势的一种情感（宋尚昊等，2020）。妒忌是一种复杂的情绪，它一方面是多种情绪的混合体，如憎恨、不满、渴望、自我批评等；另一方面又高度依赖于对他人好运的认知评价（王林琳等，2021）。

总的来说，大部分学者认为，妒忌是个体进行向上社会比较时所产生的一种消极情感，代表个体不具备某种优势。已有研究多采用Parrott和Smith（1993）以及Smith和Kim（2007）的观点，即妒忌来源于个体社会比较，是渴望自身拥有某种优势时所产生的一种复杂情绪。产生妒忌情绪的个体因他人拥有某种优势而陷入痛苦情绪，因此个体会不希望他人具备自己没有的优势或渴望他人失去这种优势。

3.2.2 职场中妒忌的维度划分

1. 二维度划分

van、Zeelenberg 和 Pieters 等（2009）根据妒忌的积极和消极性质将其分为善意妒忌和恶意妒忌。带来消极影响的妒忌被称为恶意妒忌，如敌意、挫败、不公平感、羞愧、说妒忌对象的坏话。产生积极作用的妒忌被称为善意妒忌，其包含要素为羡慕、自我提升动机、对妒忌物的渴望。

2. 三维度划分

Duffy 等（2012）提出从三个维度来理解妒忌，即特质性妒忌、情景事件妒忌和环境性妒忌。情境性妒忌多强调针对特定事件及比较对象所产生的一种心理感受。只是情景事件妒忌更突出某一具体事件的影响，而环境性妒忌并非由具体事件引发，只是受到了所处情境的综合影响。特质性妒忌则强调个体本身具有容易产生妒忌心理的倾向，在这种情况下妒忌心理的产生多是由于个体本身而非情境（刘得格等，2017）因素的影响。

3.2.3 妒忌与相关概念辨析

1. 妒忌与嫉妒的概念

史占彪等（2005）提出嫉妒发生在人际关系情境中，往往会受到第三者的影响，表现为个体忌惮"第三者"破坏自己与他人的关系，是一种"害怕失去自己已有"的状态；而妒忌发生在个体在自我相关领域缺乏他人所拥有的优势时，往往是发生在两个人之间，是一种"渴望得到对方拥有"的状态。妒忌来源于社会比较，嫉妒来源于害怕良好关系"损失"的焦虑感（吕逸婧等，2014）。

妒忌与自卑感有关，其特征是渴望、愤怒和无法识别的情绪，而嫉妒的特征是恐惧、不安全感、焦虑和愤怒（Parrott & Smith，1993）。Vecchio（2000）关于员工妒忌和嫉妒的一个重要观点是，这两个概念通常用于被视为社会威胁的情况，是对工作场所的社会威胁的负面情绪反应。

2. 妒忌与钦佩的概念

妒忌与钦佩都是由于向上的社会比较所产生的情感或情绪，妒忌产生的是痛苦情绪，钦佩产生的是积极情绪（吕逸婧等，2014）。妒忌意味着个体在关注他人优势时更关注自己的缺点，而钦佩意味着个体更多地关注他人的成就（Cohen-Charash，2009）。

Niels（2011）指出，善意妒忌会令人沮丧，钦佩却是一种愉悦的感觉；良性妒忌会使人努力改善自身状况，而钦佩不会；良性妒忌与明确的社会比较有关。

3. 妒忌与怨恨的概念

本泽夫（2002）认为，怨恨是由一种公认的道德违背引起的。如果自身因他人处于糟糕境地，则会产生怨恨情绪；如果是情境因素造成的，则可能会产生妒忌情绪。例如，教练决定让另一名球员进入比赛，则妒忌情绪可能产生；如果另一名球员因作弊行为进入比赛，则怨恨情绪可能会产生。

3.2.4 妒忌的测量

1. 同事妒忌测量量表

Vecchio等（2000）开发的五题量表，由被试自我报告同事妒忌。测量采用七点评分方法，从"完全不同意"到"完全同意"。具体题项如表3-1所示。

表3-1 同事妒忌测量量表

序号	题项
1	在工作中，大部分同事比我做得好
2	我的上司更看重别的同事的努力而不是我的努力
3	我认为我永远不会得到一个像我所见到的那么好的工作
4	我不知道为什么，在工作中我总是一个失败者
5	看到同事总能够很幸运地得到更好的工作机会让人很恼火

2. 职场妒忌测量量表

Schaubroeck和Lam（2004）开发的职场妒忌测量量表，共计4个题项。采用五点计分方法，得分越高，说明职场妒忌的水平越高。具体题项如表3-2所示。

表3-2　职场妒忌测量量表

序号	题项
1	看到某个同事成功了，我感到很失落和沮丧
2	我对某个同事的妒忌之情一直折磨着我
3	我总觉得自己没有某个同事成功
4	坦白说，某个同事的成功让我憎恨他/她

3. 情景妒忌测量量表

Cohen-Charash（2009）编制的情景妒忌测量量表（Episodic Envy Scale）包括4个题项。具体题项如表3-3所示。

表3-3　情景妒忌测量量表

序号	题项
1	我缺乏同事所拥有的东西
2	我渴望得到某个同事所拥有的东西
3	同事做事比我做得好
4	我感到不如某个同事成功

4.特质性妒忌测量量表

Smith等人（1999）编制的特质性妒忌测量量表（Dispositional Envy Scale，DES）共有8个题项。量表采用Likert五点评分。具体题项如表3-4所示。

表3-4　特质性妒忌测量量表

序号	题项
1	我每天都感受妒忌
2	我常常觉得自己不如别人，这个事实让我很痛苦
3	妒忌的感受不断折磨着我
4	看到某些人很容易就成功了，这令我非常沮丧
5	无论我做什么，妒忌之心总是如影随形
6	我为自己的不足之处感到烦恼
7	有的人好像拥有所有的天赋，这似乎有些不公平
8	坦率地讲，同事的成功使我怨恨他们

5.二维度职场妒忌测量量表

Lange和Crusius（2015）开发的二维度职场妒忌测量量表将职场妒忌分为善意妒忌和恶意妒忌两个维度，各包含5个题项。量表采用七点评分方法。具体题项如表3-5所示。

表3-5 二维度职场妒忌测量量表

维度	序号	题项
善意妒忌	1	当我妒忌同事的成功时，我考虑的是以后自己如何取得同样的成就
	2	如果我发现同事比我更优秀，我会努力让自己变得更好
	3	对同事业绩或成就的羡慕会激励我努力去实现自己的目标
	4	我努力奋斗只为像同事那样取得良好的业绩
	5	如果同事拥有突出的才能、卓越的成就或丰厚的资产，我也会努力去争取
恶意妒忌	1	我希望比我优秀的人失去优势
	2	如果别人有我自己想要的东西，我希望从他们那里把它拿走
	3	我对我妒忌的人感到不舒服
	4	妒忌使我讨厌对方
	5	看到别人的成就让我很反感

3.3
职场中妒忌的影响因素与发展机制

3.3.1 个体因素

Smith等（1996）证明了妒忌情绪的产生与自身特质有很大关系。特质是个体稳定的心理倾向，具备这种特质的个体会倾向于对他人的优势感到自卑、失望或不公。具备这种特质的员工往往会因他人具备自己渴望得到的优势而陷入复杂的痛苦情绪之中。

Cooper（1988）认为妒忌源于一种不安全感，是对感知威胁做出的反应。因此，员工妒忌被视为与压力相关的反应。研究表明，个体之前的经历会影响其妒忌反应，如在童年时经历过强烈的竞争或者经常在工作场所以外经历妒忌的人在与同事和主管打交道时可能更容易产生这种感觉。

Robert（2000）通过调查得出，自尊可能与员工妒忌情绪有关。威胁是一种压力（Locke & Taylor，1990），从逻辑上来讲，自尊心低的员工更容易受到威胁，因为他们更容易受到自我价值感攻击。高度自尊的人应该更能抵抗感知到的社会威胁，因为一般自尊反映了个人对能够影响事件的感觉（Locke, Mcclear & Knight, 1996）。由此可见，自尊的增加应该与嫉妒和妒忌的强度成反比。然而，也有证据表明，自尊高的人可能对自尊威胁更敏感（Tetlock & Manstead, 1985）。然而，绝大多数研究结果均表明，高自尊与抵抗潜在负面或威胁事件的能力有关（Locke et al., 1996）。

独立于同事工作且不太依赖他人执行任务的员工在竞争环境中参与度较低。减少社会竞争应能减少消极的社会情绪体验。因此，自主工作的员工妒忌体验较少。也就是说，缺乏依赖应该会使妒忌的概念与个人的相关性降低。因此，Robert（2000）提出，员工妒忌情绪与员工自主性呈负相关。

3.3.2 情境因素

1. 同事影响

同事影响是影响职场中妒忌的重要情境因素，其影响主要体现在以下三个方面。

第一，明星员工的存在。当前企业竞争力主要取决于少数明星员工的贡献，明星员工享受了企业不对称的较高礼遇，这就具备了引发同事妒忌的诱因。马君等（2022）通过与河北省市场监督管理局合作，在石家庄市6家企业（涉及通信和IT两类行业）进行实地调研和数据采集，研究表明，感知明星员工存在可以引发同事妒忌。明星员工在企业中起到了拉动整个组织发展的主力军作用，根据社会比较理论（Social Comparison Theory），员工会积极获取与他人有关的社会信息，通过比较评估，作为行为选择的信息依据。企业围绕明星员工的隐性知识进行战略等方面的调整，使明星员工更容易成为比较对象。囿于组织资源的稀缺性，明星员工对组织资源的大量占有会增加其他同事的资源威胁感知和压力水平，从而激发同事的妒忌情绪。

第二，"好公民"同事的存在。组织公民行为（Organizational Citizenship Behavior，OCB）是指在员工职责之外可能会对企业产生积极影响的行为，是组织中员工所做出的正面行为（Smith，1983）。夏福斌等（2021）研究得出组织公民行为可以在一定程度上引发同事妒忌。职场中，员工会妒忌与自己相似的他人取得的好的工作结果。"好公民"同事可能会因自身行为得到组织奖赏或上级表扬等别人所没有的成果。当面对"好公民"因OCB获得同事特别看重和希望拥有的优势时，同事就会觉得"好公民"强于自己，这种感觉会促使同事产生妒忌情绪，并希望"好公民"丧失这些优势。

第三，同事年龄对比。Kearney高管招聘人员帕特·库克（Pat Cook）认为，年龄歧视正迅速成为职场面临的首要问题之一。随着老年人口的快速增长，公司面临着融合不同时代工人的挑战。年长的员工往往被视为"僵化、难以再培训、成本过高"的群体。此外，年长员工和年轻老板之间经常存在紧张关系。相对于年龄相近的人，年轻的老板和年长的员工有时会对彼此产生更多的负面情绪。年轻的管理人员可能会将年长的员工视为潜在威胁，因为他们有多年的工作经验，并且可以通过年龄歧视立法获得法律保护，而年长员工可能会担心自己被年轻员工取代。年轻的工人可能也不喜欢年长的工人一般会得到更高的薪水。阿克伦大学（University of Akron）专攻工业老年病学的哈维·斯特恩斯（Harvey Sterns）和迈克尔·麦丹尼尔（Michael McDaniel）表示："年纪较大的员工生产力相当，不太可能换工作或缺勤，对工作稍感满意，并且比年轻员工有更强的职业道德。"然而，这些并不是经理和年轻员工常见的看法或期望，正是这些看法可能会引发妒忌。

2.领导者宽容差序

当员工在工作中造成一些错误时，往往会产生紧张不安的情绪，而此时如果领导者宽容下属可以缓解员工的这种心理感受，同时对员工之后的工作产生一种激励作用，使员工在今后的工作中表现出较强的积极性（周霞等，2017）。领导者在宽容下属工作错误时，难以保证绝对地一碗水端平，即容易表现出领导者有差别地对待下属。已有研究证实上下级关系是导致妒忌的主要因素，员工之间会互相比较其与领导者的关系，进而引发员工之间的横向妒忌（Nandedkar et al.，2012）。当员工发现领导者给他人相比自己来讲更多的资源时，就容易产生妒忌这种痛苦感受（Kim et al.，2010）。现有研究大都根据领导—成员关系（LMX）理论来讨论职场妒忌的来源，并未植根于中国的差序情境，没有关注领导者宽容差序是否会引发下属妒忌。

关涛等（2021）以社会比较理论为基础探究了中国情境下领导者宽容差序引发员工妒忌的可能性。研究采用了"随机滚雪球"的调研方法来获得足够多的样本。领导者的差序格局可表现为对待下属犯错的态度差异，即他们往往对"圈内人"的工作错误表现出比"圈外人"更多的宽容。因此，下属间在一定程度上会进行向上的社会比较，向上社会比较就容易产生妒忌情绪，但当前并未证实领导者差序格局一定会导致同事妒忌心理的产生。根据社会比较理论，与社会中的个体成员相似，嵌入组织中的员工个体，即地位相似的同事之间容易进行社会比较。这种因领导者宽容差序而向上比较的倾向，造成了大多数员工认为自己处于资源比较劣势，因此认为领导者宽容差序可能会导致员工妒忌。

3.上下级关系

上下级关系是影响职场中妒忌的情境因素之一，其影响主要体现在以下两个方面。

第一，LMX理论。Thompson（2018）通过对挪威商业组织工作中的73名领导者和303名员工进行调查从而对Vecchio所提出的妒忌前因后果模型进行检验。与主管的高质量工作关系与妒忌呈负相关，表现出高度体贴的主管，如通过为追随者提供积极的情感支持，能够更好地减少下属的妒忌。LMX理论认为，虽然一些追随者与他们的领导者建立了密切的工作关系，但其他人与同一领导者的联系被剥夺了。情感反应包括愤怒和怨恨（主要反应）以及工作满意度、恐惧、拒绝感和痛苦（次要反应）。妒忌的人会感到自尊和控制感下降，并可能以否认或回避、寻求情感支持或者其他应对策略来做出反应。一些追随者与他们的领导者直接发展了高质量的LMX关系，其他人则仅基于合同工作或薪酬与同一领导者保持着低质量工作关系。他们对领导者表现出较少的信任,当他们遇到挫折时,不会做出积极的回应,因此LMX应与妒忌成反比。尽管我们预测领导者体贴能够减少员工妒忌,但在较大规模的团队中这种作用可能并不明显,因此领导者对妒忌的负向作用会随着管理跨度的增大而减弱。员工与直属领导的关系质量最为重要,而不是他们与领导的关系是否比其他人更好或更差。此类研究为理解妒忌的前因后果做出了贡献,为避免职场妒忌提供了理论基础。为了帮助员工管理妒忌,未来还应该研究更具建设性的对妒忌的反应措施。Johnson(2012)指出,不利的社会比较提供了对自我的诊断视角,而自我是妒忌的基石(Lange & Crusius, 2015)。在组织中,领导者通过与一些人建立密切和高质量的关系,并与其他人保持正式和远距离的关系来区分下属(Li & Liao, 2014),这主要表现在领导者对有形资源和无形资源的控制和分配上。员工可能会根据自身累积的资源(如晋升、工资、机会和"内部"信息)在社会上与同事进行比较;拥有比其他人更多资源的员工往往会成为其他人妒忌的对象(Hillt & Buss, 2008; Wobber, 2015)。在此基础上,Chin等(2017)研究了LMX对妒忌的影响。LMX理论假设,领导者对待下属的方式各不相同,可以从高质量(团队内)到低质量(团队外)进行连续分类(Liden et al., 2006)。领导者的区别对待可能会导致集团内和集团外成员之间的冲突(Li et al., 2014),并可能会导致与领导者的LMX低于同龄人的员工产生妒忌情绪(Yukl, 2009),尤其是当同龄人被认为与自己相似时。Kim等(2009)认为,当低质量LMX员工注意到高质量LMX员工与领导者之间关系融洽并获得奖励时,往往可能引发妒忌。大多数员工都认为企业在有序运作过程之中，工作场所中不存在明显的冲突或负面情绪，然而当一位有能力的同事加入组织后，这位员工很快就与领导者变得友好起来，他们很快就建立了密切的关系，而其他人在办公室意识中会认为他们与领导者的关系逐渐疏远。领导者不再有那么多时间或兴趣与其他员工交谈。这些低质量LMX员工通常用于工作的大部分时间现在都用来互相抱怨这种新情况。在多数情况下，领导者可能将单位绩效视为问题，但他们没有意识到这仅仅是员工妒忌情绪这一更深层次的人际问题的外显症状。Kim等（2001）探讨了妒忌情绪产生的原因及后果来为企业提供一些帮助。

第二，相对的领导—成员关系（RLMX）。RLMX是指个体相对于团队内其他成员LMX的相对质量（Graen et al., 1982）。社会比较理论认为，个体在与他人不断进行比较的过程中获得对自身的认识和所处地位的感知，而这会对个体行为产生重要影响（Festinger, 1954）。RMLX就是个体针对LMX在个体层面进行社会比较的表现（Graen et al., 1982）。詹小慧等（2019）指出，当RMLX较低时，个体可能会产生妒忌情绪。根据社会比较理论，人们在与他人进行比较时，特别是在进行上行比较的过程中，当意识到别人拥有自己渴望但缺乏的某种优势或能力时，就会不可避免地产生一种痛苦、复杂的情绪，而这种消极情绪就是妒忌。员工感知他人与领导关系较好时，自然而然地就产生了妒忌情绪。员工感知他人与领导关系更好时，会产生消极态度，害怕自己会因此失去领导的喜爱等，因此会对他人产生妒忌心理，希望他人也丧失这种优势。

4. 组织政策

组织政策是影响职场中妒忌的情境因素之一，其影响主要体现在以下两个方面。

第一，新员工个别协议。激烈的人才竞争使得部分员工在雇佣关系中处于优势地位，会在入职时签订新员工个别协议。以往关于个别协议的研究主要以协议接受方为考察对象，探讨个别协议对员工态度和行为的影响（Gajendran et al., 2015；吕霄等，2016），缺乏新员工个别协议对第三方同事影响的研究。王林琳等（2021）从第三方立场探讨了同事感知他人个别协议后的心理演变过程及行为反应。通过对25家中小型企业的257位知识型员工进行调查发现，新员工个别协议可能会导致同事妒忌的发生，与以往研究不同，此研究从第三方同事视角探讨了新员工个别协议可能会对同事产生的影响。Rousseau等（2006）指出，职前个别协议除非能够给组织带来明确的利益，否则很可能被理解为管理者的偏私行为，并且有损于组织公正，因此可能会引发同事妒忌。社会比较理论认为，员工为了评价自身的能力和在组织中所处的地位，通常会选择与自身相似的人进行比较（Helgeson, 1995）。新员工个别协议来源于自身学识，而在职员工获得个别协议只能来源于其对组织的贡献（Rousseau et al., 2006）。这种差异化的人力资源管理政策容易引发员工妒忌。个别协议表达出组织对该员工更为看重，即该员工获得了更多的信任与偏爱，从而可能引发同事妒忌。

第二，竞争性奖励制度。强调赢输、零和结果的奖励制度在促进竞争的同时带来了更高水平的负面情绪。竞争会增强员工对威胁的感知并感受到压力,因为同事之间的奖励竞争可能会使员工产生强烈的情绪,有时甚至是功能失调的情绪。Robert(2000)合理地预期,对竞争性工作环境的描述会带来更强的负面情绪。员工的妒忌情绪与竞争性奖励制度的存在呈正相关关系。

5.组织变动

组织变动是影响职场中妒忌的情境因素,其影响主要体现在以下两个方面。

第一,留任员工与离职同事的比较。当前对企业来说,员工离职行为可能成为企业及时发现自身问题的途径之一,越来越多的研究者对员工离职行为进行了多角度的探索,然而研究大都关注同事离职对留任员工工作态度和行为的影响,缺乏对留任员工情绪方面的文献支持。员工工作情绪会影响其组织行为和绩效,因此对员工情绪的研究对企业发展是很有必要的(Holtom,2012)。王振源等(2015)研究认为与离职同事的比较能够引发员工妒忌。根据社会比较理论中自我评估的动机,个体会希望自身拥有优势,因此个体会努力工作来提升自己,以便产生积极的自我感知。向上流动即指员工离开公司后找到一份更好的工作(Brockner et al., 1993)。同事离职后获得更好的工作,员工会认为自己离职后也能找到更好的工作,因此留任员工的工作满意度会降低。同样地,与离职同事表层相似性高的员工会认为自己也能按自己的意愿找到新工作并离开自己不满意的当前组织,也可能会因此妒忌同事的经历或运气。关系越密切的员工越会试图从离职同事处获取信息,这些信息大部分是关于公司或者工作的负面信息（吴宝沛等，2012），如工作安排不合理、工作环境恶劣等，而这些信息会影响留任员工对公司的评价，使员工认为同事离职是"脱离苦海"，并因此产生妒忌情绪。

第二，企业裁员。企业的裁员或者重组可能会引发员工的妒忌情绪（Kim et al., 2001）。虽然裁员可以为组织带来短期效益，但留下来的员工也会担心失去工作。他们往往会对组织内与人员有关的决策持怀疑态度。他们会感到受到管理层和同事的威胁，这种威胁很容易引发员工之间的竞争行为。"幸存者"甚至会出现心理症状，包括疲劳、抑郁、失控感和愤怒。人们所经历的不稳定和不确定性使其产生了一种威胁感，这种威胁感是妒忌情绪产生的基础。当裁员针对的是表现不佳的员工而不是整个公司时，重组的另一个困难就出现了。在这种情况下，必须将考核绩效制度视为公平和一贯的。《新政：公司和员工彼此之间的利益》一书的作者布莱恩·奥赖利（Brian O'Reilly）表示："公平解雇员工意味着公平评估他们，而评估和衡量仍然是新就业模式的重大失败。"当员工认为绩效考核和评估过程不公平时，就会产生妒忌情绪。

6. 工作场所的多样性

《财富》世界500强企业的一项调查发现，超过70%的企业已经制定了正式的多元化管理计划（O'Reilly, 1994）。Kim等（2001）认为多元化的工作组为更大的人际冲突和更多的沟通问题创造了机会，来自不同文化背景的人的决策态度可能存在差异。某些人之所以被雇用，是因为他们的文化背景，而不是因为他们的资历，这进一步加剧了竞争和敌意。此外，这些负面情绪会从最初的招聘阶段延伸到晋升过程。当员工得知其最初羡慕的同事获得了提升，并且感觉到其晋升没有充分的理由时，员工可能会将其视为主要基于多样性考虑的优惠待遇。

3.4
职场中妒忌的影响结果与内在机制

3.4.1 职场中妒忌的负面影响机制

在传统认识中,妒忌被视为一种敌对情绪。妒忌者不太愿意与他们所妒忌的人分享信息,而是更倾向于伤害他们所妒忌的人(Cohen et al., 2007; Kim et al., 2014)。学者对于妒忌和社会破坏之间的关系进行了大量研究。Dunn和Schweitzer(2006)认为,社会破坏是指专注于破坏妒忌目标的行为反应,这反映了妒忌的威胁导向行为倾向(Duffy et al., 2012; Lange & Crusius, 2015)。妒忌会导致社会破坏行为,如贬低妒忌对象、闲聊、隐瞒信息或忽视不认同的同事或团队的同事(Duffy et al., 2012; Wobber, 2015)。偶发性妒忌也预示着不道德行为,如不诚实地伤害被妒忌方或拒绝帮助他们(Gino & Pierce, 2009, 2010)。

不少研究发现,如果员工妒忌同事,员工可能会做出有意识的行动来诋毁同事的努力,如在将员工的工作报告提交给主管之前对其进行更改,另一种激进的反应可能是未能传达客户或客户针对同事的信息，以损害同事在主管和重要利益相关者面前的表现。在员工频繁互动的组织中，存在大量破坏同事绩效的机会。Kim等（2001）发现，当员工妒忌同事和主管之间存在的积极关系时，往往会采取蓄意行动来挽回自己与主管之间的宝贵关系。妒忌的员工可能会向主管指出被妒忌同事的错误。例如，如果员工妒忌的同事上班迟到，而主管没有注意到，员工可能会刻意询问该同事在哪里以让主管知道情况。妒忌的员工也可能会与竞争对手竞争到极致，从而对工作团队产生负面影响。健康的竞争可以提高生产力，理想情况下，同事之间应该有基本的合作基础。如果妒忌情绪在工作场所持续存在，由此产生的负面情绪可能会导致员工离职。在某些情况下，离开公司的人可能是管理者最看重的员工。

Nuran等（2019）通过对职场中的负面情绪——妒忌的影响结果进行研究，得出了工作倦怠在员工妒忌与员工工作满意度之间起中介作用的结论。其中员工妒忌采用Vecchio（2000）开发的五点Likert量表，研究对象为土耳其私营部门的白领员工，共有144人填写了问卷。研究表明，员工妒忌不会直接影响员工活力和工作满意度，而是由工作倦怠在其中起中介作用，即妒忌提高工作倦怠进而负面影响员工活力与工作满意度。

妒忌对员工行为和绩效也会产生重要影响。Duffy等（2000）的研究证实，妒忌与群体表现具有负相关关系，且与社会懈怠和缺勤正相关。Schaubroeck等（2004）的研究结果也证实妒忌会对员工个人和组织产生影响，使员工对自身的评估较低，对组织的评估更是负面的，可能会导致其产生离职意图，由此给组织和个人都带来了负面的影响。

夏福斌等（2021）认为，职场中妒忌可能会导致职场排斥行为。同事看到"好公民"因自身的正向行为而获得优势，继而产生妒忌心理。同事产生妒忌情绪后可能会对"好公民"产生职场排斥这种负面行为。同事在形成消极的自我评价后容易产生自卑心理，为了消除自身的面子和自尊威胁，会做出破坏性行为来阻止"好公民"获取优势。在此研究中主要表现为通过职场排斥行为来阻止"好公民"对组织的正向行为。

职场中妒忌还可能引发知识破坏行为。孙继伟等（2021）运用信息加工理论研究了职场中妒忌对知识破坏的影响。本研究的调查对象是知识交流密度较高的科技创新型企业，采用员工自评的方式收集调查数据。身处企业集体环境中，不可避免地会有其他员工对自己发出知识请求，或要求个体分享自己的知识经验来帮助别人。在这种环境下，如果个体选择提供错误的信息给请求者或者拒绝透露信息，这种行为就叫作知识破坏。Gagne等（2019）研究指出，员工认知的工作需求与自主性不足是抑制内部成员知识分享行为的主要诱因。妒忌的动机是为了获得相比别人来说更多的优势，如更高的薪酬待遇、更强的能力等，以此来获得更多的资源优势，获得领导的赏识。"圈内人"为了避免使他人获得优势，通常会拒绝向别人分享知识，甚至选择对知识信息实施破坏行为；相反，"圈外人"为了实现从"圈外"到"圈内"的转变，在面对他人的知识请求时，会倾向于提供错误的信息，即做出知识破坏行为，形成自己独特的知识竞争优势来获得领导的赏识，从而实现向"圈内"的转变。

3.4.2 职场中妒忌的积极影响机制

Van等（2009）、Zeelenbrg等（2009）的研究表明，妒忌也可能会产生积极的结果，如激励妒忌者提高绩效或尝试自我改进。

妒忌常被看作一种情绪状态。多数研究已经表明员工的敬业程度与其个人情绪体验有关，因此，在研究工作投入时，情绪是人类心理构成的一个自然特征，不仅会影响个人生活，还会影响其工作行为（Wilson，2004）。良性妒忌通过增强工作动机和提高工作绩效对工作行为产生积极影响（Cohen-Charash，2009；Lange & Crusius，2015；Schaubroeck & Lam，2004）。由于妒忌会产生竞争行为，员工随后可能会被激励增加工作参与度，在组织中表现出色，并因自己的投入和价值而获得认可。

已有研究证实，妒忌可能会产生积极或消极的影响（Duffy et al.，2012；Dineen et al.，2017），但如何利用妒忌，将妒能转化为赋能从而提高组织绩效，在已有研究中并未涉及。姚柱等（2020）研究了职场妒忌中的善意妒忌对工作绩效的影响。调查对象主要来源于深圳、上海等地，涉及多个行业，所在企业成立时间均超过5年，在职员工规模均达到280人以上。职场妒忌不仅只存在阴暗面，对其积极效应也应当给予足够的关注。姚柱等（2020）以新的视角研究如何将妒能转化为赋能是相比以往研究的创新之处。自我一致性理论指出，个体在与被妒忌者进行比较的过程中对自己的能力会有一个新的认知，自身会产生一种痛苦的情绪，而个体会通过不断地提升自己来减少这种痛苦。

3.4.3 职场中妒忌的"双刃剑"效应机制

已有研究发现，职场中妒忌既有负面影响，也有积极效应，这似乎是一种相互矛盾的理解。鉴于妒忌在职场中发生频率较高但又缺乏整合观点研究，有必要整合探讨职场中妒忌的"双刃剑"效应，如Chin等（2017）对妒忌产生的积极和消极影响进行了探究。

以往研究多将同事妒忌与对明星员工的伤害联系起来（Campbell et al., 2017; Kim et al., 2014），但是社会阻抑并不是应对妒忌的唯一适应性反应，向上社会比较可能引发同化效应，但这种效应往往会被忽视。马君等（2022）指出，职场中的妒忌会引发社会阻抑或员工的自我提升。明星员工在企业中起到了拉动整个组织发展的主力军作用，但以往研究多基于社会比较的对比效应来探讨同事因妒忌对明星员工做出的伤害行为，而忽视了应将对比和同化效应结合起来进行整体考量。社会比较理论强调了社会比较发生的两个过程，即发现差距和弥补差距，不利的比较信息会威胁个体的自我价值感，对这种威胁必须以某种行为策略进行管理和控制，以避免自身遭受进一步的威胁。妒忌首先吹响的是消极行动的号角，可能带来侵犯、冲突甚至恶意犯罪等系列负面结果，但社会阻抑并不是平衡妒忌的唯一路径，以社会阻抑来平衡妒忌会使个体面临风险。其次，与明星员工建立高质量关系有助于实现自我提升，并且为自己带来积极的声誉和更高的地位。与消极情绪相比，若个体预期会与比较对象取得相似的结果，会产生更多积极的情绪。同时，明星员工的存在也可以增加同事获得专业知识、信息和建议等资源的机会，为同事进行自我提升提供工具性支持。行为的改变很大程度上是由观察到并试图模仿他人的行为所驱动的（Bandura，1978），因此职场中的妒忌可能引发员工向妒忌对象看齐，从而获得自我提升的结果。

3.4.4　不同维度妒忌的差异性反应机制

妒忌容易引发痛苦、愤怒等一系列消极情绪，因此当前研究对妒忌的负面影响关注较多，多集中于职场中妒忌对个人和组织产生的负面影响，然而其积极的一面目前也慢慢受到了关注，善意妒忌会给妒忌者带来积极的影响。关涛等（2021）研究了员工妒忌对工作层面的影响。当个体认为他人优势来源于他人的工作努力时，会导致善意妒忌；相反，当个体评估他人的资源比较优势来源不公正时，会产生恶意妒忌的体验。社会比较理论认为个体倾向于向上比较，对资源劣势的比较结果会产生挫败感，他们通常会采取行动以缓解负面情绪。妒忌情境中，妒忌者因社会比较产生痛苦情绪后，会通过缩小差距来缓解这种情绪。善意妒忌使员工加大工作投入，恶意妒忌使员工做出反生产行为。善意妒忌者不会对妒忌对象产生仇视心理，仅仅是对妒忌对象所拥有的资源优势产生渴望，善意妒忌引发的往往是良性竞争行为；恶意妒忌者倾向于贬低妒忌对象，甚至会产生恶性行为，如给被妒忌者"挖坑"等（张晶，2019）。

另外，王林琳等（2021）研究得出妒忌可能会引发员工的自我完善或是职场排斥。根据社会比较理论，个体在组织中会进行横向、向下和向上的社会比较（Helgeson et al.，1995）。从向上的认知比较方面来看，以新员工个别协议为例，妒忌可以培育良性竞争的环境，妒忌者可以通过努力提升自己在组织中的地位，达到与新员工比肩的目的；新员工也为妒忌者树立了榜样和奋斗目标（Helgeson et al.，1995）。新员工的优势来自组织，这间接传达了组织愿意为员工投资的信号（Lange，2015）。因此，妒忌可能会促使妒忌员工积极完善自身来减少与新员工之间的差距。此外，妒忌是负向的社会比较过程，该过程构成了排斥可能发生的环境；被忌妒者拥有特殊资源，使之具备了成为被排斥者的特征。妒忌员工对新员工施加排斥可以缓解自己内心的不适，破坏其所拥有的优势，从而减轻自身的挫败感，因此认为同事的妒忌情绪正向影响同事对新员工的职场排斥。

3.4.5　职场中妒忌影响效应的边界条件

职场中妒忌的影响效应存在以下几种边界条件。

首先是性别不同可能导致职场中妒忌影响效应的差异。Peng（2018）通过对中国一家大型私营企业174对男女员工及其主管的调查研究检验了职场中妒忌与工作绩效之间的关系。每对样本由相同工作岗位的一名男性员工和一名女性员工组成，这确保了男性子样本和女性子样本在工作职责和要求方面是等同的。在工作场所，妒忌者可能会产生一种强烈的被虐待的感觉，从而产生一种报复心理以达到平衡的愿望。该研究有助于工作场所的情感体验与工作成果之间的关系研究，也考察了性别角色对工作场所情绪—工作结果关系的影响。由于人是社会性动物，其生存取决于合作、角色分工和劳动，这意味着在社交环境中个体对他人情绪的反应将受到他们的背景和所处环境的影响。更重要的是，情感反应的适当性在具有不同文化背景的社会中有所不同。在中国文化中，妒忌被视为一种与女性联系在一起的情绪。传统的中国男人不会有太多的妒忌情绪以及对这种情绪的明确反应（Ahlstrom et al.，2004），因此假设女性员工妒忌与工作成果之间的关系比男性更强。相反，中国男性员工在工作场所体会到的快乐与行为结果之间的关系比女性员工更强。研究表明，工作情绪情感在工作场所中发挥着越来越重要的作用，了解员工情绪进而控制工作成就对管理者来说至关重要。

其次是个体成就可达预期的调节影响。现有研究对良性妒忌的研究拓宽了妒忌的研究范畴（Tai et al.，2012；Schaubroeck et al.，2004），但依然无法确定在什么情况下一种形式的妒忌会比另一种形式的妒忌更能决定个体行为。期望理论强调，当个体对某种行为结果的主观价值感知较高同时预期实现概率较大时，会产生正向激励作用（Vroom，1964），这就为寻找明星员工妒忌效应的边界条件提供了理论基础。马君等（2022）研究得出成就可达预期调节了同事妒忌与社会阻抑/自我提升之间的关系。

根据期望理论，促使个体采取行动的激励力量取决于预期和效价的乘积，乘积值越大越容易激发个体行为，达到与明星员工相似成就具有高的效价。当成就可达预期较低时，意味着同事感到自己无论如何努力也无法达到与明星员工相匹配的成就水平，使得榜样对自我的激励作用骤然下降，自我提升动机被破坏，此时同事更可能通过社会阻抑降低明星员工的成就以减少自我和明星员工之间的差异。对于成就可达预期较高的同事而言，通过上行比较可以促进其与明星员工形成良好的同化效应，即强调彼此共同的特点，更可能激发挑战导向的自我评价，对明星员工引发的妒忌做出积极反应，此时同事更倾向于选择自我提升。

再次是个体核心自我评价的调节影响。Tai等人（2012）认为，妒忌的表现形式可能会因个人的群体性格以及妒忌者对被妒忌者的看法不同而有所不同，这是由他们的核心自我评价决定的。核心自我评价是一种高阶结构（Judge et al., 2004），包含了自尊、自我效能、神经质和控制点等主要特征。Chin等（2017）关注了核心自我评价的两个维度：自尊和神经质，两者都与个人的情绪状态有关。核心自我评价良好的员工更有可能做出建设性行为（Tracy & Robins, 2003）。Chin等（2017）旨在确定有利的核心自我评价（高度自尊）是否会引发积极行为，以及不利的核心自我评价（高度神经质）是否会导致妒忌的消极行为。自尊被定义为人们认为自己"有能力、有意义、成功和有价值"的程度，被认为是人类功能的一个基本领域。行为可塑性理论（Brockner, 1988）表明，高自尊通过减少负面条件的影响来保护人们免受负面条件的伤害，而低自尊的个人缺乏这种缓冲。因此，与低自尊者相比，高自尊者的负面条件对结果的影响较小。Buunk等（1990）认为，具有高度自尊的个人将妒忌视为参与积极行为（如工作投入）的动力，以将自己提升到令人羡慕的目标水平，这与他们有利的核心自我评价一致；低自尊个体最有可能表现出反社会行为（Duffy et al.，2006），可能是因为他们对自己和他人更为挑剔（Duffy & Shaw，2000），并且容易受到外部和社会线索的影响（Brockner，1988）。可见，自尊调节了员工妒忌与工作投入之间的关系。另外，神经质是心理学中的一种基本人格特征，表现为焦虑、喜怒无常、担忧、妒忌和嫉妒（Thompson，2008）。研究发现，高度神经质的人通常会经历更大的压力事件暴露和反应，更可能采用不适应的应对策略，如自责和一厢情愿（Gunthert et al.，1999；Wang et al.，2011）。高度神经质的个体会采取反应性行为，试图缓解他们的自卑感（Tracy & Robins，2003），因为他们缺乏情绪素质和应对技能。面对妒忌时，个体采取何种反应也会受到个体神经质特征的调节影响。

又次是职场友谊的调节作用。姚柱等（2020）研究得出，职场妒忌与内在动机之间的关系受到职场友谊的调节。作为一种积极的情境，职场友谊能够促使个体在陷入某种情绪时回归理性，从而实现认知——评价——情绪和满足需要或思考之间的自我控制与调节。当个体与被妒忌者职场友谊非常深厚时，个体会因为害怕失去友谊而选择与他人设立相同或相近的目标来缓解妒忌这种痛苦情绪。此时妒忌者往往希望与被妒忌者共同实现目标，而不是将被妒忌者"拉下马"，妒忌者会将妒忌更多地表现为羡慕，以获得来自被妒忌者的支持，使妒忌者更倾向于提升自己。

最后是职场地位的调节作用。职场地位调节了"好公民"的组织公民行为（OCB）与同事妒忌之间的关系。进化理论指出，地位代表着适应优势，这种优势能帮助个体获得有利于自己生存和发展的重要资源。因此，与低地位的人相比，高地位的员工能够利用自己的优势获得更多的资源（Waldron，1998）。夏福斌等（2021）认为，职场中的资源有限，员工之间处于资源竞争的状态。低地位者对资源更加重视，"好公民"OCB可能会使职场地位低的员工获取的资源减少，从而引发妒忌情绪。在资源竞争的过程中，高地位员工利用自己的优势可以获取资源，对"好公民"OCB的反应可能不太明显。"好公民"OCB更容易引发低地位员工的妒忌情绪。

3.5 管理启示与未来研究展望

3.5.1 管理启示

本研究对职场中妒忌的管理具有以下启示。

第一，正视职场妒忌的可能负面结果。有关职场妒忌影响效应的研究普遍发现，职场妒忌可能带来诸多不利后果，如更多的社会阻抑、降低的工作绩效等。面对此种情况，管理者需要重视职场妒忌的负面影响，并采取积极措施预防或者降低由于妒忌产生的不利后果。马君等（2022）指出，在实践中应当避免陡峭型激励，应塑造和谐的团队氛围，在公开场合减少对明星员工的偏爱，向员工宣传社会阻抑的成本和代价等，以避免妒忌可能带来的不利局面和影响。

第二，努力减少工作场所中的不良妒忌。Kim等（2001）认为，为了减少妒忌情绪，管理者可以从多个方面采取措施。例如，招聘员工时应努力找出那些表现出积极人际关系倾向的候选人，并证明他们对过去的工作经历有积极的反应，招聘情绪成熟度较高的员工。此外,组织可以通过设计鼓励合作的控制系统,包括适当的激励系统,来管理工作场所的妒忌。基于团队的薪酬激励(尤其是那些包含奖金和利润分享的激励)可以促进员工的合作努力。这些激励制度促进了一种观点的形成,即与竞争对手相比,同龄人是获得奖励的潜在助手。基于技能的薪酬(一种越来越流行的方法)也可以用来对抗负面情绪,因为薪酬的进步与掌握特定技能息息相关。管理人员还应随时提供可能影响就业保障的新发展信息,通过让员工了解不断变化的工作技能要求和组织面临的竞争威胁,使雇主和员工可以共同应对威胁,否则会引起员工的不安全感。关涛(2021)认为,领导者应对下属尽量公平对待,以减少妒忌情绪的产生。领导者还应当及时关注员工的情绪并采取措施,帮助员工减少妒忌情绪。员工产生积极或消极情绪可能与组织间人际关系有关,领导者应该营造和谐相处的组织氛围,在同事之间建立良好的合作关系与竞争关系,避免妒忌员工做出负面行为。孙继伟等(2021)在研究中指出,领导者应注意调整差异性管理行为,防止组织差序氛围产生与蔓延;领导者应多与员工沟通,让员工充分发挥优势,削弱员工妒忌心理。在企业进行新员工招聘时,通过优先聘用恶意归因倾向较弱的员工等来减少知识破坏行为。Chin等(2017)提出,领导者和组织首先要更深入地理解员工的情绪,尤其是妒忌。领导者应认识到他们的员工需要高质量的LMX来缓解妒忌并减少负面行为,尤其是员工对组织的贡献通常会受到直接领导对待他们的方式的影响(Kim et al., 2009;Park et al., 2015)。领导者应致力于通过公平公正的制度减少工作场所的不平衡LMX,其中绩效评估和资源分配应采用清晰、透明和标准化的程序（Lavelle，Ruppt & Brockner，2007）。组织可以通过提供各种培训计划（如自我意识或员工援助计划）来帮助领导者和员工，以维持和改善员工与同事及其主管之间的关系；应鼓励员工具有积极的人格特征，组织应在人员选拔过程中注意避免雇用具有消极人格特征的个人。

总之，如果要深入了解工作场所的动态，对员工的情绪评估和分析对管理者来说非常重要（Nuran，2019）。管理者必须重视员工妒忌问题，为了确保实现更高的工作满意度以及办公室的职业健康和效率，必须有一个和平的工作环境，企业管理者应将员工妒忌视为影响员工绩效的重要变量。在工作场所中，管理者可以采取多种措施尽量避免妒忌的产生以及合理应对妒忌。针对职场中妒忌，管理者需要从以下几个方面入手：①营造一种良好的人际环境，定期举办集体活动，帮助员工之间建立良好的人际关系；②组织可以通过开展培训来引导员工正视妒忌；③领导者应该学会通过授权来激发员工的内在动机；④领导者可以经常与员工进行交流，了解员工的情绪状态。员工个人也应积极应对妒忌情绪，看到自己与他人的差距，认可自身的能力；积极处理好人际关系，在同事需要帮助时能够积极施以援手，以此建立深厚的职场友谊（姚柱等，2020）。概言之，组织管理者和员工个人都可以在职场妒忌管理中发挥主体作用，通过增强意识和采取主动行为的方式努力减少职场妒忌给组织与员工所带来的消极影响。

3.5.2 未来研究展望

关于职场中妒忌的研究，未来可以从以下几个方面展开。

第一，职场中妒忌产生的可能边界调节研究。未来研究可以继续拓展个体层面和环境层面的可能调节影响因素。特质性妒忌，自尊、神经质、责任感等人格特质都将影响到员工妒忌情绪的产生。由于人的动机和行为受人格特质影响，人格特质可能在宽容差序与妒忌情绪的关系间存在调节作用，未来可进一步探究。孙继伟等（2021）研究了恶意归因在差序氛围感知与职场中妒忌之间的调节作用，同时指出个体特质具有不同的类型，未来可进一步探究其他反映个体特质的调节变量以及团队情境特征等的边界调节作用。

第二，职场中妒忌差异性影响效应的调节影响因素。马君等（2022）研究指出，今后可将明星员工与领导之间的关系引入研究，将二者关系视为情境变量，讨论关系强度对妒忌员工自我提升/社会阻抑的影响。另外，在工作场所中，员工行为的表现多种多样，既有反生产行为等负面行为，也有亲社会行为、组织公民行为等正面行为。未来研究可以考虑职场中妒忌与员工不同类型行为间的关系的可能边界条件。又如，核心自我评价会影响个体对压力事件的认知评价和心理反应，可能会对员工行为造成影响，因此后续也可以将该变量纳入边界条件中。

第三，职场中妒忌影响效应的内在机制研究。姚柱等（2020）

认为，职场中妒忌对亲社会动机、目标设定、道德行为等可能均有积极的一面，但其内在机制尚有待进一步探讨。Robert（2000）指出，未来研究可能会将妒忌视为一种组织文化以研究对竞争对手的可能影响。可以想象，一些工作单位或组织可以被合理地描述为高度妒忌/妒忌成性。也就是说，在某些单位，接受并积极鼓励他人的怨恨可能是一种既定的社会规范。这些单位可能被描述为充满琐碎、冲突和"背后捅刀子"行为。谣言传播可能相对普遍，因为它被视为此类环境中一种有价值的交流形式。帮助纠正这种不正常环境可能能够提供关于这些文化动态的见解，并提出减少妒忌的措施，也是一个很有价值的未来研究方向。同事的怨恨很容易削弱被妒忌员工在高水平上表现的欲望，也很容易分散该员工的注意力。经常表现出"组织公民行为"（Organ & Konovsky, 1989）或被判断为表现出以工作为中心的政治策略（Ferris, Judge & Fitzgibbons et al., 1994）的个人可能特别容易成为此类怨恨的目标。有怨恨倾向的同事也可能会积极工作，在工作单位内建立一个成绩不佳的标准。因此，这些论点表明，作为"好士兵"典范的个人，由于同事的妒忌反应，可能会产生令人意想不到的负面后果。由此来看，妒忌不仅可以作为个体的一种情绪，未来还可以将妒忌看作一种工作情境氛围，以进一步探讨这种氛围对于组织、团队以及个人的影响效应和内在作用机制。

4
PART

同事妒忌对员工主动性行为的影响机制研究

组织中的妒忌与被妒忌及其管理

随着职场环境日趋复杂，同事妒忌普遍存在于职场之中，给组织和员工个人带来了巨大的影响，探讨同事妒忌引发的员工心理及行为的变化变得愈加重要。本研究基于资源保存理论探讨了同事妒忌对员工主动性行为的影响机制及边界条件。通过对330份样本的分析得出结论：同事妒忌显著负向影响员工主动性行为；工作倦怠在同事妒忌与员工主动性行为之间起中介作用；精神型领导调节了同事妒忌与工作倦怠之间的关系，同时调节了工作倦怠在同事妒忌与员工主动性行为之间的中介作用。

4.1 问题提出

妒忌是人们日常生活中非常常见的一种情绪体验，最近社交媒体中常见的"柠檬精""酸"等网络用语，实际上表达的也是一种"妒忌"的情绪体验（张晶，2019）。妒忌作为个体的一种情绪体验，古已有之，并且对妒忌者和被妒忌者可能均会产生重要的影响作用。周瑜因妒忌诸葛亮的才能处处与之比较，最终抱憾而死；庞涓与孙膑本为同学，却因孙膑学问胜于他，唯恐其抢夺他在魏王心中的位置进而诬陷孙膑，使其承受酷刑；秦桧妒忌岳飞得到重用设计害死岳飞，最终被高宗提防，临死之前其子其孙均被免官。可见，妒忌最终的结果可能是害人也害己。

在当今职场中，妒忌也是一种普遍存在的现象，而且妒忌无论是对员工个体还是组织都具有一定的影响。就对员工个体的影响而言，包括影响员工的身心健康，使员工自我效能感下降，使员工工作绩效及工作满意度下降，引发员工个体反生产行为，等等（Vinokur et al.，1993；Duffy et al.，2002；Peng，2018；刘得格等，2017）。就对组织的影响而言，包括降低组织绩效，削弱组织凝聚力和影响力，影响团队成员之间的和谐，等等（Duffy，2000；Schaubroeck，2004；关涛等，2021）。总的来说，在当代职场中，广泛存在着妒忌情绪，由此带来的危害是无法衡量的。按照妒忌者与被妒忌者在组织中的地位不同可将职场中妒忌分为三类，即上行妒忌、下行妒忌和横向妒忌（闫威，田密，张勇，2022），其中横向妒忌指的是组织中地位平等的同事之间产生的妒忌。所谓妒忌，即个体在进行社会比较过程中，对与自己有一定相似性的个体当其具有某种优势或经历不幸时可能产生的一种恶意情感（Brigham，1997）。也就是说，个体倾向于与自己有某些相似特征的个体进行比较，即对与自己具有一定相似性的个体产生妒忌。这在职场中主要表现为与自身地位平等的同事进行比较，即在职场中更为普遍的是同事妒忌。因此，研究同事妒忌产生的影响可以为当代管理者提高组织管理效能提供一定的理论支持和实践指导。

已有研究证明，同事妒忌可能会使员工做出对组织具有破坏性的行为，如职场排斥、知识破坏行为等（孙继伟等，2021），然而领导者不应只关注同事妒忌与员工负面行为之间的关系，还应该关注其可能对员工原本的正面行为的影响。正如组织需要的是员工主动做而不是被迫做，对员工正面行为的关注也尤为重要。员工产生同事妒忌会给企业和员工带来影响，对身处集体中的个体而言，员工具有在工作中积极主动的倾向，而同事妒忌作为一种消极的情绪体验，可能会对其积极行为产生影响。同时，随着组织发展面临环境的日益动态化和复杂化，企业越来越需要员工在工作中采取主动性行为（proactive behavior），促进员工发挥其主动性（Campbell，2000），自下而上地推动组织变革（Grant & Ashford，2008），共同为组织发展做贡献。同事妒忌在一定程度上会对员工产生消极影响，不过是否组织内部的同事妒忌会影响到员工采取主动性行为仍有待进一步探究。

资源保存理论（Conservation of Resources Theory，CDR）指出遭受资源损失的个体会针对性地投资新资源来试图脱离损失状态（Hobfoll，2002；Halbesleben et al.，2014；Hobfoll et al.，2018）。员工产生妒忌这种痛苦的情绪体验表明员工处于资源损失状态，在此基础上，员工会尝试投入更多的心理资源及时间资源来脱离这种状态，即员工产生同事妒忌后会投入更多的精力来缓解这种痛苦的情绪体验，进而造成资源的进一步丧失。个体资源损失状态下需要及时补充资源，否则员工会对工作和组织产生更多的负面情感，使员工长期处于工作压力之下，以至于产生情绪衰竭、消极疏离和低成就感（Maslach et al.，2001）等典型的工作倦怠症状。工作倦怠（job burnout）是个体对工作压力的渐进式的消极心理反应（Maslach et al.，2001），这种心理状态往往会对员工的工作意义感、满意度、幸福感和心理获得感产生负面影响（李辉等，2022）。当员工产生强烈的工作倦怠感时，就会有更多的焦虑、抑郁等情绪体验，与此同时，员工的工作成就感会显著降低（Chen，2018）。一方面，根据资源保存理论的资源损耗螺旋效应，消极的情绪体验会加剧资源损失（Hobfoll et al.，2018），持续的工作倦怠状态会使员工个体的资源进一步损失，处于工作场所中的员工没有足够的资源来投入工作，难以满足其工作角色需求，主动性行为相应减少；另一方面，员工主动性行为属于员工自我启动、长期驱动、变革导向的持续性工作行为（Frese，2001），代表员工具有足够强的内驱力来积极工作，而工作倦怠导致员工对自身工作成就感降低，进而使员工的工作欲望下降，其主动性行为也会相应减少。

现有研究证明，组织中领导作为一种情境因素，可能会在员工采取某种行为时产生一定影响作用。作为员工在职场环境中的重要情境因素，积极的领导类型可以作为一种重要的组织支持来源。当员工产生同事妒忌这种消极情绪时，精神型领导（spiritual leadership）可以淡化员工遭受资源损失后产生的痛苦感受，作为一种情境因素来补充员工个体资源，减少员工认知、心理和情感资源的进一步损耗（贾良定等，2022）。基于资源保存理论，当产生实际和潜在的资源耗损而威胁到员工积极的自我感知，此时获得抵抗能力对修复积极的自我感知、获取资源和防止进一步遭受资源损失非常重要。同事妒忌作为一种消极的痛苦体验威胁到员工积极的自我感知，精神型领导作为一种组织支持资源，能够增强员工对消极情绪的抵抗能力。从组织支持角度来看，与其他领导风格相比，精神型领导更加重视员工对工作意义的追求，促使员工产生积极的情感态度，提高工作绩效（Fry，Vitucci & Cedillo，2005）。因此，精神型领导可能增加员工资源，增强员工对消极情绪的抵抗能力，从而减少员工因同事妒忌产生的工作倦怠。

综上所述，本研究从职场中经常出现同事妒忌的现实出发，以资源保存理论为逻辑基础，探讨同事妒忌通过工作倦怠进而影响员工主动性行为的中介模型，并分析精神型领导作为边界条件可能产生的影响作用。本研究的理论贡献主要有以下两点：第一，本研究探讨了同事妒忌通过对员工心理产生影响进而影响员工主动性行为这一正面行为的作用。关涛等（2021）指出不应只关注妒忌与破坏行为的影响，还应该关注妒忌与其他类型行为，如亲社会行为、组织公民行为等之间的关系。本研究引入同事妒忌和员工主动性行为，表明同事妒忌能够显著影响员工工作主动性行为，是对已有研究妒忌影响效应的一个有力拓展。第二，本研究引入精神型领导这一调节变量，丰富了同事妒忌产生影响时的情境因素。孙继伟等（2021）认为，妒忌产生影响不仅受到个体特征的调节作用，还受到组织或者团队情境因素的影响。本文引入精神型领导这一团队层面特征来研究妒忌可能产生的影响的边界条件，拓展了妒忌影响效应的边界研究视角。总之，本研究有助于为领导者如何更好地激发员工主动性行为提供建议，同时合理地解释了同事妒忌对员工行为产生影响的路径，为后续管理者提高组织管理效能提供了现实指导。

4.2

理论基础与研究假设

4.2.1 同事妒忌与员工主动性行为

Parrott和Smith(1993)认为,妒忌是因社会比较引发的一种因自己缺乏而又渴望得到他人所拥有的资源优势而产生的痛苦情绪。当与他人进行比较时,与被妒忌者的相似性和利益相关性越高,个体越可能产生妒忌情绪(Salovey et al., 1984)。同事妒忌即指因发生于社会地位相似的同事之间的社会比较而产生的痛苦情绪,正是由于同事之间的个体相似性较高,同事妒忌在职场中更为普遍。同事妒忌不仅代表了员工缺少被妒忌员工所拥有的某种资源,也代表了员工因此产生了一定的痛苦情绪,而这种情绪会带来员工自有资源的损失。同事妒忌来源于员工缺乏同事所拥有的某种优势,如薪酬、奖励、晋升、上下级关系等(姚柱等,2020;孙继伟等,2021)。员工获取这种优势往往需要自身积极主动地工作,具备这种优势的员工具有足够多的资源来采取主动性行为从而获取更多的优势,但处于资源劣势的妒忌者往往会选择相反的做法。主动性行为具有自发性、前瞻性等特点（Lian et al.，2012），指的是员工"主动做"而不是"被迫做"，如员工建言行为、主动变革行为等都属于员工主动性行为的范畴。由此可见，主动性行为需要员工具备足够多的资源，从而自发主动地做出对组织有利的行为。

Parker 等（2010）指出，个体主动性行为是指采取掌控措施以"使事情发生"，而不是"观望事情发生"，涉及个体有抱负并努力改善环境或改变自我的行为。不过，对个体而言，其情感与态度是决定其是否采取主动性行为的关键因素（张光磊，2019）。同事妒忌使员工本身处于压力状态下，代表了消极的情绪体验，带来的影响可能是消极的自我评价、低工作满意度、高敌意情绪倾向等（关涛等，2021；孙继伟等，2021；马君等，2022），员工处于被负面情绪包围的状态。员工长时间处于消极情绪状态会导致员工消耗大量的心理资源（穆滢潭，2020），员工遭受资源损失后为了摆脱资源损失的状态，会有针对性地投入新的资源（Hobfoll，2018），由此造成资源的进一步丧失，可能导致资源流失速度加快，最终进入"资源损失螺旋"（康勇军，彭坚，2018；Zhu et al.，2017）。妒忌者处于资源劣势，员工主动性行为需要员工本身具备充足的资源，需要个体具有积极的情感和态度，这些都是陷入同事妒忌的个体所不具备的。因此，本研究认为同事妒忌对员工主动性行为具有抑制作用。基于此，本研究提出如下假设。

假设1：同事妒忌显著负向影响员工主动性行为。

4.2.2　工作倦怠的中介作用

工作倦怠是指个体由于长期处于工作压力状态下出现的一种身心消耗过度、精力衰竭的综合症状（Maslach，2001）。根据资源保存理论，工作资源缺失是导致员工产生工作倦怠的原因之一（Bakker，2017；李志等，2022），产生妒忌情绪的员工更容易造成资源的损失和浪费。产生同事妒忌的员工往往处于劣势状态（闫威等，2022），因此相比其他员工来讲，妒忌者更缺乏资源。同时，资源保存理论认为，个体具有努力保持、保护、培养和获取资源的倾向（邓昕才，何山，吕萍，2021）。当员工因妒忌处于资源损失状态时，会从心理上和行动上尝试恢复自身资源，这往往需要消耗更多的身心资源，使妒忌员工长期处于资源不足的状态。首先，员工产生妒忌情绪时，会尝试在同事交往、与领导的关系等方面投入更多的资源。其次，同事妒忌会使员工消耗大量的资源来尝试脱离这种消极的状态，使员工自身陷入一种资源内耗的状态。由此，产生同事妒忌的员工整体上会处于一种缺乏资源的状态，进而可能会产生工作倦怠（王颖等，2016）。工作倦怠是从业者面临的一种工作困境，也是其工作的主观消极感受（徐岩等，2022）。对于产生妒忌心理的员工而言，其认为同事拥有自身所不具备的某种优势，如才能、与领导者的关系等（吕逸婧等，2014），员工本身处于自我怀疑的状态，在获得工作成就方面处于消极状态，一定程度上面临着工作困境。一方面，同事妒忌导致员工产生一系列消极情绪，进而导致资源损失；另一方面，员工处于资源损失状态时会倾向于投入更多的资源来脱离损失状态，导致资源的进一步丧失，在此作用下，员工的工作资源难以应对工作要求进而引发工作倦怠。为此，本研究提出如下假设。

假设2：同事妒忌显著正向影响员工的工作倦怠。

员工主动性行为代表着员工为了改变自身或者组织现状而主动完成任务或战胜困境的行为，该行为强调自我导向和对未来的关注，具有主动性、前瞻性特征。作为一种角色外行为，主动性行为是员工主动采取行动来改善当前现状，包括改善自身以及工作情境，在此过程中通常需要员工进行大量的资源投入（崔德霞等，2021）。主动性行为具体包括重新定义任务、积极进行信息收集与反馈、主动寻求机会等行为（Crant，2000）。Parker等（2010）将员工采取主动性行为的动机称为主动动机，包括能力动机（"Can Do" Motivation）、意愿动机（"Reason to" Motivation）和能量动机（"Energized to" Motivation），即员工主动性行为需要其"有能力""有意愿"（陈力凡等，2022），但是员工产生工作倦怠时处于明显的消极状态，需要花费较多的时间进行情绪调整，工作积极性下降（孙会等，2020），对工作的投入降低，对工作意义产生怀疑，总是被动地完成工作（李志等，2022）。可见，当员工处于较严重的工作倦怠状态时，员工本身不具备积极工作、主动寻求机会的意愿（Fritz et al.，2009）。同时，积极的情感状态是员工采取主动性行为的前提（Parker et al.，2010），因此员工处于消极的工作倦怠状态时，会减少主动性行为。同样地，员工发挥其主动性需要员工具备充足的资源，工作倦怠所带来的资源的进一步流失使员工缺少发挥主动性所需的资源，即员工不具备采取主动性行为的能力，甚至难以应对当前的工作。同样地，资源的有限性决定了员工会尝试将资源用到日常工作中，减少对主动性行为的资源投入（崔德霞等，2021），即当个体面临心理资源和建设性资源缺失的困境时，会相应减少其主动性行为。基于此，本研究提出如下假设。

假设3：员工的工作倦怠显著负向影响其工作主动性行为。

综上所述，根据资源保存理论提出的"资源损失螺旋"，当同事妒忌情绪产生时，会消耗员工大量的心理资源，造成其资源减少。为了改善这种状况，员工需要不断地投入新的资源，从而导致资源在短时间内被大量消耗。此外，当员工产生妒忌情绪时，代表其本身缺乏某种优势，在工作过程中缺乏资源。员工为了完成以往工作任务会比之前需要消耗更多的资源，员工陷入资源缺失的状态。资源的缺失会使员工产生身心消耗过度、精力衰竭等典型的工作倦怠症状。工作倦怠会导致员工对周围事物积极性下降，同时减少资源的进一步投入，对工作成就的期望降低，进而导致员工主动性行为减少。员工主动性行为需要消耗大量的资源和员工自身的精力，而处于工作倦怠状态的员工本身已经处于资源损失状态，会避免主动性行为这种大量耗费资源的尝试，减少对主动性行为的投入，即减少员工主动性行为。基于此，本研究提出如下假设。

假设4：工作倦怠在同事妒忌与员工主动性行为之间起中介作用。

4.2.3 精神型领导的调节作用

精神型领导是一种高度重视员工存在意义、价值追求与内心体验的新型领导范式，认为生命是一个意义和目标导向的行动过程（Locket & Latham，2002）。精神型领导重视员工存在的意义，能够使员工获得更多的心理资源。Fry 等（2005）指出，员工会因使命感召和成员身份意识获得精神存在感，进而对其产生积极影响。因此，精神型领导可能会使员工对自身及所处组织情境产生积极的感知，从而对员工情感和工作产生正面影响。根据资源保存理论，有价值的工作环境资源可以促进员工完成工作目标，减少资源损耗（段锦云等，2020）。处于职场中的员工资源的失去与获得大部分来源于组织情境。作为组织情境重要的组成部分，领导及团队氛围是员工获得资源的重要渠道。精神型领导注重对员工在精神层面的感召引领，可以提高员工的自我效能感，无形中为员工提供了资源。作为一种有价值的工作环境资源，精神型领导可以减少员工因妒忌产生的资源损耗，减少其工作倦怠。

同时，员工在工作场所花费了大量的时间和精力，因此员工的情绪会在工作场所中表现出来（Benefiel，2005）。精神型领导作为一种可以为员工提供心理资源的组织情境的重要组成部分，能够使员工在产生妒忌情绪时获得一定的组织支持，减少其因同事妒忌产生的工作倦怠。Fry 和 Slocum（2008）研究发现，精神型领导关注员工的精神性需求，能够有效地提升员工的满意度和幸福感。从而使员工获得更多的心理资源，减少员工因同事妒忌所浪费的资源。同时，精神型领导能够以积极的信念给予员工希望和信心（Fry，2003；刘园园等，2022），使产生妒忌情绪的员工及时得到资源补充。工作倦怠是个体长期暴露在压力环境下无法摆脱而逐渐发展形成的（Pines，1988）。由资源保存理论可知，资源损失情境会放大资源获得的价值（Hobfoll et al.，2018；廖化化等，2022），即当员工处于因妒忌引发的资源损失状态时，精神型领导能够显著增强员工的资源获得感，从而减少由同事妒忌引发的工作倦怠。基于此，本研究提出如下假设。

假设5：精神型领导调节了同事妒忌与工作倦怠之间的关系。

综合以上假设可以得出，精神型领导不仅调节了同事妒忌与工作倦怠之间的关系，而且调节了工作倦怠的中介作用。具体而言，同事妒忌通过工作倦怠影响员工主动性行为的间接效应的大小取决于精神型领导。精神型领导能够负向影响同事妒忌通过工作倦怠影响员工主动性行为的中介效应；反之，同事妒忌通过工作倦怠影响员工主动性行为的中介效应较强。基于此，本研究提出如下假设。

假设6：精神型领导调节了工作倦怠在同事妒忌与员工主动性行为之间的中介效应。

本研究构建的理论框架如图4-1所示。

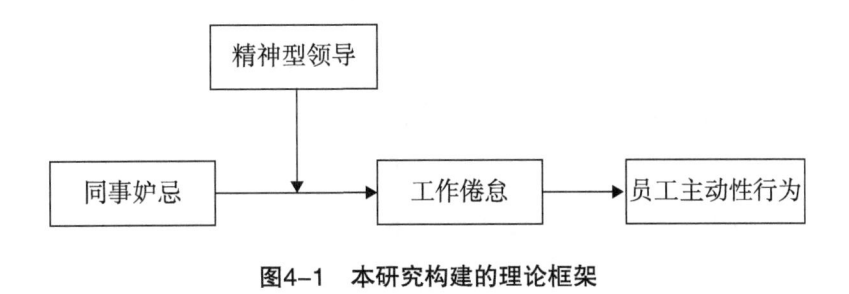

图4-1 本研究构建的理论框架

4.3

研究方法

4.3.1 研究对象及其特征

本研究相关概念采用的是国际通用的成熟的测量量表，采用问卷调查的方式来收集员工数据。为保护研究对象隐私，问卷均采用匿名的方式发放收集。本研究测试过程采用现场作答和线上作答两种方式收集数据：第一，通过从事人力资源工作的同学和亲友获得多家公司人事、行政部门的支持，帮助发放纸质问卷。进行问卷调查前，告知被调查者调查结果仅用于学术研究，打消被调查者的顾虑。第二，利用社交媒体，如微信、QQ、邮箱等，采用在线滚雪球方式向符合要求的调查对象发送电子问卷链接邀请作答，同时，请亲友、在职 MBA（工商管理硕士）同学、同事在社交媒体上进行分享扩散。电子问卷中说明了匿名和保密性内容，整个调研过程遵循员工自愿原则。

本研究共收集问卷370份，剔除填写时间不超过2分钟、存在明显逻辑错误和内容缺失的问卷，最后得到有效问卷330份，有效回收率达到89%。在样本结构方面,女性占46%,男性占54%;在年龄方面,36~45岁的员工占36.6%;在学历方面,以本科为主体,占52%;在工作年限方面,4~6年工龄的员工占34.7%;在员工职位方面,普通员工占55.9%;员工所在企业大部分为私营企业,占44.6%。具体信息如表4-1所示。

表4-1 被调查者人口学、组织学特征统计表

属性	类别	百分比(%)
性别	男	54
	女	46
年龄	25周岁以下	11.4
	26~35岁	24.3
	36~45岁	36.6
	46~55岁	21.3
	56岁以上	6.4
教育水平	高中以下	4.5
	高中/中专	10.4
	大专	15.8
	本科	52
	硕士研究生及以上	17.3
工作年限	1年以下	5.4
	1~3年	15.8
	4~6年	34.7
	7~11年	31.7
	11年以上	12.4

续表

属性	类别	百分比（%）
工作种类	普通员工	55.9
	基层管理者	23.8
	中高层管理者	20.3
企业性质	国有企业	25.7
	私营/民营企业	44.6
	外资/合资企业	18.3
	其他	11.4

4.3.2 变量测量

本研究测量量表均采用Likert五点式测量量表，其中"1"表示"完全不符合"，"5"表示"完全符合"。详细的测量量表内容如表4-2所示。

（1）同事妒忌。Schaubroeck和Lam开发的情境妒忌测量量表，共有4个题项，示例题项如"我总觉得自己没有某个同事成功""坦白说，某个同事的成功让我憎恨他/她"，等等。本研究中，该测量量表的Cronbach's α值为0.803。

（2）精神型领导。学术界中关于精神型领导的研究获得普遍认可的主要是Fry提出的三维度结构（愿景、希望/信仰、利他之爱）。将三个分量表得分加总作为精神型领导指标，总分越高，组织精神型领导水平越高。示例题项如"我的组织无时无刻不表达出对员工的关怀和照顾"。本研究中，该量表的Cronbach's α值为0.959。

（3）工作倦怠。分别从情感耗竭、去个性化和个人成就感三个维度测量员工工作倦怠水平。本研究将3个分量表得分加总作为工作倦怠指标。总分越高，员工倦怠水平越高。工作倦怠测量采用的是马氏工作倦怠通用量表（MBI-GS），结合李超平等（2003）对该量表的翻译设计而成。该量表共有12个题项，样题如"工作有时会使我情绪低落"。本研究中，该量表的Cronbach's α值为0.946。

（4）员工主动性行为。员工主动性行为变量的测量采用Frese等（1996）开发的个体主动性行为量表，该量表共有6个题项，如"我会积极地解决问题"。本研究中，该量表的Cronbach''s α值为0.89。

（5）控制变量。为了避免人口统计学变量对研究结果造成干扰，根据以往研究，本研究将员工性别、年龄、教育水平、工作年限、工作种类与企业性质作为控制变量。研究发现女性比男性更容易产生职场妒忌心理（Hill et al., 2011），因此本研究将性别作为控制变量进行处理。研究发现，随着员工年龄和工作年限的增加，员工主动性行为呈现先增加后减少的趋势（张青，2016），因此将员工年龄和工作年限作为控制变量来处理。随着员工教育水平的提升，员工主动性行为也会有所提升（张青，2016），因此将员工教育水平与工作种类作为控制变量来处理。此外，由于企业性质不同，工作场所中妒忌产生的频率也存在显著差异，因此考虑将企业性质作为控制变量来处理。

本研究变量测量题项如表4-2所示。

表4-2　本研究变量测量题项

变量	题项	内容
员工妒忌测量量表	1	看到某个同事成功了，我感到很失落和沮丧
	2	我对某个同事的妒忌之情一直折磨着我
	3	我总觉得自己没有某个同事成功
	4	坦白说，某个同事的成功让我憎恨他/她
精神型领导 — 愿景	1	我理解组织愿景并愿意为之奋斗
	2	我的组织具有愿景，并且这个愿景能激励我获得最佳表现
	3	我组织的愿景能不断鞭策我取得最佳绩效
	4	我对组织愿景的实现很有信心
	5	我组织的愿景清晰明确且对我有很大吸引力
精神型领导 — 希望/信仰	1	我信任我的组织，并承诺愿意不顾一切完成组织使命
	2	为帮助组织获得成功，我会不断使用额外的能力
	3	我一直拼尽全力完成自己的工作任务
	4	我会为我的工作设定具有挑战性的目标
	5	我会通过干活帮助组织获得成功以表达我对组织和其使命的信赖
精神型领导 — 利他之爱	1	我的组织真心关心自己的员工
	2	我的组织无时无刻不表达出对员工的关怀和照顾
	3	我的领导言出必行
	4	我的组织真诚对待员工并获得了员工的信任
	5	对组织忠诚的员工犯错不会受到组织的批判
	6	我的领导很诚恳，不会目空一切
	7	我的领导勇于站出来为员工争取利益

续表

变量		题项	内容
工作倦怠	情感耗竭	1	每天起来我总是没有精神，面对工作无精打采
		2	工作一天下来，我感觉非常疲倦
		3	我的工作经常让我感到厌烦
		4	工作时常需要我消耗过多的情感资源
	去人性化	1	我对现在的职业前景感到迷茫
		2	我对当前的工作失去了热情
		3	我认为现在的工作没有什么价值
		4	我和周围的同事相处得比较冷淡
	个人成就感低	1	我感觉自己无法胜任当前的工作
		2	领导经常让我负责一些无关紧要的事情
		3	我经常对领导派给我的任务没有信心
		4	当工作完成时，我并没有感觉非常高兴
主动性行为		1	我会积极地解决问题
		2	每当出现问题，我会立刻寻找解决方法
		3	我会去争取任何可以让我积极参与的机会
		4	我会迅速抓住机会来实现我的目标
		5	我通常做的比被要求做的还多
		6	我很擅长将想法付诸实践

4.4 数据分析与结果

4.4.1 验证性因子分析

本研究采用 Mplus 进行验证性因子分析，检验变量之间的区分效度，分析结果如表4-3所示。由表4-3可知，四因子模型的各项拟合指标（χ^2/df = 2.13，CFI = 0.908，GFI = 0.821，RMSEA = 0.051，SRMR = 0.051），优于其他3个模型。由此说明，本研究所测量的4个主要变量具有良好的区分效度。

表4-3 验证性因子分析结果

因素	χ^2	df	χ^2/df	CFI	GFI	RMSEA	SRMR
四因子模型	1564	734	2.13	0.908	0.821	0.051	0.051
三因子模型	2441	737	3.31	0.81	0.67	0.08	0.094
二因子模型	4115	739	5.568	0.625	0.414	0.12	0.15
单因子模型	4860	740	6.57	0.542	0.36	0.13	0.15

4.4.2 共同方法偏差

问卷全部由员工自己填写完成,容易产生共同方法偏差问题。因此,采用程序控制和统计控制削弱其影响。首先,进行问卷设计时通过匿名填写、随意编排题项、插入互斥题项等加以控制。同时,本研究采用两种方法对可能存在的共同方法偏差进行检验:首先,根据 Podsakoff 等(2003)的建议,单因子累计方差解释率低于 40% 是可以接受的。统计检验时运用软件 SPSS 26.0 进行 Harman 单因素检验,结果显示抽取的因子数量大于1,总体方差解释量为 62.4%,第一个因子的方差解释量为 25.5%,小于总体方差解释量的 40%,初步认为本研究调查数据不具有严重的共同方法偏差,不会导致数据结果虚假相关。其次,在进行验证性因子分析后,在四因子模型的基础上加入了一个共同方法因子(杨光等,2021)。结果显示,加入共同方法因子后的五因子模型无法拟合,也就意味着本研究的共同方法偏差较小。

4.4.3 描述性统计与相关分析

本研究所涉及的主要变量的描述性统计及相关性检验如表 4-4 所示。由表 4-4 可知,同事妒忌与工作倦怠($r=0.348$, $p<0.01$)呈显著的正相关关系,与员工主动性行为($r=-0.454$, $p<0.01$)呈

表4-4 主要变量描述性统计及相关性检验结果

	M	SD	1	2	3	4	5	6	7	8	9	10
1. 性别	1.47	0.50	—									
2. 年龄	2.88	1.08	-0.038	—								
3. 教育水平	3.69	1.03	-0.130	-0.018	—							
4. 工作年限	3.26	1.04	-0.105	0.694	-0.000	—						
5. 工作种类	1.66	0.80	0.080	-0.035	0.636	-0.046	—					
6. 企业性质	2.14	0.96	0.092	0.023	-0.145	0.041	0.052	—				
7. 同事妒忌	2.27	0.94	-0.025	-0.002	-0.091	0.041	-0.112	0.126	—			
8. 工作倦怠	2.29	0.91	0.029	0.140	-0.009	0.102	-0.011	0.171	0.348**	—		
9. 精神型领导	3.76	0.871	-0.091	0.080	0.172	0.037	0.214	-0.114	-0.413	-0.336**	—	
10. 主动性行为	3.65	0.923	-0.033	-0.041	0.061	-0.098	0.032	-0.172	-0.454**	-0.430**	0.470**	—

注：* 表示 $p<0.05$，** 表示 $p<0.01$。

显著的负相关关系。员工工作倦怠与员工主动性行为（$r = -0.43$，$p < 0.01$）呈显著负相关关系。因此，可以进一步检验研究假设。

4.4.4 假设检验分析结果

1. 主效应与中介效应检验

本研究采用 SPSS 26.0 软件对数据进行标准化处理，再利用多元层级回归方法检验主效应和中介效应，结果如表4-5所示。在模型4中，将员工主动性行为作为因变量，在控制了人口统计学变量之后，同事妒忌对员工主动性行为具有显著的负向影响（$\beta = -0.432$，$p < 0.01$），支持了假设1。在模型2中，同事妒忌对员工工作倦怠具有显著的正向影响（$\beta = 0.325$，$p < 0.01$），支持了假设2。在模型5中，将员工主动性行为作为因变量，工作倦怠对员工主动性行为具有显著的负向影响（$\beta = -0.306$，$p < 0.01$），支持了假设3。在模型4的基础之上，将员工工作倦怠纳入回归方程，结果显示同事妒忌对员工主动性行为的作用下降（$\beta = -0.330$，$p < 0.01$），且员工工作倦怠对主动性行为具有显著的负向影响（$\beta = -0.30$，$p < 0.01$），说明员工工作倦怠在同事妒忌与员工主动性行为之间起部分中介作用，初步支持了假设4。

为了进一步验证员工工作倦怠的中介作用，本研究对工作倦怠与员工主动性行为之间的间接效应进行检验。5000次参数的 Bootstrapping 结果显示，同事妒忌通过员工工作倦怠对员工主动性行为的间接效应 95% 置信区间为 [-0.42，-0.22]，不包括 0，表明员工工作倦怠的中介作用存在,再次支持了假设4。

表4-5 主效应与中介效应检验结果

变量	工作倦怠 M1	工作倦怠 M2	员工主动性行为 M3	员工主动性行为 M4	员工主动性行为 M5
性别	0.055	0.070	−0.054	−0.074	−0.052
年龄	0.113	0.12	0.045	0.023	0.06
教育水平	0.051	0.052	0.014	0.013	0.029
工作年限	0.002	−0.018	−0.115	−0.088	−0.094
工作种类	−0.062	−0.019	0.034	−0.023	−0.029
企业性质	0.166	0.12	−0.159	−0.103	−0.066
同事妒忌		0.325**		−0.432**	−0.33**
工作倦怠					−0.306**
R^2	0.032	0.141**	0.024	0.211**	0.285**
ΔR^2	0.05	0.109**		0.185**	0.075**

注:* 表示 $p<0.05$,** 表示 $p<0.01$。

2.调节效应检验

为验证精神型领导的调节作用,首先将工作倦怠作为因变量,并引入控制变量得到基准模型M6;其次,在M6基础上引入自变量(同事妒忌)得到M7。在M7基础上,同时加入精神型领导、同事妒忌与精神型领导的交互项,得到M8。如表4-6所示,同事妒忌与精神型领导交互项对工作倦怠具有显著负向影响($\beta = -0.236$, $p < 0.01$)。

为了直观体现精神型领导的调节效应,分别在高于调节变量平均值1个标准差和低于调节变量平均值1个标准差的基准上绘制调节作用效果图,具体如图4-2所示,精神型领导得分越低,同事妒忌对员工工作倦怠的正向影响越强；精神型领导得分越高，同事妒忌对员工工作倦怠的正向影响越弱。

表4-6 精神型领导的调节作用检验

变量	工作倦怠		
	M6	M7	M8
性别	0.055	0.07	0.023
年龄	0.113	0.12	0.107
教育水平	0.051	0.05	0.063
工作年限	0.002	−0.018	0.017
工作种类	−0.062	−0.019	0.026
企业性质	0.16	0.12	0.09
同事妒忌		0.325**	0.31**
精神型领导			0.362
同事妒忌 * 精神型领导			−0.236**
R^2	0.032	0.141	0.254**
ΔR^2	0.05	0.109	0.115**

注：* 表示 $p<0.05$，表示 **$p<0.01$。

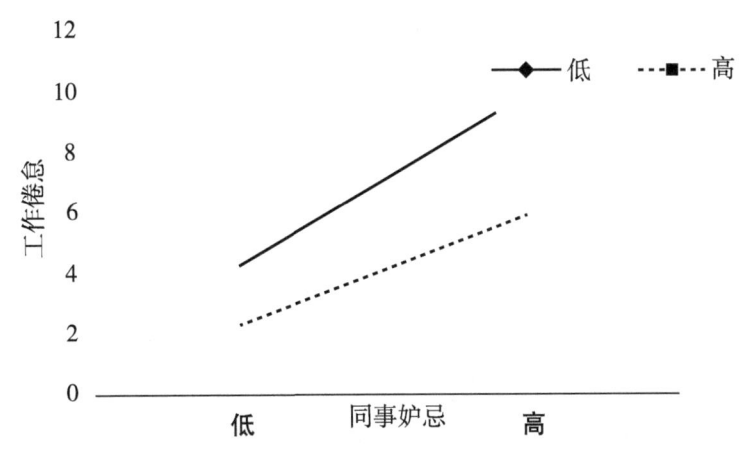

图4-2 精神型领导对同事妒忌与工作倦怠的调节作用效果

3. 有调节的中介效应检验

为了验证假设6提出的被调节的中介作用，即精神型领导调节着同事妒忌通过员工工作倦怠对员工主动性行为的间接影响。本研究采用Process 3.0估算在精神型领导得分较高与得分较低的情况下同事妒忌对员工主动性行为的间接效应的置信区间，以及两者间接效应差异的置信区间，结果如表4-7所示。由表4-7可知，当精神型领导得分较低时，同事妒忌通过工作倦怠对员工主动性行为的间接效应值为–0.102，95%的置信区间为[-0.166，-0.049]，不包含0。当精神型领导得分较高时，同事妒忌通过工作倦怠对员工主动性行为的间接效应值为0.024，95%的置信区间为[-0.028，0.084]，包含0。因此，有调节的中介效应显著，支持了假设6。

表4-7 被调节的中介作用效应检验

精神型领导	间接效应	标准误	95%的置信区间	
低精神型领导	–0.102	0.03	–0.166	–0.049
高精神型领导	0.024	0.028	–0.028	0.084

4.5
研究结论与管理启示

4.5.1 研究结论

本研究从职场中普遍存在的同事妒忌现象出发，构建有调节的中介模型，基于资源保存理论探讨了同事妒忌对员工主动性行为的影响。研究发现：第一，同事妒忌对员工主动性行为具有显著的负向影响。同事妒忌这种痛苦情绪耗费了员工的自有资源，员工自我效能感下降。员工自有资源会更多地投入本职工作中，进而阻碍员工在工作中的主动性行为。第二，工作倦怠中介了同事妒忌与员工主动性行为之间的关系。同事妒忌对员工心理产生潜在影响，员工出现典型的工作倦怠症状，处于资源损失状态的消极员工会减少主动性行为来保存自身资源。第三，精神型领导负向调节同事妒忌与工作倦怠之间的关系，同时调节工作倦怠在同事妒忌与员工主动性行为之间的中介作用。精神型领导作为一种支持资源，使员工在产生妒忌情绪时能及时获得资源补充，减少因妒忌产生的工作倦怠，同时减小同事妒忌通过工作倦怠影响员工主动性行为的作用。

4.5.2 理论意义

本研究具有重要的理论意义。

第一，本研究考察了同事妒忌对员工主动性行为的影响机制。随着组织不确定性的日益增强以及环境的日益复杂，提高员工主动性行为被视为提高组织绩效的一种重要手段。以往研究大多探讨妒忌对员工自身做出破坏性行为产生的影响（詹小慧等，2019；孙继伟等，2021），忽视了将其与员工本身的积极行为以及动态的组织变化环境联系起来。促进员工主动性行为能够给组织带来正向溢出，是组织发展中所提倡的正向行为。本研究指出，同事妒忌会抑制员工主动性行为，丰富了企业员工主动性行为减少的前因。在动态的企业环境中亟须员工采取主动性行为来促进组织绩效的提高，使员工从"被迫做"转向"主动做"。同时引入工作倦怠的中介作用，拓宽了员工主动性行为的前因变量。

第二，本研究探讨了精神型领导的调节作用，拓宽了同事妒忌对员工行为产生影响的边界条件。以往研究多将员工自身个体特征作为调节变量，如恶意归因倾向、职场地位、职场友谊等（孙继伟等，2021；夏福斌等，2021；姚柱等，2020），来探讨同事妒忌对员工心理行为产生的影响，缺乏对在此过程中组织情境可能产生的影响的研究，但在复杂的组织环境中，领导者或多或少会对员工自身行为产生影响。本研究从职场情境重要的组成部分——领导者出发，探讨了同事妒忌对员工产生影响的过程中领导者类型可能起到的边界调节作用。研究也证实了精神型领导能够减弱同事妒忌对工作倦怠与员工主动性行为的影响作用，深化了同事妒忌对员工主动性行为的边界条件的认识。

第三，本研究从资源保存理论视角出发探讨了工作倦怠在同事妒忌与员工主动性行为之间的中介作用，丰富了同事妒忌对员工行为影响效应的理论框架。以往研究大多基于社会比较理论、社会认知理论等来探讨职场中的妒忌所产生的影响（夏福斌等，2021；曾琦等，2022）。本研究基于资源保存理论中资源的失去与获得，将同事妒忌视为一种资源损失的状态，将精神型领导视为对员工的一种资源补充，同时将员工主动性行为视为一种需要耗费员工自身资源的行为，进而得出同事妒忌通过使员工产生工作倦怠，迫使员工减少主动性行为的结论。本研究尝试将资源保存理论引入同事妒忌对员工自身行为产生影响的理论框架，加深了对其作用机制理论基础的认识。

4.5.3 管理启示

本研究结果为企业如何增强员工主动性行为提供了一定的参考，有助于在组织中充分发挥员工的主动性来提高组织管理效能，为组织管理者敲响警钟——只有减少同事之间的妒忌才能促进员工主动性行为。此外，为企业在招聘管理者以及塑造管理氛围方面提供了一定的借鉴。

首先，同事妒忌会抑制员工主动性行为的发生。一方面，在组织中管理者应当尽量做到一碗水端平，建立公平公正的晋升奖励机制，减少员工因此产生的妒忌情绪。另一方面，企业及管理者应该加强对员工情绪的观察与引导，管理者应该以正确的方式看待员工妒忌。当员工在与他人进行向上的社会比较时，由于自身缺乏对方所具备的优势，会使自身陷入一种痛苦的情绪中，员工会因此产生消极情绪，自身消极感大大增强，但管理者不应对同事妒忌"谈虎色变"，要及时发现员工的妒忌情绪并加以疏导，以正确的方式减少因妒忌情绪产生的负面影响。同时，企业应当定期对员工开展心理疏导培训，引导员工正确看待自己的妒忌情绪，以积极的态度缩小与被妒忌者之间的差距，让员工相信以更加积极的态度对待工作就能得到更多的资源，进而激发员工的正向行为，提高组织绩效。

其次，员工工作倦怠对员工主动性行为具有抑制作用，因此企业要尽量避免使员工陷入工作倦怠状态。当员工处于工作倦怠状态中时，会导致其工作成就感下降，对成功的欲望降低。对于身处企业中的员工来说，资源不足是使其产生工作倦怠的关键因素之一。为减少工作倦怠对员工主动性行为的影响，企业一方面应当为员工提供充足的物质资源来满足其工作需求；另一方面可以通过营造良好的人际关系、营造和谐的工作氛围等来为员工提供足够的心理资源。组织和管理者应注重减少员工的工作倦怠，使员工在工作场所中保持资源充足的状态，从而激发出员工的潜能。企业不应为了短期利益而给员工施压,长期处于较大工作压力状态下会明显降低员工工作绩效,给企业带来更大的危害。

最后,作为组织环境的重要组成部分,营造精神型领导的管理氛围会对员工心理及行为产生影响。研究结果表明,精神型领导调节了同事妒忌与工作倦怠之间的关系以及工作倦怠的中介作用。一方面,企业在选聘管理者时应该多提拔和任命具有精神型领导特征的管理者,管理者应该多向员工传达企业使命与愿景,使员工设立共同努力的目标,从而使其具备更多的心理资源。另一方面,企业应该加强对精神型领导的培养,从心出发增强员工使命感,使员工在组织中具有归属感,使员工感受到来自组织和同事之间的关爱,从而激发员工工作动机,形成团队效应,进而对组织产生正向影响。在员工处于资源损失状态时,精神型领导可以作为一种情境资源来减少其带来的负面影响。在员工陷入负面情绪时及时地对其进行资源补给,阻碍其负面情绪的进一步发展,进而减少员工的消极行为。

4.5.4　研究局限性与未来研究展望

虽然本研究通过科学的变量选取及问卷调查来检验同事妒忌对员工主动性行为的影响,但是不可否认,本研究同样存在一定的局限性,未来还需要进一步开展相关研究,以更好地检验本研究结论的有效性。

首先，本研究所用数据通过问卷调查形式获得，均由员工自身作答完成，因此可能会存在共同方法偏差的问题。未来可以采取问卷和实验相结合的方式来减少共同方法偏差对研究结论的影响。

其次，对于员工主动性行为的测量，本研究采用的是员工自评的方式。虽然本研究在问卷设计、变量控制和数据统计方面已经采用了一定手段进行控制，但仍不能完全避免被调查者受到自身主观观念的影响，即员工自评的方式可能存在自我认知上的差距和主观性较强的问题，未来可以采取领导者评价或者员工同事评价的方式来减少主观评估导致的误差。

最后，本研究仅探讨了精神型领导这一调节变量的影响。未来研究可以尝试从更多的理论视角出发来展开同事妒忌对员工行为产生影响的机制研究，也可引入更多的情境因素如组织公平感、同事关系和谐度以及其他类型的领导风格等作为调节变量来探究其作用原理，进一步拓展同事妒忌在产生影响过程中的边界条件研究。

5
PART

组织公平感对员工工作绩效的影响：同事妒忌的中介作用

组织中的妒忌与被妒忌及其管理

在机遇与挑战并存的当今社会，日益激烈的市场竞争中，企业不仅要重视传统的资源要素，对于人才的培养和关注更为重要。员工的工作绩效直接关系到企业的生存和发展，关系到企业能否实现下一步的战略目标，因此提高员工工作绩效一直是当今社会的重要议题。影响员工工作绩效的因素有很多，其中组织内部的不公平感会使员工产生妒忌情绪，进而影响员工的工作绩效。本研究以中国企业员工为研究对象，在借鉴前人成熟量表的基础上形成正式的调查问卷，通过网络平台进行发放，共回收有效问卷240份。在对样本数据进行信效度检验、相关分析、回归分析之后得出如下结论：组织公平感会正向影响员工工作绩效，组织公平感会负向影响同事妒忌，同事妒忌会负向影响员工工作绩效，同事妒忌在组织公平感与员工工作绩效之间起中介作用。

5.1 引言

在如今相对复杂的企业关系里,员工的注意力不仅集中在取得的报酬的绝对量与其他人相比的差异上,也集中在报酬的绝对量所存在的差异是否合理上,现在员工更加重视自己是否受到了公平的对待,更加重视自身对于公平的感知(Adams,1965)。组织中的公平可以从组织环境的公平与组织公平感两个方面来理解。组织环境的公平,是客观层面意义的,组织可以通过完善规章制度、制定相应的流程规范来实现组织内部的绝对公平,但这在企业实践领域是很难实现的;而组织公平感,是主观层面意义的员工感知到的公平性(王永丽,2018)。

组织公平来源于员工的主观感受,它是一个主观性的概念。如果员工主观上能够感受到公平,就会产生组织公平感。在组织行为学中对于组织公平感的定义是限定在特定的组织情境中,员工对于与自身利益相关的政策、制度及措施进行的主观公正的感知(Leventhal,1980)。组织公平感是身处组织中的员工对于组织是否公平的感觉判断,甚至不是根据员工实际上能否得到什么来判定，通常是根据员工自己主观上对公平的感知来判断的（Greenberg，1990）。组织公平感是组织管理中的一个核心概念。员工的组织公平感可以影响到他们的情绪与态度（Van，2007），同时组织公平感对员工的工作行为有着较大的影响（Greenberg，1990）。因此，组织公平感一直以来都是组织管理学者与实践者们关注的重点。组织公平感是员工在组织环境中在面对和处理与自身利益相关的事情和事物时感知到的公平性（张洋，2018）。

  组织公平感会影响员工对管理者的看法，不公平感也会因员工所期待的目标没有实现而产生。当不公平感出现在组织的内部时，员工就会产生相对应的消极情感甚至是负向的行为（Greenberg，1997）。基于社会比较理论，组织环境中的员工倾向于同与自己条件（职位、工资等）相似的同事进行比较，当他们发现同事获得了比自己更好的组织资源或工作结果时，很容易产生妒忌心理（夏福斌，2021；Ganegoda，2019）。与自己在组织中地位相似的同事得到了更优的对待，会使员工在比较中产生组织不公平感，由此容易对自己的同事产生妒忌之情（Koopman，2020）。Tai 等（2012）学者总结提出，组织不公平感导致人们在面对自己与被妒忌者之间的差距时产生妒忌情绪。如有研究就指出，不公平感所引起的对比差异会导致妒忌这种负面情绪的产生（张春雨，2010）。据此来看，组织公平感可能负向影响同事妒忌。

  在现有的主流研究中，妒忌被看作是一种消极的工作情绪，常被认为对于妒忌者和被妒忌者都会产生消极的影响（Duffy，2012；Eissa，2016）。如有研究发现，妒忌心理不是单独形成的，往往会伴随着一系列的行为表现,比如人际关系紧张(Vidaillet,2008),或者是出现伤害他人的行为(Vecchio,1995),或者是采取退缩行为消极怠工(Parks,Rumble & Posey,2002),以及出现更多的缺勤、迟到和延长工作休息时间等会影响自己工作表现的行为(Khan,2014),以此来表示抗议(Khan et al.,2009)。类似的负面反应的增加,会使得员工减少自己的工作投入,降低工作绩效(张春雨,2010),甚至会产生离职的想法(陈振隆,2019)。

概言之,对于组织公平感与员工绩效之间关系的已有研究主要是讨论二者之间的直接联系(Conlon,2005),例如组织公平感可以显著提高员工任务绩效(Konovsky,1991)与组织公民行为(Ball,1994;Moorman,1991;刘亚,2003),但缺乏引用相关中介机制探讨组织公平感对员工工作行为的影响的研究。鉴于此,本研究探讨组织公平感对员工工作绩效的影响机制,将引入妒忌这一中介变量。本研究的主要贡献体现在以下两个方面:第一,丰富了组织公平感对员工工作绩效影响机制的研究。目前,组织公平感与员工工作绩效的相关探索大多聚焦于组织公平感对员工工作绩效的直接影响(王文君,2013;汪新艳和廖建桥,2009),一些研究确实加入了中介变量的影响(刘涛和杨慧瀛,2019),但是以妒忌作为中介变量进行的影响研究少之又少。第二,本研究发现对组织管理实践也有一定的借鉴意义。对于组织而言,了解员工情绪变化与工作绩效之间的关系,有助于提高员工工作绩效,预防员工工作倦怠,同时指导组织开展员工甄选、培养和晋升等工作,研究成果能够帮助指导组织管理工作。

5.2

理论背景与研究假设

5.2.1 组织公平感与员工工作绩效

组织公平关注的是在一个特定组织中，人们对组织内部是否公平的判断和自身的主观感知（Ozbek，2015）。其中包含了发放的薪酬福利、员工晋升过程以及人际间的互动等各方面的公平；而组织公平感是指在这个组织中的员工对于组织公平的自我感知。组织公平感作为一个指标被用来衡量组织管理水平的高低，也可以体现组织是否有较强的竞争力（刘亚，2003）。

员工的工作绩效为多维度的、可被评估的、不连续的，并且与组织目标相关的行为的综合体（Borman & Motowidlo，1997），是一个多维度的包含行为和结果在内的集合体（韩翼，2006）。员工的工作绩效不仅包括工作结果还应该包括实现该结果的过程，员工的能力、态度、工作方式等都应该考虑在内。Katz 等人（1966）首先将工作绩效概括为两部分内容：一部分是为了完成组织任务、目标履行职责的员工行为，被称为"任务绩效"；另一部分则是工作任务之外的行为，也被称为"组织公民行为"。任务绩效是一个用来衡量组织的员工是否具备很好地完成自己的工作任务的能力的指标（Lam，2002）。组织公民行为则是组织员工自己积极主动地对本组织进行回馈的一种表现形式（赵琛徽，2021），是一种随意的、与正式的奖酬制度没有直接或外显关系但能从总体上有效促进组织效能的个体行为（Organ，1988）。概言之，工作绩效就是指组织中的员工在某一时间段内做出的组织职责之内和组织职责之外对组织目标有益的行为和结果的总和。

依据社会交换理论不难推测出，当组织为员工提供合理且公平的资源时，包括工作环境、薪酬分配和晋升制度等，员工往往也会为组织提供良好的工作绩效。特别是，若组织在薪酬分配与员工晋升方面是公开透明且公正的，并且会对结果的分配程序进行相关的解释说明时，组织中的员工会更加积极主动地帮助其他同事，加强员工对于组织的投入。当个体感受到被公平对待时，会对他人受到的公平对待做出更积极的反应（颜爱民等，2020），如若一个组织是公平的，那么这份公平所带来的良好的工作氛围也可以成为组织的一种无形资产，能够增强组织内部的凝聚力，从而降低员工群体的离职意愿（王占杰，2016）。

员工对于公平的感知往往是通过与其他参照对象的对比来实现的，他们所选择的参照对象可能是现实情况下的他人，也有可能是过去的自己。亚当斯在其公平理论当中指出，只有员工在通过对比后认为自身的投入得到了应有的回报时才能够感受到组织公平，进而才会努力工作，提高个人工作绩效（Guest，2011）。

若个人当前工作投入与回报的比值大于等于他人的工作投入与回报的比值或者个人过去工作投入与回报的比值，员工会感受到不公平。当员工产生不公平感时，可能会出现心情低落、减少努力、偷懒怠工等消极行为，进而降低工作绩效（Adams，1965）。相反，如果员工能够通过对比感受到公平，相信可以以平等的方式获取报酬，会努力表现获得较高的工作绩效（马君，2012）。

如果组织能做到公平公正，那么员工的所得便是自己能力的标志，此时员工就会觉得自己在工作中是有价值的，当这种自我实现感得到满足时，他们会更积极地投入工作中，提高工作效率，尽快完成组织任务来实现自我价值（汪纯孝，2007）。任务绩效与组织中具体的工作内容相关，属于职责范围之内的工作，比较直观地反映了员工一段时间内的工作结果。组织公民行为却不是直接的生产行为，它是指包括同事之间相互帮助，保持良好的工作关系，维持良好的工作环境在内的职责之外的组织工作行为，是间接为组织目标做出贡献的行为和过程。员工对于组织公平的感知会通过一些中介因素最终影响到组织公民行为（高启杰和董昊，2016）。在员工察觉到组织公平而努力工作的同时，他们感知组织的公平程度越高，越倾向于团结、帮助同事，增强组织公民行为。王昱、田新民（2013）提出，组织中的员工如果感知到组织公平，会对该员工今后的工作行为产生相应的影响，其中就包括组织公民行为，并且其感受到的组织的公平程度越高，越容易激发较高水平的组织公民行为。基于此，本研究提出如下假设。

H1a：组织公平感对员工任务绩效有显著的正向影响作用。

H1b：组织公平感对员工组织公民行为有显著的正向影响作用。

5.2.2　组织公平感与同事妒忌

组织公平感是员工对自己是否受到组织公平对待的主观判断和心理认可，员工不仅会与他人进行绝对绩效的比较，而且会将自己的投入产出比与他人的投入产出比进行比较，并据此评价组织的绩效评估程序、领导的人际交往以及信息传递的公平性，是对组织的分配、组织的分配程序以及与他人互动公平的综合感知（刘得格等，2017）。企业中的员工不仅在乎自己在企业中的投入所得，也会通过比较关注别人是否和自己一样，自己是否受到了不公平的待遇。如果员工感受到不公平，他们的情绪就会受到影响，通常会产生一些比较消极的情绪（Adams，1965）。

组织内的不公平感引发的消极情绪之一就是妒忌。妒忌的产生与个体产生的不公平感相关（Simth，1991），当比较的对象是通过不公平的方式来获得优势地位时，个体会产生更强的妒忌感。妒忌是指在社会的上行比较之中，由于个体自身缺少某种优势资源或者更加向往其他人优于自己的品质、成就或者报酬而产生的一种复杂的情绪体验（Parrott & Smith，1993）。

对于身处组织环境中的员工而言，比较也是一种十分常见的现象。基于社会比较理论，组织环境中的员工倾向于同与自己条件（职位、工资等）相似的同事进行比较，若与自己在组织中地位相似的同事受到了更优的对待（获得了比自己更好的组织资源或工作结果），会使得员工在比较中产生组织不公平感，员工很容易产生妒忌心理（夏福斌，2021）。这是因为当员工认为比较对象拥有的东西是不应得的时候，会增加员工的敌意，同样，如果员工认为组织中的分配程序、互动交往不公平时，会增强员工对达到比较对象的水平的困难程度的感知，从而增强员工的挫败感，加深妒忌。基于此，本研究提出以下假设。

H2：组织公平感对于同事妒忌有负向影响作用。

5.2.3 同事妒忌与员工工作绩效

妒忌是在进行社会比较之后产生的诸多负面情绪中的一种，在职场里，员工会妒忌那些与自己地位相似的人获得更好的资源与酬劳。妒忌是一种面临向上社会比较的挫折体验，它具有伤害妒忌目标的破坏性欲望，不仅具有"我希望拥有你所具备的"的意念，而且具有"我希望你失去你所拥有的"的意图。妒忌包含了敌对、自卑、愤怒、怨恨等情绪（杨丽娴，2009）。妒忌者具有一种破坏他人拥有的优势资源的心理（Schimmel，1993），当被妒忌者蒙受损失或者受到伤害时，妒忌者就会产生一种不善的愉快情绪（Smith，1996）。这是由于妒忌者经常会采用贬低他人、削弱他人优势的方法来消除内心的不平衡感，采用降低他人地位的方式，使妒忌者与妒忌对象的差异合理化（Smith，1996）。

当员工产生妒忌情绪时，就容易陷入心理不平衡的状态。根据平衡理论的观点，不平衡的状态是不稳定的，会促进紧张、焦虑等复杂情绪的产生，进而驱动认知结构产生恢复平衡的力量向平衡和谐状态方向转化，直至再次实现平衡的状态，紧张、焦虑等复杂情绪才会消除（聂云霞，2021）。为消除负面情绪再次恢复平衡状态，处于妒忌情绪中的员工会做出相应的行为进行调整，而这种调整最常见的便是消极怠工。Hill 等（2011）通过实验研究对这种行为进行了说明：当妒忌的情绪产生时，组织成员会有意无意花费比以往更多的时间、精力"监视"他们所妒忌的人，在这个过程中不公平感与负面情绪较为强烈，导致其自身的精力与资源被大量消耗，从而导致其对工作的热情和积极性下降，因此会削弱组织公民行为，妒忌不仅对个人导向的组织公民行为（OCBI）有所抑制，也对组织导向的组织公民行为（OCBO）有所抑制（Kim，2010）。

当妒忌作为一种敌对的情绪出现时，通常会触发攻击性行为，对妒忌目标产生流言蜚语等消极影响（Wert，2004）。同事对被妒忌者的妒忌，会使他们怀有很强的敌意和憎恨，进而产生出手伤害被妒忌者的动机。妒忌者会做出比如破坏被妒忌者的合作（Vidaillet，2008），在背后排斥被妒忌者以及恶意中伤被妒忌者（Vecchio，1995）等破坏性行为。通过贬低被妒忌者以及将被妒忌者"拉下马"等方式来消除自己和被妒忌者之间的差距（Duffy，2008），以阻止比较对象继续取得高绩效的方式实现两者之间的平衡（刘得格等，2017）。妒忌者可能会采用"伤敌一千，自损八百"的方式来达到削弱他人优势的目的（Gilles，

2006）。这不仅使妒忌者本身的注意力无法集中在自己的工作上，不能很好地完成自己的任务，降低了其工作绩效，还会使被妒忌者产生压力，陷入焦虑、不快和担忧的情绪（刘得格，2018），从而影响其完成自身任务。因此，妒忌情绪的出现不仅会使妒忌者由于精力分散而减少组织公民行为，还会影响妒忌者甚至是被妒忌者的任务绩效。基于此，本研究提出以下假设。

H3a：同事妒忌对员工任务绩效有负向影响作用。

H3b：同事妒忌对员工组织公民行为有负向影响作用。

5.2.4 同事妒忌的中介作用

国内学者对组织公平感、个人妒忌、工作绩效三者的关系进行的研究还比较少，但仍有不在少数的学者认为组织公平感不但对工作绩效有直接影响，还可能会通过一些中介或者是调节变量对工作绩效产生间接影响。

同事妒忌是员工基于不公平感而产生的消极情绪，这种消极情绪会影响到员工的工作绩效（包括任务绩效和组织公民行为）。组织不公平感导致人们在面对自己与被妒忌者之间的目标差距时会产生妒忌情绪（Tai，2012），员工对组织公平的感知会对员工的心理情绪产生一定影响，当组织内的员工在工作环境中感知到不公平时，会加剧妒忌情绪的产生（王林琳，2021）。妒忌情绪会影响员工的行为选择，使其产生一些反生产行为，这十分不利于组织实现组织目标，并会对员工工作绩效产生比较大的负向影响作用（Khan et al.，2009）。因此，同事妒忌可以为组织公平感间接影响员工工作绩效提供新的中介解释机制。基于此，本研究提出以下假设。

H4a：同事妒忌在组织公平感与员工任务绩效之间起中介作用。

H4b：同事妒忌在组织公平感与组织公民行为之间起中介作用。

综上所述，本研究构建了如图5-1所示的模型。

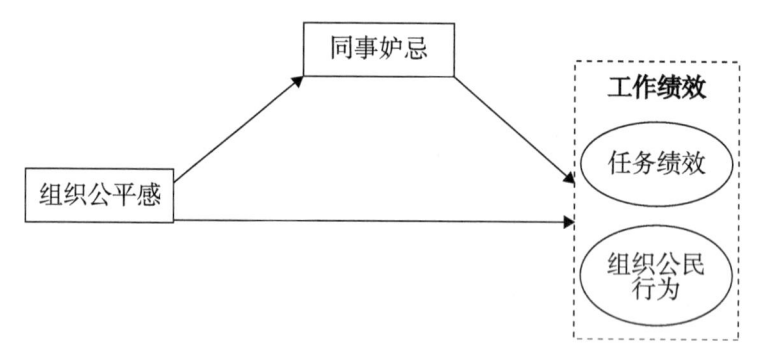

图5-1 本研究构建的理论模型

5.3 研究方法

5.3.1 研究对象与程序

本研究采用问卷调查法获得研究数据，在网上利用问卷星收集各个岗位、各个工作年限工作者根据自身实际情况所填写的调查问卷，并在问卷中表明被调查者所提供的信息仅供学术研究使用，采取匿名填报的形式，使得被调查者放心根据自身实际情况进行选填，最终筛选出有效数据进行假设检验。

历时一周，共收集到252份调查问卷，经过筛选剔除无效问卷，最终成功整理出有效样本240份，问卷的有效回收率为95.2%。判断无效问卷主要有以下依据：①答卷时间明显不足；②问卷答案具有明显的规律性；③问卷填写不完整；④问卷明显不符合调研条件。本研究的调查对象为企业在职员工，因为员工的工作绩效并不受所在地区、所从事工作种类的影响，所以本次调查对于被调查者所在的地区、工作的行业并没有限制。

问卷回收之后使用SPSS对样本进行数据分析和假设检验，

用到的统计方法如下：①变量描述性分析。使用SPSS对样本分别进行填写者基本情况和变量维度两个部分的描述性统计分析，初步判断样本特征和分布情况。②信度效度分析。运用SPSS对问卷的信度进行检验，使用SPSS对4个量表的结构效度进行检验。③相关性分析。利用SPSS计算变量各个维度之间的相关系数，分析各个维度之间的相关性和显著性，初步判断各个维度之间的关系。④回归分析。运用SPSS对变量的各个维度进行多元回归分析，对本研究提出的假设进行检验。

对调查样本进行基本分析，得到如表5-1所示的调查样本的基本特征统计表。

表5-1 调查样本的基本特征统计

人口统计变量	题项	频数	百分比(%)
性别	男	131	54.6
	女	109	45.4
年龄	20岁以下	2	0.8
	21~30岁	78	32.5
	31~40岁	89	37.1
	41~50岁	33	13.8
	50岁以上	38	15.8
婚姻状况	未婚	22	9.2
	已婚	218	90.8
教育水平	高中（中专）及以下	50	20.8
	大专	106	44.2
	本科	78	32.5
	硕士研究生及以上	6	2.5

续表

人口统计变量	题项	频数	百分比(%)
在目前单位工作年限	1年以内	8	3.3
	1~2年	130	54.2
	3~5年	88	36.7
	6~10年	12	5.0
	11年及以上	2	0.8
工体种类	普通员工	146	60.8
	基层管理者	53	22.1
	中层管理者	30	12.5
	高层管理者	11	4.6

5.3.2 测量工具

对于本研究核心变量的测量量表均选择的是学者在既往研究中广泛使用的信效度较高、权威性较高的成熟量表，由于存在翻译上的差异且国内外情境有所不同，为使其更符合本研究需要，对相关量表进行了一定的调整。在本研究中，问卷设计共包括两个主体部分：问卷填写人的个人信息与本研究4个核心变量的测量量表。

问卷的第一部分为主要测量变量组织公平感、同事妒忌、任务绩效及组织公民行为的基本问题，第二部分为调查问卷填写者的基本情况，包括其年龄、性别、在目前单位工作年限、工作种类等。量表部分采用Likert五点评分法,让样本对题项进行打分。得分代表样本对题项的认同程度,最低分为1分,最高分为5分。

1. 组织公平感的测量

本研究采用Ambrose和Schminke(2009)开发的组织整体公平感(Perceived Overall Justice,POJ)测量量表,该量表在多次使用中获得了较好的信效度检验,具体测量题项如表5-2所示。

表5-2 组织整体公平感测量量表

维度	题项
单维度	1. 组织总能给我公平的对待
	2. 企业是一个公平的组织
	3. 用"公平"这个词描述组织非常恰当
	4. 我的领导总是能给我公平的对待
	5. 我的领导是一个公平的领导
	6. 用"公平"这个词描述我的领导非常恰当

2. 同事妒忌的测量

关于妒忌量表,本文选用的是刘得格和李文东通过对Vecchio等学者开发并支持的一般情境性妒忌量表进行整理和翻译后所形成的测量量表(刘得格,2018),本研究在此基础之上做了细微的调整。该量表共有5个题项。具体题项如表5-3所示。

表5-3 同事妒忌测量量表

维度	题项
单维度	1. 领导更多的是肯定其他同事的努力,而不是我的努力
	2. 看到其他同事都幸运地得到了最好的任务安排,我感到有些烦恼
	3. 在工作中,和其他同事相比,我感觉自己是个失败者
	4. 我感觉我永远不会得到一个像其他同事那样的好任务
	5. 我觉得大多数同事都做得比我好

3. 员工任务绩效的测量

员工任务绩效主要与组织所规定的工作的完成程度有关,对于员工任务绩效的测量,Chen等(2002)编制开发了测量该变量的4题项量表,用于观测员工任务绩效。具体测量题项如表5-4所示。

表5-4 员工任务绩效测量量表

维度	题项
单维度	1. 我可以完成工作要求的职责
	2. 我可以达到预期水平来完成工作
	3. 我的绩效符合组织标准
	4. 我可以很好地完成工作职责

4. 组织公民行为的测量

采用国内学者樊景立等人开发的二维组织公民行为测量量表，共有10个题项，其中针对个人的组织公民行为（OCBI）有4项；针对组织的组织公民行为（OCBO）有6项。具体测量题项如表5-5所示。

表5-5 二维组织公民行为测量量表

维度	题目
OCBI	1. 我愿意帮助新来的同事适应工作环境
	2. 我愿意帮助同事解决与工作相关的问题
	3. 有需要时，我愿意帮助同事做额外的工作
	4. 我愿意配合同事并与之交流
OCBO	1. 我会遵守单位规章和程序，即使没人看见且没有证据留下
	2. 我对待工作认真负责并且很少犯错误
	3. 我并不介意接受新的工作或挑战
	4. 我会努力进行自我学习以提高工作成效
	5. 我经常很早到达单位并马上开始工作
	6. 我会向单位提出建议以改善单位绩效

5.4 数据统计分析

5.4.1 信效度检验

1. 信度分析

对本研究进行信度分析,结果如表5-6所示,组织公平感、同事妒忌、任务绩效、组织公民行为以及总量表的Cronbach's α均高于0.75,表明量表各题项内部一致性较高。

表5-6 各变量量表的信度

变量	Cronbach's α	项数
组织公平感	0.885	6
同事妒忌	0.873	5
任务绩效	0.798	4
组织公民行为	0.934	10
总量表	0.851	25

2. 效度分析

对本研究进行效度分析，结果如表5-7所示。

表5-7　相关量表的KMO和Bartlett球形检验

KMO 取样适切性量数		0.982
Bartlett 球形检验	近似卡方	4290.358
	自由度	300
	显著性	0.000

对相关量表进行KMO值和Bartlett球形检验得到表5-7，KMO值为0.982，大于0.8，说明结构效度良好。Bartlett球形检验显著，说明适合做因子分析。采用主成分抽取特征值大于1的因子，并利用最大方差法旋转，因子分析一共提取出两个特征根值大于1的公因子，公因子的方差解释率（信息提取量）分别为35.243%、23.055%，且旋转后累计方差解释率达到58.298%，说明提取出来的两个公因子可以提取出原先25个项目中58.298%的信息量，而且信息提取量的分布较为均匀，综合说明本次因子分析结果良好。

对各量表数据进行验证性因子分析后得到表5-8中的拟合系数，其中 χ^2/df、RMSEA、GFI、CFI等拟合系数均符合判别标准，以四因子模型为基准构建了三因子模型（将任务绩效与组织公民行为合并为一个因子）、二因子模型（将任务绩效与组织公民行为合并为一个因子，将组织公平感与同事妒忌合并为一个因子）以及单因子模型。四因子模型拟合指数为 χ^2/df = 0.869，RMSEA = 0.095，GFI = 0.932，AGFI = 0.946，CFI = 0.998，TLI = 0.996。

综合来看，说明组织公平感、同事妒忌、任务绩效、组织公民行为测量量表的四因子模型适配良好。

表5-8 验证性因子分析结果

模型	x^2/df	RMSEA	GFI	AGFI	CFI	TLI
四因子模型	0.869	0.095	0.932	0.946	0.998	0.996
三因子模型	0.879	0.130	0.931	0.917	0.985	1.004
二因子模型	0.873	0.124	0.931	0.918	0.964	1.007
单因子模型	0.871	0.128	0.931	0.918	0.976	1.015

注：三因子：将任务绩效与组织公民行为合并为一个因子。二因子：将任务绩效与组织公民行为合并为一个因子，将组织公平感与同事妒忌合并为一个因子。

5.4.2 描述性统计检验结果

表5-9所示为本研究变量的平均值、标准差和相关系数内容，统计结果显示，组织公平感与同事妒忌呈显著负相关关系，组织公平感与工作绩效、任务绩效及组织公民行为呈显著正相关关系，同事妒忌与工作绩效、任务绩效及组织公民行为呈显著负相关关系，符合本研究的理论预期。

表5-9 变量的平均值、标准差和相关系数

	1	2	3	4	5	6	7	8	9	10	11
1. 性别	—										
2. 年龄	−0.970	—									
3. 婚姻	0	0.088	—								
4. 教育水平	0.117	−0.048	−0.155*	—							
5. 工作年限	−0.134*	0.142*	0.150*	0.021	—						
6. 工作种类	−0.013	−0.015	−0.126	0.065	0.036	—					
7. 组织公平感	−0.204**	0.075	0.053	−0.137*	0.043	0.046	—				
8. 同事妒忌	0.150*	−0.031	−0.024	0.084	−0.062	−0.036	−0.878**	—			
9. 任务绩效	−0.150*	−0.012	0.044	−0.013	0.110	0.039	0.819**	−0.840**	—		
10. 组织公民行为	−0.202**	0.031	0.036	−0.118	0.083	0.053	0.919**	−0.901**	0.854**	—	
11. 工作绩效	−0.194**	0.020	0.039	−0.092	0.093	0.051	0.919**	−0.911**	0.921**	0.989**	—
平均值	1.450	3.110	1.910	2.170	2.460	1.610	4.004	2.002	3.848	3.923	3.901
标准差	0.499	1.059	0.289	0.780	0.683	0.875	0.928	0.929	0.875	0.922	0.882

注：$N=240$；* 表示 $p<0.05$，** 表示 $p<0.01$。

5.4.3 假设检验

为使回归方程的系数更具有解释意义,本研究在检验乘积项之前对自变量和中介变量进行了中心化处理,检验研究假设运用了多层回归分析的方法。

在中介效应检验部分,本研究借鉴了Baron和Kenny(1986)提出的四步骤中介变量检验方法,考察同事妒忌在组织公平感与工作绩效(包括任务绩效和组织公民行为)之间是否具有中介效应。首先,检验组织公民行为对同事妒忌是否具有显著影响;然后,考察组织公民行为对工作绩效(任务绩效、组织公民行为)是否具有显著影响;接着,检验同事妒忌对工作绩效(任务绩效、组织公民行为)是否具有显著影响,如果前三个步骤都得到验证,将继续检验组织公平感、同事妒忌对工作绩效(任务绩效、组织公民行为)是否具有显著影响。如果再次检验时组织公平感对工作绩效(任务绩效、组织公民行为)的作用减弱或不再显著,则同事妒忌的中介作用成立,具体实证研究结果如表5-10所示。

表5-10中的模型1的研究结果显示,在所有的控制变量中,仅性别能够显著影响同事妒忌行为($\beta = 0.252$,$p < 0.05$),模型2的研究结果表明,组织公平感对同事妒忌具有显著的负向影响作用($\beta = -0.892$,$p < 0.001$),在控制其他变量的影响

之后，模型4的研究结果显示，组织公平感与任务绩效之间具有显著正相关关系（$\beta = 0.790$，$p < 0.001$）；模型8的研究结果显示，组织公平感与组织公民行为之间具有显著正相关关系（$\beta = 0.913$，$p < 0.001$）；模型12的研究结果显示，组织公平感与员工工作绩效之间具有显著正相关关系（$\beta = 0.878$，$p < 0.001$）。因此，本研究的假设1a、假设1b、假设2得到支持。

此外，我们进一步考察组织公平感与同事妒忌、员工工作绩效（任务绩效、组织公民行为）之间的关系，模型5的研究结果显示，同事妒忌与任务绩效之间具有显著负相关关系（$\beta = -0.790$，$p < 0.001$）；模型9的研究结果显示，同事妒忌与组织公民行为之间具有显著负相关关系（$\beta = -0.880$，$p < 0.001$）；模型13的研究结果显示同事妒忌与员工工作绩效之间具有显著负相关关系（$\beta = -0.854$，$p < 0.001$）。因此，本研究的假设3a、假设3b得到支持。

模型6的研究结果显示，同事妒忌在组织公平感和任务绩效之间具有一定的中介作用（$\beta = -0.473$，$p < 0.01$）；模型10的研究结果显示，同事妒忌在组织公平感和组织公民行为之间具有一定的中介作用（$\beta = -0.402$，$p < 0.001$）；模型14的研究结果显示，同事妒忌在组织公平感和员工工作绩效之间具有一定的中介作用（$\beta = -0.422$，$p < 0.001$）。因此，假设4a、假设4b得到支持。

表5-10 组织公平感与员工工作绩效之间关系的中介作用检验

	同事妒忌			任务绩效		
	模型1	模型2	模型3	模型4	模型5	模型6
常数项	1.754**	5.598***	3.738***	0.335	5.123***	2.983***
控制变量						
性别	0.252*	−0.055	−0.249*	0.022	−0.050	−0.004
年龄	−0.007	0.031	−0.034	−0.067*	−0.040	−0.053
婚姻	−0.038	0.071	0.119	0.023	0.090	0.057
教育水平	0.083	−0.035	0.003	0.107*	0.069	0.091*
工作年限	−0.056	−0.049	0.115	0.109*	0.071	0.086
工作种类	−0.042	0.012	0.038	−0.009	0.006	−0.003
自变量						
组织公平感		−0.892***		0.790***		0.368***
中介变量						
同事妒忌					−0.790***	−0.473***
R^2	0.031	0.769	0.035	0.693	0.716	0.749

续表

		同事妒忌		任务绩效		
	模型 1	模型 2	模型 3	模型 4	模型 5	模型 6
ΔR^2	0.031	0.745	0.035	0.658	0.681	0.057
F	1.225	114.420***	1.403	74.701***	83.682***	86.319***
ΔF	1.225	769.362***	1.403	496.585***	557.261***	52.214***

	组织公民行为			工作绩效		
	模型 7	模型 8	模型 9	模型 10	模型 11	模型 12	模型 13	模型 14
常数项	4.266***	0.331	5.808***	2.582***	4.115***	0.332	5.612***	2.696***
控制变量								
性别	−0.338**	−0.024	−0.116*	−0.046	−0.312**	−0.011	−0.097*	−0.034
年龄	0.000	−0.039	−0.007	−0.027	−0.010	−0.047*	−0.016	−0.034
婚姻	0.063	−0.049	0.030	−0.020	0.079	−0.028	0.047	0.002
教育水平	−0.117	0.004	−0.044	−0.010	−0.082	0.033	−0.012	0.019
工作年限	0.075	0.068	0.026	0.049	0.086	0.080*	0.039	0.059*
工作种类	0.061	0.006	0.024	0.011	0.054	0.002	0.019	0.007

续表

		组织公民行为				工作绩效		
	模型 7	模型 8	模型 9	模型 10	模型 11	模型 12	模型 13	模型 14
自变量								
组织公平感		0.913***		0.554***		0.878***		0.501***
中介变量								
同事妒忌			−0.880***	−0.402***			−0.854***	−0.422***
R^2	0.057	0.850	0.819	0.886	0.051	0.852	0.836	0.896
ΔR^2	0.057	0.793	0.762	0.037	0.051	0.801	0.785	0.044
F	2.349*	187.201***	149.731***	225.449***	2.075	190.181***	168.497***	248.993***
ΔF	2.349*	1222.443***	975.112***	75.031***	2.075	1251.971***	1107.883***	98.901***

注：*** 表示 $p < 0.001$，** 表示 $p < 0.01$，* 表示 $p < 0.05$。

5.5
结论与讨论

5.5.1 研究结果

本研究是在中国的组织情境中,以企业组织员工为研究对象进行的研究。以社会交换理论和公平理论为理论基础,探究组织公平感、同事妒忌与员工工作绩效(包括任务绩效、组织公民行为在内)之间的关系以及同事妒忌在组织公平感与员工工作绩效之间的中介作用,使用SPSS进行假设检验。最终,针对核心研究变量得到以下结果:①组织公平感与员工工作绩效之间的关系。组织公平感能够显著地正向影响员工工作绩效,员工在组织工作中所感受到的组织公平感越强烈,其工作绩效就越好。组织公平感对员工工作绩效的两个子维度——任务绩效和组织公民行为均有显著的正向影响作用。②组织公平感与同事妒忌之间的关系。组织公平感对同事妒忌有显著的负向影响作用,员工在组织工作中所感受到的组织公平感越强,员工的同事妒忌情绪就越弱,当员工在组织工作中感受到不公平对待的时候,同事妒忌会逐渐增强。③同事妒忌与员工工作绩效之间的关系。同事妒忌与员工工作绩效之间存在显著的负相关关系,当员工在组织工作中产生妒忌情绪时,会降低员工的工作绩效,包括降低员工的任务绩效以及减少员工的组织公民行为。同事妒忌在组织公平感与员工工作绩效之间起到中介作用。组织公平感可以直接对员工工作绩效产生影响,也可以通过同事妒忌对员工工作绩效产生间接影响。

5.5.2 理论贡献

组织公平感对员工工作绩效具有促进作用,同事妒忌在二者之间起中介作用。本研究证实了组织公平感对员工工作绩效的促进作用,并且对员工工作绩效做了进一步划分,证实了组织公平感对任务绩效及组织公民行为的促进作用,以及同事妒忌在其中起到的中介作用。

本研究的理论贡献在于,首先,在以往的研究中,虽然有部分学者研究了组织公平感对员工工作绩效的直接影响(王文君,2013;汪新艳和廖建桥,2009),但是并未对员工工作绩效进行细致的划分,而本研究将员工工作绩效细分为任务绩效与组织公民行为,以此来研究组织公平感对员工工作绩效在不同的维度是否产生同样的影响,充实和丰富了以往的组织公平感对员工工作绩效的直接影响的研究。其次,在包含中介作用的组织公平感对员工工作绩效的影响的研究中(刘涛和杨慧瀛,2019),以妒忌为中介变量的少之又少，本研究以同事妒忌为中介变量，扩展了含有中介变量的组织公平感对员工工作绩效的影响研究。

5.5.3 管理启示

通过以上实证分析可以看到组织公平感对员工的工作绩效具有直接的正向影响作用，而妒忌在二者中间起到中介作用。虽然在企业日常的管理实践中实现人人平等是一件非常困难的事，但是企业仍然可以从各个方面努力提高员工的组织公平感，进而提高员工的工作绩效。基于对核心变量研究得出的研究结果，进一步提出相应的管理对策，希望可以对工作场所管理实践起到一定的指导作用，为企业的长远发展提供帮助。

首先，建立公平的薪酬管理制度。Adams 的经典公平理论指出，当人们认为他人的付出回报比值高于自己时就会产生不公平感。因此，薪酬体系必须坚持"绩效优先，能力至上"的分配原则来保障员工的组织公平感。将员工的工作贡献和薪酬挂钩，让员工感受到分配公平，享受获得工作回报的喜悦；同时，在建立薪酬体系时要考虑到各个岗位、各个职位层级之间的相对平衡，避免让员工产生过大的心理落差。除此之外，公平的薪酬体系也要考虑到外部市场的薪资竞争力。企业可以通过市场调研了解当前市场的薪资福利水平，阶段性地对公司内部的薪酬体系进行调整。公平合理的薪酬激励体系能够提高员工的工作积极性，使员工努力工作进而提高工作绩效。

其次,保证程序透明,完善监督机制。即使人们对最终的结果有所不满,但是只要人们认为程序和过程是公平的,他们就能接受这个结果(Cropanzano,2001)。因此,企业在制定制度时要注重程序公平,事先收集相关信息,和决策涉及的员工及时沟通,征求员工的意见,解答员工的疑问。在制度的执行过程中,企业要保证决策和制度普遍适用于每一位员工,且执行过程公开透明,坚决杜绝暗箱操作。要为员工提供反映问题、提出诉求的途径和渠道,接受员工的监督。建立与完善相应的监督制度,挑选与被监督者无直接利益关系的人作为监督人员,负责相关的监督任务,以保证制度的顺利实施,使管理者能够严格地按照规章制度办事,提高组织中员工的公平感。

最后,考虑每位员工的感受。在组织环境中,结合社会比较理论的观点,员工常会同与自己地位、条件相似的同事进行比较。当员工在比较中感知到不公平时,会形成较差的组织公平感,容易产生妒忌情绪,继而对今后的工作绩效造成影响。因此,公司除了要尽可能地保证公平,还要针对员工进行心理建设,以减少员工的妒忌情绪,以此鼓励员工进一步提高工作效率,提升工作绩效。企业员工妒忌问题常是社会比较的结果,并且多发生于向上的社会比较中。员工妒忌的范围很广,可以是其他同事在组织环境中受到领导重视,与领导关系好;可以是其他同事得到了岗位晋升的机会;也可以是其他同事得到了他们没有得到的组织关怀,享受到他们没有享受到的组织福利。综上所述,管理者在制定相关制度时,要让每一名员工都感觉到在组织中自己是受到重视的,是被组织的关爱包围的。

5.5.4 研究不足与未来研究展望

本研究虽然得出了一定的研究结论，但仍然存在一些不足和局限性。

首先，受到各种因素限制，本研究没有发放纸质问卷，研究所用问卷都是通过网络形式发放与回收，缺乏实地调研。本次研究回收的问卷数量是240份，虽然达到了基本的研究要求，但是样本数量不够大；虽然问卷是在全国范围内的各行各业发放，但是涵盖范围有限。研究样本存在一定的局限性。

其次，本研究量表使用的均是国内外成熟的量表，但是问卷的设计采取的是员工自评的方式，评估结果的准确性可能会因被调查者维护自己形象等考量而受到一定影响。

最后，由于学术能力和时间有限，本研究提出的理论模型仍有欠缺，只加入了中介变量，没有考虑其他组织变量的调节作用。组织公平感和员工绩效之间是否还受到其他组织变量的影响仍有待进一步探索。

未来的研究方向可以从以下几个方面来展望。

首先，本次研究并没有限制被调查员工的类型和所从事的行业。之后的研究可以讨论不同类型、不同行业员工的组织公平感和工作绩效之间的关系是否受到员工类型和所从事行业的影响。

其次，组织公平感和同事妒忌并不是一成不变的，这两个变量都与员工的主观感受和心理变化有关，会受到许多因素的影响。未来的研究可以继续深化研究组织公平感和同事妒忌的动态变化过程，以进一步丰富现有理论。

最后，本研究并没有考虑调节变量的作用，且组织公平感与员工工作绩效之间并不只受到同事妒忌的中介作用的影响，关于组织公平感和员工绩效的关系模型仍有待完善和深化。可以通过广泛地阅读国内外相关文献，探讨其他变量在组织公平感和员工工作绩效之间发挥的中介作用；也可以加入工作氛围、领导风格等组织变量，探讨其在组织公平感与员工工作绩效之间发挥的调节作用。

6
PART

员工社交媒体使用与亲社会行为：妒忌和公平感的作用

组织中的妒忌与被妒忌及其管理

在社交媒体技术蓬勃发展的今天，万物互联使信息能够快速转化为行动，为个人和集体带来了前所未有的机遇和体验，因而多数组织中的员工在沟通交流过程中会使用社交媒体来辅助高效完成工作。毋庸置疑，社交媒体中也不乏"炫耀式精彩""贩卖焦虑"等类似信息。因此，了解员工社交媒体使用的影响结果对于组织而言尤为重要。目前，已有研究或是基于社交媒体常态化使用产生的积极影响而展开，或是基于社交媒体导致"工作—非工作边界跨越"的消极影响而展开，却忽视了员工社交媒体常态化使用带来的消极结果。本研究通过引入社会比较理论和资源保存理论，系统检验了员工社交媒体使用对员工亲社会行为的影响。使用问卷调查法，验证了员工社交媒体使用通过正向预测同事妒忌情绪，进而负向预测员工亲社会行为，而整体公正感在同事妒忌与员工亲社会行为之间起到负向调节作用。当员工获得的整体公正感较低时，同事妒忌对员工亲社会行为的负向影响会加剧，高整体公正感的影响作用则不显著。

6.1 引言

美国马萨诸塞大学营销研究中心在2018年对全美发展速度最快的500强企业的员工的社交媒体使用情况进行了调研，据调查结果显示，其中94%的企业员工至少使用一个社交媒体平台。近年来，组织员工在日常工作中对社交媒体的使用越发普遍，其高溢价水平使得用户只需极少的个人资源投入就能获得极大的工作便利，因而对于组织和员工而言都大有裨益。对于组织而言，员工社交媒体的使用能够增加进谏行为（Nivedhitha & Manzoor, 2020），降低离职率（Lu et al., 2019），为组织快速发展奠定基础；对于员工自身而言，社交媒体的使用有利于员工学习成长（Leonardi, 2015），减少工作焦虑（Wu et al., 2020），提升工作绩效（Chen et al., 2020）。这也就意味着，员工广泛使用社交媒体能够显著促进组织和员工的发展。

可能事与愿违，许多员工在工作中使用社交媒体并未带来预期的理想结果，甚至可能导致工作中断（Luqman et al., 2021）、工作积极性降低（Leonardi & Vaast, 2017）等一系列负面结果。

对于这一结果，部分学者认为是由于"工作—非工作的边界跨越"（如"过度使用""工作—生活溢出效应"等）带来的消极影响。例如，工作时间内社交媒体的无关使用会分散员工的注意力，干扰其完成工作任务（Lu et al.，2019）。社交媒体赋予员工随时随地工作的能力打破了员工工作与生活间的界限，导致工作—家庭难以平衡进而产生溢出效应，诱发焦虑、倦怠等消极情绪（Van et al.，2017）。另一部分学者认为是由于社交媒体的过载使用导致的。社交媒体过载使用会导致员工的自我效能感大幅降低（李凯等，2022），也可能通过正向影响情绪耗竭、负向影响工作投入进而负向影响员工的任务绩效（马晓悦等，2021）。以上两种考虑都是基于"非常态化"这一前提，而对于常态化社交媒体使用带来的负面结果的研究仍较为匮乏。根据社会比较理论，个体总是会不自觉地筛选、接收周围相似同事的信息进行社会比较以评估自我（Festinger，1954），社交媒体即是获得同事信息的便捷渠道。已有研究证实，社交媒体中个体倾向于表现积极化、优势化信息（Chou & Edge，2012），此类信息构成了社会比较的前提（Campbell et al.，2017），进一步激发了个体先天"驱动向上"的本能。这也就意味着，个体正常的社交媒体使用就能够被动接收到许多同事的优势信息。正所谓"人性最大的恶是见不得别人好"，社交媒体中存在众多的"炫耀式"信息，这无疑会导致员工因为感知他人在资源、地位、薪酬及领导成员关系等方面优于自己而产生妒忌情绪。

另外，从已有文献来看，学者较少将同事妒忌与角色外行为联系在一起，但员工自发的角色外行为一直是组织竞争优势的重要来源，亲社会行为作为一种重要的角色外行为，其诱发因素也一直是学术界关注的焦点问题（Whiting et al.，2008），因此本研究重点关注员工社交媒体使用通过同事妒忌对亲社会行为产生的影响。根据资源保存理论，当个体感知自身资源受到潜在威胁时，他们会主动采取一定的措施防止资源进一步损耗（Hobfoll，1989）。吴士健等（2020）指出，员工在使用社交媒体的过程中产生的妒忌情绪会损耗其工作资源和心理资源。为了避免自身资源进一步损耗，他们更倾向于"躺平"。也就是说，在妒忌情绪影响下员工更倾向于减少自身资源投入，因此他们可能会通过减少亲社会行为来维护自身资源。

需要特别指出，同事妒忌情绪对亲社会行为的作用会受到整体公正感的调节作用的影响。占小军（2017）指出，当员工认为组织一直以来秉持公平公正的原则对待每位员工时，就会产生更为积极的态度；相反，若员工对组织整体公正的感知是消极的，则会以消极态度来应对组织中的事件。另外，Smith等（1994）发现，整体不公正感将导致更强烈的敌对情绪。因为当员工看到同事在不公正的组织环境中有所成就时，会感知到更强烈的威胁与压迫，从而进一步强化员工的同事妒忌情绪。由此看来，组织公平感可能会影响同事妒忌情绪与员工亲社会行为之间的关系。不过，这还需要做进一步的实证检验。

综上所述，员工社交媒体的使用究竟会给员工带来怎样的影响？这一影响将会诱发员工怎样的工作行为？管理者应如何让社交媒体的使用发挥其应有的价值？尤其是在新冠疫情期间，各组织对移动办公平台的需求激增，"社交媒体将如何改变组织和员工的工作"引起了学者与实践管理者的高度重视（Wu et al., 2021）。在此背景下，本研究探讨员工社交媒体使用对其行为的影响有着重要的理论与实践价值。与此同时，考虑到同事妒忌对员工亲社会行为的作用会受到组织公平感的影响，本研究引入整体公正感作为调节变量，构建了以同事妒忌为中介的理论模型，系统研究妒忌情绪是如何在组织中产生以及如何影响员工工作行为的。本研究的理论贡献在于：第一，探讨了员工社交媒体常态化使用造成的负面影响。以往学者对其负面影响的研究多是从工作—非工作的边界跨越这一个角度出发（Van et al., 2017），但Bucher等（2013）指出，正常的社交媒体使用无形中会给员工带来更大的负担，也会给组织带来不小的风险与挑战。于永伟等（2018）通过实证研究指出，社交媒体的使用既可以直接影响，也可以通过上行社会比较的作用间接影响青少年的妒忌情绪。因此，本研究从社会比较理论视角切入，重点关注员工社交媒体常态化使用的负面影响效应，进一步丰富员工社交媒体使用的整体机制，并拓展了职场妒忌相关的前因与后效。第二，考察在妒忌情绪的中介作用下，社交媒体对员工亲社会行为的影响机制。已有研究主要将同事妒忌与对优势员工的破坏行为联系起来（Campbell et al., 2017），但马君等（2022）提出，采取破坏行为可能是"杀敌一千，自损八百"的下策。Halbesleben等（2014）指出，当个体资源相对匮乏时，个体不再愿意投入和使用资源，而是采取资源保存策略，也就是减少某种行为。因此，本研究提出了员工社交媒体使用与亲社会行为之间的作用机制。

6.2 理论推演与研究假设提出

6.2.1 员工社交媒体使用

随着近年来以Facebook、微信和钉钉等为代表的社交媒体平台的盛行，社交媒体已然成为工作场所中员工进行沟通交流的重要工具。员工社交媒体使用（Employee Social Media Use）是指组织中员工结合社交媒体功能以及自身工作需要来使用社交媒体（毕砚昭等，2020），包括员工之间的在线协同办公以及信息共享等（Leonardi et al.，2013）。

社交媒体平台允许员工发布自身相关信息，同时能够从其他用户发布的内容中获取信息，同步或异步实现选择性自我呈现和机会性信息交互（张新等，2018）。社交媒体使组织中员工之间的交流沟通更加自由、便捷（Peluchette，2013），使得员工能够随时随地通过在线社交媒体发布个体信息或浏览获取更多同事相关信息。

6.2.2 员工社交媒体使用与同事妒忌

在"报喜不报忧""面子文化"等特性根植的社会环境中，人们总是倾向于向他人展示自己成功、优越的一面，在工作场所中也不例外。对于组织中使用社交媒体的管理者或者员工而言，他们都倾向于发布正面、积极的信息。对于员工而言，他们为了"炫耀"而倾向于展现出更为正面、理想的自我（Chou et al.，2012）；对于管理者而言，一方面出于以关键少数来撬动普通多数的想法，另一方面出于提高明星员工的工作成就感、自豪感的考量，他们也倾向于将明星员工取得的成绩、成就更多地展示给普通员工学习。这就使得组织社交媒体传递的信息整体上偏积极化、优势化（Chou & Edge，2012；Mehdizadeh，2010）。

在企业2.0时代，社交媒体功能的更新升级也让员工更容易获取他人相关社会信息。截至当下，社交媒体主要具备可视性、可持续性、社交性、关注通知、可搜索性这5个特征（王雨等，2019）。这些特征使得员工社交媒体使用促进了社会比较，特别是上行社会比较，从而促进了同事妒忌的产生。第一，可视性涉及社交媒体为用户提供了使他们的言行、知识、偏好等能够被组织中的其他人看见的能力（Treem et al.，2012）。例如，允许员工查看彼此沟通和在线活动（Neeley et al.，2018），这极大地提高了信息传递的透明性（黄林等，2019），这些信息中不乏同事的优势信息，这也就使得员工被动接收了很多同事的优势信息。第二，可持续性是指社交媒体持续保存用户活动痕迹的能力（Treem et al., 2012），信息存续时间越长，员工越有可能在社交媒体使用中察觉到相关信息。第三，社交媒体的社交性允许用户之间、用户与内容之间建立联系（Treem et al., 2012）。员工为了维持组织中的社交关系并扩大社交范围，满足同组织中社交媒体好友的社交需要，不得不主动去获取他人的信息并给予积极反馈（Maier et al., 2014）。例如，公开的评论机制潜在地驱动员工对上级或同事提出的看法或言论进行正面评价、点赞等，这也让员工"被动接触"到更多上行比较信息。第四，关注通知是指为用户提供关注对象或内容的推送（Majchrzak et al., 2013），通过智能算法推送员工更感兴趣的对象及内容（黄林等，2019），组织中员工感兴趣的内容通常是与其表层相似性较高、与其关系密切的个体的相关信息（Festinger, 1954），被妒忌者与自己的相似性越高，妒忌情绪越容易产生（赵金金等，2017）。第五，社交媒体的可搜索性允许用户搜索其需要的信息（Rice et al., 2017），利用社交媒体的搜索功能，员工可以快速获取比较对象的信息来进行社会比较。也就是说，社交媒体平台功能配备的更新迭代让个人信息更加公开透明，同时使得社会比较的关键诱发因素更容易得到。

根据社会比较理论的观点，员工会积极获取与他人有关的社会信息来进行比较评估，作为自身行为选择的信息依据（Campbell et al., 2017）。组织中通过社交媒体呈现的"炫耀式精彩"通常会引起员工之间的社会比较，从而诱发员工的同事妒忌情绪（向燕辉等，2021）。妒忌是指人们因为上行社会比较而产生的苦恼或复杂的负面感受，如自卑、挫败、不满甚至是憎恨等（马君等，2022）。妒忌情绪的关键触发因素是了解他人优势信息，而社交媒体使用过程中恰好存在多种触发妒忌的条件因素（Krasnova et al., 2013），使得员工的同事妒忌情绪难以避免。孙晓军等（2016）也指出，个体使用社交媒体就很容易引发上行社会比较。由此可见，社交媒体中不乏他人的优势信息，这一优势信息极易引发同事之间的上行社会比较，从而诱发妒忌情绪。

综上所述，在社交媒体使用过程中，社交媒体的使用目的已经超出原先完成工作任务的需要（Lee, 2016），普通员工通过社交媒体了解到更多优势员工的信息，包括其占有大量组织资源、获得更多个人成就、任务分配更具发展空间、领导差异化对待。因此，囿于组织资源的稀缺性与有限性，优势员工大量占有组织资源会增加普通员工的资源威胁感知，提高其压力水平（Campbell et al., 2017），同时，他人的状态强于自己会让普通员工感知到自身品质、工作成就或领导成员关系"不如他人"，进而威胁到个体自尊，导致妒忌情绪产生（Festinger, 1954）。可见，在互联网时代社交媒体广泛使用的背景下，使用社交媒体会进一步加剧员工上行社会比较进而影响同事妒忌。基于此，本研究提出以下假设。

H1：员工社交媒体使用对同事妒忌具有显著正向影响作用。

6.2.3 同事妒忌与亲社会行为

进一步来看，本研究指出，当员工产生较强烈的妒忌情绪时，其亲社会行为会随之减少。亲社会行为（Prosocial Behavior）是指个体在社会活动中自愿表现出来的有利于他人和社会且符合社会期待的行为，如帮助行为、分享、合作、自我牺牲等（Eisenberg et al., 1987）。发生亲社会行为的两个基本条件是，自身处于愉悦的积极情绪状态（Fredrickson, 2001）以及他人表现不如自己（Garcia et al., 2010）。学者Sharma（2015）提出，个体情绪状态会影响其社会认知，正面情绪使其社会认知更加积极，也会相应增加其亲社会行为，负面情绪则恰恰相反。Tesser等（1988）进一步指出，当与组织中相似个体比较时，如果比较对象比自己表现得更加优秀，自我概念就会受到威胁，导致个体从事亲社会行为的意愿降低。毋庸置疑，同事妒忌情绪无法满足亲社会行为动机。首先，妒忌者处于负面情绪状态中。妒忌意味着员工处于自卑、沮丧、不满甚至是憎恶的情绪状态下（马君等，2022），妒忌者的主要目的是采取措施来提高自身竞争优势或拉低他人（Hill et al., 2008）。其次，妒忌者的表现往往不如别人。妒忌者能够明显感知到被妒忌者的优势信息（张兰霞等，2021），并且相较于优势同事而言自身存在明显劣势。因此，妒忌者往往会减少其亲社会行为。

另外，根据资源保存理论，个体具有强烈的获取、维持和保护资源的内在动机，且对资源损耗非常敏感（McCullough et al., 2001）。当员工在组织竞争中产生妒忌情绪时，心理资源受到损耗，为了避免进一步的资源损耗，他们倾向于远离让自己妒忌的人，不愿意跟他们交朋友（Salovey & Rodin, 1984），与他们保持更远的物理距离（Pleban & Tesser, 1981）和心理距离（Tesser et al.，2000），这就使得妒忌者很难表现出亲社会行为；亲社会行为需要消耗员工的个人资源，考虑到资源损耗问题，妒忌者会明显减少工作中对亲社会行为的资源投入和使用（Hobfoll，1989）。

此外，以往研究也能在一定程度上表明妒忌情绪和亲社会行为之间的密切关系。例如，当个体在组织中处于不利地位时，他们对于合作完成工作任务的意愿较低，也就是妒忌情绪与合作水平负相关（Parks et al.，1999）。学者 Milkman & Schweitzer（2011）对英国一家制造企业进行实地调查研究，发现同事获得成功会激发员工的同事妒忌情绪，进而显著减少他们在优秀员工提名计划中提名的同事个数。基于此，本研究提出以下假设。

H2：同事妒忌对亲社会行为具有显著负向影响作用。

6.2.4 同事妒忌的中介作用

作为组织中信息交流的媒介，社交媒体中的信息资源不乏组织同事的个人信息，如拥有更多个人资源、被委以重任、与领导关系亲近、得到组织成员更多的认可等内容（Chou & Edge，2012）。社交媒体使用更大程度上公开了员工的个人信息与资源，过度曝光组织中的信息，导致其他员工被动接收到更多上行社会比较信息（麻雅洁等，2022）。基于社会比较理论，组织中的员工倾向于同和自身相似性较高（学历、年龄、职位等）的个体进行社会比较，且在众多信息中往往会选择忽略、忽视或是遗忘与自己表层相似性较低的个体（Alvin，1970）。当个体感知到在工作中付出相似努力，但自身所拥有的资源、权利等不如与自己相似性高的同事时，就会产生同事妒忌情绪（麻雅洁等，2022）。

员工妒忌情绪包含焦虑、痛苦、自卑等多种复杂情绪，并会造成一系列负面影响，如会导致抑郁症状（Twenge & Campbell，2019）、自尊水平下降（Sherlock & Wagstaff，2018）、睡眠障碍（Van et al.，2019）等不良结果。因此，员工会主动采取措施来平衡自身情绪，以消除这种复杂的消极情绪（樊景立等，2006）。研究表明，陷于妒忌情绪中的员工会不自主地产生"监视"行为，主动花费更多的时间、精力去"关注"他们所妒忌的人，这种行为严重损耗了他们的工作资源和心理资源（Hill et al.，2011）。根据资源保存理论，资源损耗会显著降低他们的工作积极性和热情，以此来保存自身资源，防止过度耗损。也就是说，同事妒忌情绪会削弱员工的亲社会行为倾向。

综上所述，我们进一步提出，社交媒体使用可以通过妒忌情绪进而对员工亲社会行为产生消极影响。从社会比较理论来看，在员工使用社交媒体时，社交媒体的特征让员工轻而易举地"主动"或"被动"接收到更多与工作任务无关的同事优势信息，导致员工产生"不如他人"的自我认知，进而诱发妒忌情绪（吴宝沛等，2012）。一旦员工产生妒忌这种负面情绪，其对于组织亲社会行为的投入可能会显著减少。基于此，本研究提出以下假设。

H3：同事妒忌在员工社交媒体使用与亲社会行为之间起到中介作用。

6.2.5　整体公正感在同事妒忌与亲社会行为之间的调节作用

为了更深入地揭示同事妒忌的作用机制,我们需要探索何种边界条件下同事妒忌会进一步促进员工亲社会行为的产生。

传统的组织公正包含三个不同的维度:分配公正、程序公正、互动公正。在实际组织工作中,单纯考虑整体公正感子维度间的差异并不能反映员工对组织公正的真实认知与情感态度,真正驱动员工工作情绪与工作行为的是对组织整体公正的判断(Lind,2001;Shapiro,2001),因此本研究将整体公正感作为调节变量展开研究。

整体公正感是一种个体主观认知,是指员工根据个体在组织中的体验或他人经验而对组织公平感做出的判断(Ambrose & Schminke,2009)。一旦个人公正感形成,通常情况下很难再发生较大改变(Lind et al.,2001)。员工在获得良好的组织整体公正感后,会采取积极的态度应对组织中发生的事件;反之,则会采取消极态度来应对(占小军,2017)。社交媒体使用造成的同事妒忌情绪无疑会给员工的心理带来威胁和痛苦,这时员工会主动从组织中寻找公正信息来疏导自己的情绪。倘若组织中员工获得的资源与付出不对等,就会增强其不公正感知,低整体公正感会进一步强化员工的妒忌情绪(Smith et al.,1994),这时个体很容易产生心理不平衡。为了使自己的心理再次达到平衡状态，他们倾向于削减投入（占小军，2017），亲社会行为也会随整体投入的减少而减少。

与之相反，如果员工对组织公正的感知是积极的，即认为同事的优势及成就源于同事自身的能力与努力，这种感知会削弱员工对同事优势信息的妒忌情绪（Wang et al., 2015）。因此，组织整体公正感一定程度上减缓了同事妒忌所带来的焦虑、不安情绪，引导员工正视其他同事的优势信息。也就是说，整体公正感会强化同事妒忌对亲社会行为的影响。基于此，本研究提出以下假设。

H4：整体公正感调节同事妒忌与亲社会行为之间的关系。具体表现为，员工的整体公正感越低，同事妒忌情绪对亲社会行为的负向影响越强。

6.2.6　有调节的中介模型构建

根据上述假设，本研究认为，整体公正感会调节同事妒忌在员工社交媒体使用与亲社会行为之间的中介作用。整体公正感较低的个体对组织、同事和领导者缺乏信心（Van et al., 2002），他们很有可能将通过社交媒体获取的同事优势信息归咎于组织制度偏差或领导者偏私。这也就意味着，员工社交媒体使用引发了员工的妒忌心理，员工的整体不公正感知进一步强化了这种敌对、焦虑和厌恶的情绪，因而他们很可能会采取"冷处理"的方式，也就是通过减少亲社会行为来调整自身情绪。相对而言，整体公正感知更高的员工对于团队、领导者和同事更加信任，并对未来能够获得的公平待遇有所期望（Van et al., 2002）。因此，这些员工对于他人所获得的成就表示认可，也期望得到他人的认可。虽然员工社交媒体使用不可避免地会产生妒忌情绪，但高整体公正感员工对整个组织充分信任，因此会一定程度上缓解其负面情绪，促使员工通过亲社会行为来达到情感调节和获得认可的目的。基于此，本研究提出以下假设。

H5：整体公正感调节员工社交媒体使用通过同事妒忌对员工亲社会行为产生的间接影响。在员工社交媒体使用影响同事妒忌进而减少员工亲社会行为的间接路径中起着调节作用，具体表现为整体公正感水平越低，员工社交媒体使用越可能通过同事妒忌减少员工亲社会行为。

综合以上分析，本研究构建了图6-1所示的理论模型。

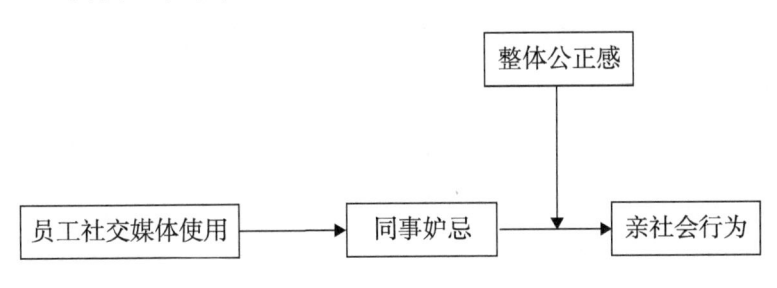

图6-1 本研究构建的理论模型

6.3 研究方法

6.3.1 研究样本与测量

本研究采用问卷调查法进行数据收集，调研对象为北京、上海、深圳、郑州、长沙5个城市的在职员工，主要是考虑到这5个城市均为生活、工作节奏较快的一线城市，员工对社交媒体的使用会更加频繁，且这5个城市均为人口密集型城市，便于样本数据的采集。在与这5个城市的部分企业负责人进行洽谈并征得其同意后，由企业负责人配合进行问卷发放。在与企业负责人洽谈时，多次强调该匿名问卷仅用于学术研究，员工应尽量根据实际情况填写。另外，本研究通过问卷星线上调查平台进行部分数据收集。

本研究除模型中的4个基本变量外，还选取了性别、企业性质、年龄、入职时间、教育水平、每天使用社交媒体工作时间6个特征作为控制变量。在被调查样本信息中，问卷调查对象中女性个体占比48.53%，男性个体占比51.47%，年龄以22~30岁为主，企业性质中非IT企业人数占比77.94%，进入企业时长1~3年的员工占比41.18%，以本科教育水平为主。

6.3.2 测量工具

本研究所采用的均为已发表在国外权威期刊，并在我国实证研究中得到验证的量表。为尽可能地保证翻译的准确度，邀请英语专业博士生对量表进行了检查。经测量，量表的信效度及公认度良好，有利于被调查对象对问题的理解以及问卷的收集。所选量表中，员工社交媒体使用、同事妒忌、亲社会行为、整体公正感均采用Likert五点评分（1为"非常不同意"，5为"非常同意"）。

（1）员工社交媒体使用。采用学者Ellison等（2007）开发的测量量表。该量表由6个题项构成，主要用来评估组织中员工在工作过程中使用社交媒体的强度。代表性题项如"社交媒体使用是我日常工作必不可少的一部分"。在本次测量中，其一致性信度系数为 $\alpha=0.839$。

（2）同事妒忌。采用学者Vecchio（1995）开发的测量量表。该量表由5个题项构成，主要用来评估组织中员工对同事的妒忌情绪。代表性题项如"在工作中，大部分同事比我做得好"。在本次测量中，其一致性信度系数为 $\alpha=0.834$。

（3）亲社会行为。采用学者Grant和Sumanth（2009）开发的测量量表。该量表由5个题项构成，代表性题项如"我通过做那些有可能使他人受益的工作而备受激励"。在本次测量中，其一致性信度系数为 α=0.756。

（4）整体公正感。采用学者Ambrose和Schminke（2009）开发的测量量表。该量表包含6个题项，由3个用于评估个人公正经历的题项和3个用于评估组织公平性的题项构成，其中包含4个正向题项、2个反向题项。代表性题项如"总的来说，公司能够公正地对待我"。在本次测量中，其一致性信度系数为 α=0.913。

（5）控制变量。本研究将性别、年龄、教育水平等纳入人口学控制变量。此外，对员工职级、工龄和每天使用社交媒体时间也进行了控制。控制性别的原因在于，男性比女性更乐于助人（Eagly & Crowley，1986），且女性在职场中比男性更容易产生妒忌心理（Hill et al.，2011）；控制年龄的原因在于，随着年龄的增长，员工的妒忌情绪会减弱（李方君等，2020），自愿实施的亲社会行为也会显著减少（丁凤琴和陆朝晖，2016）；控制教育水平的原因在于，教育水平较低的个体从事亲社会行为的意愿和频次明显高于教育水平较高的个体（Piff et al.，2010）。此外，研究发现，IT企业与非IT企业对社交媒体的使用广度与深度差异显著，因此本研究将行业类型（IT企业、非IT企业）作为控制变量进行控制。

6.3.3 分析策略

本研究主要使用软件 SPSS 22.0 以及 Process 3.3 插件和 AMOS

23.0对数据样本进行分析处理。首先,采用验证性因子分析检验核心变量的区分效度;其次,采用共同方法偏差避免同源数据产生的偏差;最后,本研究通过多层回归分析来检验研究假设。

6.4 研究结果

6.4.1 验证性因子分析与共同方法偏差检验

本研究以四因子模型为基准模型（所有变量独立分开），构建了3个竞争模型，即三因子模型（员工社交媒体使用和同事妒忌归属一个潜变量，加上亲社会行为和整体公正感）、二因子模型（员工社交媒体使用、同事妒忌和整体公正感归属一个潜变量，加上亲社会行为）及单因子模型（将4个变量合并为一个因子），结果如表6-1所示。相对于其他因子模型，四因子模型的适配指标最为理想，其拟合指数为 χ^2/df = 2.156，RMSEA = 0.076，CFI = 0.887，TLI = 0.871，SRMR = 0.0685，说明4个变量之间区分效度良好。

表6-1 各模型适配度统计

模型	χ^2/df	RMSEA	CFI	TLI	SRMR
四因子模型	2.156	0.076	0.887	0.871	0.0685
三因子模型（员工社交媒体使用和同事妒忌合并为一个因子）	3.721	0.117	0.730	0.697	0.1310
二因子模型（员工社交媒体使用、同事妒忌和整体公正感合并为一个因子）	5.286	0.147	0.571	0.523	0.1591
单因子模型（所有变量合并为一个因子）	5.965	0.158	0.500	0.448	0.1659

考虑到本研究量表均由员工作答，问卷收集时点集中，来源较为单一，且检验方法为问卷调查法，这里采用Harman（1976）单因子检验法对共同方法偏差进行检验，如表6-2所示。对本研究中测量4个变量的全部题项进行探索性因子分析，依据特征值大于1的标准，共提取4个因子，累计方差解释率为61.398%。分析结果显示，主因子方差解释率为29.269%，小于40%，表明数据偏差尚可接受，理论上不会对研究结果造成严重影响。

表6-2 Harman单因素检验结果

名称	因子提取结果			
	因子1	因子2	因子3	因子4
特征根值	6.439	3.772	1.903	1.394
方差解释率（%）	29.269	17.144	8.649	6.336
累计方差解释率(%)	29.269	46.413	55.062	61.398

6.4.2 描述性统计检验结果

本研究采用相关分析初步探索各变量之间的相关关系。各变量的均值、标准差及相关系数如表6-3所示。由表6-3可知，员工社交媒体使用与同事妒忌（$\beta=0.306$，$p<0.01$）显著正相关，这为验证假设1奠定了基础；同事妒忌与亲社会行为（$\beta=-0.394$，$p<0.01$）显著负相关，表明同事妒忌与亲社会行为的强度有密切关系，这为验证假设2和假设3奠定了基础；员工社交媒体使用与亲社会行为（$\beta=-0.094$，$p<0.05$）、整体公正感均显著相关（$\beta=0.053$，$p<0.05$）；同事妒忌与整体公正感（$\beta=-0.526$，$p<0.01$）显著负相关。基本符合研究假设。

表6-3 各变量的均值、标准差和相关系数

变量	均值	标准差	1	2	3	4	5	6	7	8	9	10
1. 性别	1.50	0.50	—									
2. 企业性质	1.74	0.44	0.147*	—								
3. 年龄	1.74	0.91	−0.090	−0.055	—							
4. 工龄	1.99	0.89	−0.165*	−0.121	0.282**	—						
5. 教育水平	2.96	0.89	0.034	−0.156*	0.043	−0.173*	—					
6. 社交媒体使用时间	2.82	0.95	−0.128	−0.003	−0.038	−0.157*	0.075	—				
7. 员工社交媒体使用	3.74	0.66	−0.071	0.108	−0.113	0.030	−0.060	0.021	—			
8. 同事妒忌	3.30	0.75	−0.007	0.042	−0.077	−0.047	−0.101	0.136	0.306**	—		
9. 亲社会行为	2.17	0.62	0.023	0.001	0.094	0.055	−0.019	−0.131	−0.094*	−0.394**	—	
10. 整体公正感	3.82	0.85	−0.021	0.003	−0.015	0.019	0.063	−0.036	0.053*	−0.526**	0.370**	—

注：* 表示 $p<0.05$，** 表示 $p<0.01$；对角线括号内数字表示量表的内部一致性系数。

6.4.3 假设检验

1. 中介作用的影响检验

本研究借鉴学者Baron和Kenny（1986）提出的四步骤中介变量检验方法，检验同事妒忌在员工社交媒体使用与亲社会行为之间是否存在中介效应。首先，检验员工社交媒体使用对同事妒忌是否具有显著影响；然后，检验员工社交媒体使用对员工亲社会行为是否具有显著影响；接着，检验同事妒忌对员工亲社会行为是否具有显著影响。如果前三个步骤都得到验证，将继续检验员工社交媒体使用、同事妒忌对员工亲社会行为是否具有显著影响。如果再次检验时员工社交媒体使用对员工亲社会行为的作用减弱或不再显著，则同事妒忌的中介作用成立，具体分析结果如表6-4所示。

表6-4 中介效应的层级回归结果

变量	同事妒忌		亲社会行为		
	模型1	模型2	模型3	模型4	模型5
常数项	3.334	2.082	2.258	2.555	3.236
控制变量					
性别	0.003	0.041	0.021	0.012	0.025
企业性质	0.032	−0.028	0.004	0.018	0.009
年龄	−0.049	−0.017	0.060	0.053	0.047

续表

变量	同事妒忌		亲社会行为		
	模型1	模型2	模型3	模型4	模型5
进入企业时间	−0.021	−0.037	0.008	0.012	0.000
教育水平	−0.093	−0.087	−0.008	−0.009	−0.038
每天使用社交媒体工作时间	0.109	0.105	−0.080	−0.079	−0.045
自变量					
员工社交媒体使用		0.340***		−0.081**	−0.031*
中介变量					
同事妒忌					−0.328***
R^2	0.037	0.123	0.026	0.033	0.169
ΔR^2	0.037	0.086	0.026	0.007	0.137
F	1.219	3.823	0.838	0.918	4.835
ΔF	1.219	18.773***	0.838	1.383	31.238***

注：* 表示 $p < 0.05$，** 表示 $p < 0.01$，*** 表示 $p < 0.001$；表中回归系数均为标准化回归系数。

表6-4中模型1显示，所有的控制变量均不会显著影响到同事妒忌，排除控制变量的影响。模型2检验结果表明，员工社交媒体使用对同事妒忌具有显著的正向影响（$\beta = 0.340$，$p < 0.001$），因此，本研究的假设1得到支持。在控制其他变量的影响后，模型4的检验结果显示，员工社交媒体使用对亲社会行为具有显著的负向影响（$\beta = -0.081$，$p < 0.01$）。此外，我们进一步考察员

工社交媒体使用与同事妒忌、亲社会行为之间的关系，如模型5的检验结果显示，当控制变量同事妒忌后，员工社交媒体使用对亲社会行为的影响系数从 –0.081（$p < 0.01$）降为 –0.031（$p < 0.05$），表明同事妒忌在员工社交媒体使用与亲社会行为之间发挥部分中介作用。最后，为使检验结果更加可信，本研究采用SPSS中Process 3.3程序对同事妒忌的中介作用进行检验，假设3得到了支持与验证。

2. 调节作用的影响检验

本研究中调节效应的检测引入分层回归分析的三步检验法，通过变量的交互项来检验整体公正感的调整效果，即在引入交互项时 ΔR^2 显著，则该调节效应存在。具体步骤如下：首先，本研究检验员工社交媒体使用对同事妒忌的影响；其次，考察员工社交媒体使用和整体公正感两个变量共同对同事妒忌产生的影响；最后，将员工社交媒体使用、整体公正感和两者的交互项加入方程，检验这些变量对同事妒忌的影响。如果第三步中的交互项系数为正并且显著，那么整体公正感就能够负向调节员工社交媒体使用与同事妒忌之间的关系，具体分析结果如表6-5所示。

表6-5　调节效应的层级回归结果

变量	亲社会行为			
	模型1	模型2	模型3	模型4
常数项	2.258	3.323	2.331	2.489
控制变量				
性别	0.021	0.022	0.030	0.022

续表

变量	亲社会行为			
	模型1	模型2	模型3	模型4
企业性质	0.004	0.014	0.004	−0.005
年龄	0.060	0.045	0.055	0.050
进入企业时间	0.008	0.002	−0.001	0.002
教育水平	−0.008	−0.037	−0.040	−0.037
每天使用社交媒体工作时间	−0.080	−0.045	−0.050	−0.046
中介变量				
同事妒忌		−0.319***	−0.214***	−0.221***
调节变量				
整体公正感			0.174**	0.149*
交互项				
同事妒忌 * 整体公正感				0.096**
R^2	0.026	0.168	0.208	0.219
ΔR^2	0.026	0.143	0.040	0.011
F	0.838	5.517	6.254	5.894
ΔF	0.838	32.759***	9.662**	2.589**

注：* 表示 $p < 0.05$，** 表示 $p < 0.01$，*** 表示 $p < 0.001$；表中回归系数均为标准化回归系数。

根据表6-5中模型2的实证结果可知，同事妒忌对亲社会行为具有负向的显著影响（$\beta = -0.0319$, $p < 0.001$），假设2得到支持。根据模型3的实证结果可知，整体公正感对亲社会行为具有显著的正向影响（$\beta=0.174$, $p < 0.001$）。为了检验假设4，本研究在表6-5的模型3中进一步加入了同事妒忌与整体公正感的交互项进行回归分析。实证结果表明，该交互项对亲社会行为的影响作用显著为正（$\beta = 0.096$, $p < 0.01$），并且$\Delta F = 2.589$（$p < 0.01$）。因此，整体公正感调节了同事妒忌对亲社会行为的负向影响作用。也就是说，当组织中的员工获得的整体公正感较强时，同事妒忌对亲社会行为造成的负面影响会有所缓解。为进一步对调节效应进行检验，本研究应用Hayes（2013）开发的Process 3.3中研究模型的调节效应进行再次验证，得出整体公正感显著调节同事妒忌与亲社会行为之间的直接关系（$p < 0.05$, CI=[0.001, 0.263]）的结论，进一步验证了本研究的假设4。

为了更形象地阐述整体公正感在同事妒忌与亲社会行为之间所起的调节作用，本文采用简单斜率法进行检验，如图6-2所示。结果发现，不论整体公正感处于高水平还是低水平，同事妒忌对亲社会行为均有负向影响。当员工的整体公正感水平较高时（均值+1SD），同事妒忌对亲社会行为的负向影响不显著（$b=-0.109$, $t=-3.633$, $p > 0.5$）；当员工整体公正感水平较低时（均值-1SD），同事妒忌对亲社会行为的负向影响作用显著（$b=-0.346$, $t=-1.283$, $p<0.001$），说明整体公正感水平显著调节同事妒忌与亲社会行为之间的关系，当整体公正感水平较低时，同事妒忌对亲社会行为的负向影响作用显著增强；当整体公正感水平较高时无显著影响。再次证实了假设4。

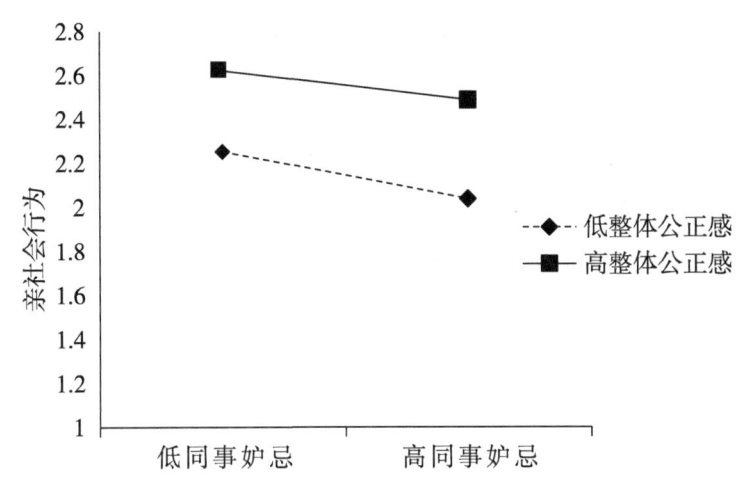

图6-2 整体公正感的调节效应

3. 有调节的中介效应的影响检验

从上述检验结果可以看出,整体公正感调节了同事妒忌和亲社会行为之间的关系,接下来验证整体公正感在同事妒忌中介作用下所起的作用,也即验证整体公正感是否有调节的中介。本研究采用Process 3.3程序检验整体公正感是否调节了同事妒忌在员工社交媒体使用和亲社会行为之间的中介作用。如表6-6所示,当整体公正感水平较低时,员工社交媒体使用通过同事妒忌对亲社会行为的影响作用显著,Bootstrap 95%的置信区间为[-0.5344,-0.1583],不包含0;当整体公正感水平较高时,中介效应不再显著,Bootstrap 95%的置信区间为[-0.2755,0.0583],包含0。因此,本研究的假设5得到了验证,即与更高水平的整体公正感相比,当员工拥有更低的整体公正感时,同事妒忌在员工社交媒体使用与亲社会行为之间的中介作用更强。

表6-6 有调节的中介模型检验

员工社交媒体使用	效应值	标准误	置信区间
低整体公正感	−0.3463	0.0953	[−0.5344,−0.1583]
平均值	−0.2275	0.0698	[−0.3652,−0.0897]
高整体公正感	−0.1086	0.0846	[−0.2755,0.0583]

6.5

结论与讨论

6.5.1 研究结论

本研究主要对员工社交媒体使用与员工个体层面的情绪与行为变量之间的关系进行定量研究。因此，本研究的主要结论如下：第一，员工社交媒体使用会引发员工同事妒忌情绪。社交媒体能够让员工接收到更多同事优势信息，进而使其产生自卑、痛苦的妒忌情绪。第二，同事妒忌会负向影响员工的亲社会行为。即同事妒忌情绪负向预测员工亲社会行为，原因可能是亲社会行为往往发生在他人不如自己的情境之下，而妒忌情绪的产生多源于"己不如人"的信息。第三，同事妒忌中介了员工社交媒体使用与亲社会行为之间的作用。在消极情绪影响下，员工的亲社会行为会进一步减少。也就是说，社交媒体信息带来的他人优势信息通过增强员工的妒忌情绪来减少其亲社会行为。第四，整体公正感正向调节了同事妒忌在员工社交媒体使用与亲社会行为之间的中介作用。即整体公正感越低，同事妒忌对于亲社会行为的负向影响作用越强；在整体公正感较高时，这一调节作用并不显著。

6.5.2 理论贡献

本研究在社会比较理论与资源保存理论的框架下，系统研究了员工社交媒体常态化使用所产生的消极影响及其边界条件，有以下三个方面的理论贡献。

首先，本研究揭示了同事妒忌是员工社交媒体使用的必然产物，也是普通员工自我平衡的有效方式。研究结果表明，员工社交媒体使用与同事妒忌呈正相关关系，一方面证实了社交媒体带来的员工个人信息高度透明化与易得化（Charoensukmongkol，2017），员工在社交媒体常态化使用过程中极易被动接收到组织中同事的优势信息（Chou & Edge，2012），这正是同事妒忌的诱发信息。这一观点与Duffy（2008）的观点具有一致性，即工作场所妒忌的前因变量一般包括同事间的上行社会比较、相对剥夺感的产生以及对个体自尊的威胁。另一方面，本研究证明了同事妒忌是员工社交媒体使用影响自身工作行为的一个重要的中介变量。以往研究多是从使用满足（Hassan，2015）、自我决定（Demircioglu，2018）视角展开，这与研究对象主要集中于社交媒体使用者有关，认为社交媒体使用的关键在于使用者，但截至目前，鲜有研究对社交媒体平台内容发布者进行相关探讨。在将社交媒体平台信息发布者纳入考虑范围后，使用满足理论和自我决定理论无法对员工感知同事优势信息后的复杂心理做出解释。

因此，本研究从社会比较理论和资源保存理论切入，提出并检验了同事妒忌是连接员工社交媒体使用与员工亲社会行为之间关系的一个重要心理机制。

其次，证实了组织整体公正感是同事妒忌影响亲社会行为的一个边界条件。研究结果表明，当员工认为组织的整体公正感较低时，同事妒忌对亲社会行为的负向影响作用会增强，而在整体公正感较高时无显著影响作用。该结论印证了Ambrose和Schminke（2009）的观点，员工对组织整体公正的感知会作为一种"启发物"来指导自身行为。另外，已有研究多将组织公正区分维度进行考虑（Choi，2008；徐虹等，2018），但在实际的组织中，真正驱动员工情绪与行为变化的是对组织整体公正的判断（Lind，2001；Choi，2008），且整体公正感简洁（Holtz & Harold，2009），全局性和概括性更强（Ambrose & Schminke，2009），有利于产生一致性结果（Colquitt & Shaw，2005）。本研究也响应了学者王宇清等（2012）的呼吁，深入具体地研究了整体公正感的影响因素与形成机制，丰富了整体公正感相关文献。

最后，将资源保存理论纳入员工社交媒体使用研究的范畴，提出资源受限是促使妒忌者减少亲社会行为的关键中介条件。虽然部分学者对同事妒忌的结果变量展开了大量研究，但以往研究中更多是将妒忌作为一种不被社会认可、为人们所回避的情绪，即更多聚焦于其消极影响（夏福斌等，2021），对其积极影响效应所做的研究还很少，因而本研究通过同事妒忌与亲社会行为的关系来对同事妒忌的积极影响效应做一定的补充与完善。部分学者认为，妒忌会增加个体的亲社会行为，以期获得较好的名誉，使得个体在绩效考核、团队评价中缩小与优势同事的差距，以减少自身劣势感带来的焦虑和痛苦情绪（Grant & Mayer，2009）。也有部分学者的观点恰好相反，他们认为同事妒忌会减少个体的亲社会行为，因此个体会如何处理这种妒忌情绪，以及同事妒忌和亲社会行为之间的关系受哪些因素影响还有待深入探讨。本研究基于员工社交媒体使用这一前因变量，根据社会比较理论和资源保存理论，实证检验了员工社交媒体使用导致的同事妒忌情绪会负向影响亲社会行为，拓展了资源保存理论在员工社交媒体使用领域的应用。

6.5.3 管理启示

在信息化时代背景下，社交媒体的使用对于绝大多数组织而言都必不可少，更加快速、便捷的线上人际交互也促使员工进行着更为频繁的社会比较，以此来进行自我认知评价。在社交媒体中，管理者为了树立标杆形象、激发员工工作动力、引导员工学习创新，同事为了展示自身工作成绩、获得高水平领导—成员关系，往往会在社交媒体平台发布各种成功信息，也就使得其他员工在工作中常态化使用社交媒体时会"被动"接收到同事的各种优势信息，进而产生自卑、痛苦的情绪。因此，管理者亟须关注如何避免员工社交媒体使用给其他同事带来威胁感。这正是本研究的实践启示所在。

第一，正确分享优势员工取得的成就。在中国文化背景下，组织中的员工对工作待遇、工作业绩等问题较为敏感，为了更好地认识自我，员工会不自主地同相似个体进行社会比较（姚琳等，2022）；但对于组织管理者而言，他们希望发掘出色员工，并希望通过"关键少数"来撬动"绝大多数"，以此来激励和鼓舞其他员工，激发他们赶超优势员工的动力，而对员工来说这不失为一种威胁，既是资源获取上的威胁，也是地位获得上的威胁。因此，管理者在社交媒体平台中分享员工获得的成功、成绩时要注意措辞、语气、方式与时间，在认可优势员工的同时，更要让优势员工进行经验总结与心得分享，让优势员工讲出自己取得成功过程中遇到的挫折、困难与掌握的技巧，让其他员工有所学习、有所感悟，帮助他们坚定成功的信念，进而减少自卑、痛苦的情绪，以真正达到管理者想要的激励结果。

第二，善加利用员工妒忌情绪，以达到积极的管理效果。这也就意味着，对于员工自身而言，首先要正确地看待社交媒体中的信息，提醒自己平台上所展示的信息通常会偏理想化、积极化，而同事所获得的成功背后有着自己看不到的艰辛，使自己能更加平和、淡然地看待这些优势信息。其次，员工也可以进行积极的自我暗示，将压力转化为动力，更多地激发自己赶超他人的动力，尽可能避免"不如他人"的消极情绪产生。最后，考虑到个体总是会不自觉地通过同他人进行比较来进行自我评价，如果员工无法控制自己在社交媒体平台上与他人进行上行社会比较的冲动，可以尽可能地减少在非必要情况下社交媒体的使用，从而避免员工受到他人优势的影响。

第三，考虑到员工社交媒体使用与同事亲社会行为之间关系的复杂性，找寻影响二者关系的情境因素对于管理实践而言至关重要。本研究发现，组织整体公正感会影响员工对同事优势信息的判断，进而影响其做出不同的行为反应。一方面，企业应当规范组织规章制度，尽可能地使组织资源分配透明化，让员工感受到"多劳多得，少劳少得，不劳不得"的公正感。另一方面，组织中的各级管理者要注意言行一致，维护管理者在员工心目中公平公正的形象，使得员工能够正面、积极地看待组织管理者制定的管理决策以及资源分配制度。

6.5.4 研究不足与未来研究展望

关于员工社交媒体使用与亲社会行为关系的研究，未来可以从以下几个方面展开。

第一，本研究中对于变量的测量均采用自我报告方式，且像同事妒忌这类变量包含强烈的社会称许效应，不可避免地会产生共同方法偏差。后续学者在研究中可以通过创建场景或者设计实验的方式，通过观察员工对优势同事的态度或行为来间接测量该变量，尽可能避免共同方法偏差带来的影响。

第二，本研究未根据组织中不同层级员工的社交媒体使用与亲社会行为之间的关系进行深入探究，如普通员工、基层管理者、中层管理者、高层管理者，后续研究可以分别对不同层级的员工进行讨论，来明晰何种层级的员工对社交媒体使用带来的负面影响更加敏感。

第三，社交媒体是一把"双刃剑"，在通过同事妒忌引发消极行为结果的同时，也有其积极的一面，如搭建了组织内部社交网络，有利于员工快捷、高效地协作配合完成工作，因此在未来研究中，学者可以构建一个员工社交媒体使用的双路径模型，以丰富学术界研究，为组织利用社交媒体实现组织目标提供更详尽的建议。

第四，对于同事妒忌和亲社会行为关系的研究存在两种矛盾性观点：Grant和Mayer（2009）提出，妒忌者为了赢得他人的认可会采取亲社会行为以获得较好的声誉；但Kim等（2010）研究指出，为保持自我评价的稳定，妒忌者会减少亲社会行为。这就说明，其中可能还存在其他的影响因素，如员工个人特质、个体相似性等，未来研究可以深入探究同事妒忌对亲社会行为的影响机制，进一步丰富与完善同事妒忌和亲社会行为关系研究的相关文献。

7
PART

领导者宽容差序、同事妒忌与员工创造力的关系研究

组织中的妒忌与被妒忌及其管理

在快速变革发展的大环境下,创新是企业谋求生存和发展的核心竞争力,而企业创新的关键在于员工创造力。员工创造力的影响因素有很多,比如领导者宽容差序就是一个重要影响因素。领导者宽容差序是一种领导管理方式,但宽容差序也存在负面作用,如导致"圈外人"产生同事妒忌情绪,使组织内部同事之间信息交流受阻,降低员工创造力,进而降低企业整体创新能力。本研究采用问卷调查的方式收集数据,经实证分析得到以下研究结论:领导者宽容差序对员工创造力的产生有抑制作用,差序式领导对同事妒忌具有正向影响作用。本研究还检验了同事妒忌在领导者宽容差序与员工创造力关系之间所起的中介作用,深化并丰富了差序式领导对员工创新行为的影响机制研究。

7.1 问题背景

生活中，人的妒忌情绪经常会出现。人的本性存在欲望，当个人欲望得不到满足又看到"同类人"得到了自己求而不得之物时，绝大多数人会产生羡慕之情，若与报复等负面心理配合或可产生对己不如人的一种不满足心态，也就是俗话说的"羡慕妒忌恨"（彭吉军和吴芳梅，2022）。羡慕是一种中性情绪，人可以将羡慕落实到自己的行动上，转化为内在奋斗动力，将幻想变为现实；但对于妒忌，要控制其发展，因为妒忌包含复杂的消极情绪，会损害个体的身心健康。放任妒忌心理的发展可能会使妒忌者产生痛苦、焦虑、愤怒等负面情绪。从古至今，有关妒忌的故事不胜枚举。战国初期，魏国名将庞涓因妒忌而陷害同门孙膑，孙膑被迫投奔齐国，最终在马陵之战中打败庞涓，使得魏国国力大减，失去霸主地位。在现代职场中，同事妒忌也是屡见不鲜。比如，获得嘉奖的员工被同事"眼红"，并且遭到同事的漠视、排斥，甚至针对受嘉奖同事的中伤事件也比比皆是，最终导致优势员工工作能力受到制约，人际关系遭到破坏。

妒忌是一种心理现象，可以说，职场上个体的妒忌心理在一定条件下将转化为报复心理，导致针对被妒忌同事的攻击行为或不道德行为，可能会对被妒忌同事的工作产生不良后果，造成组织内部资源消耗，损害组织利益。通常认为，妒忌源于社会比较，当个体意识到与自己付出相同努力的周围人收获了更多、更好的资源时，通常心中会产生强烈的妒忌心理（Gilbert DT et al.，1995）。也可以说，妒忌是指当他人拥有自己所不具备的才能、名誉、地位或者某件物品时个体内心产生的一种羞愧、怨恨的失衡心理，也就是一种不断强化自我不满足感的消极心理（朱薇，2020）。同事妒忌是妒忌在工作场所中的一种情境表现。由于工作场所中同事间竞争的存在，很容易激发员工的压力感。传统主流的同事妒忌研究文献，通常将对妒忌对象"怀有敌意"界定为同事妒忌情绪的核心，强调同事妒忌情绪主体对妒忌对象的消极态度及所触发的妒忌情绪主体的消极行为倾向（Parrott & Smith，1997）。本研究将同事妒忌情绪界定为对"同事好运的痛苦感受"，它是一种激发员工个体对消极情境（不利的工作场所比较）做出适应性行为反应的自我平衡情绪（Tai，2009），将驱动其采取相关行为策略来尽力减少妒忌情绪所带来的痛苦感受（MacDonald & Leary，2005）。

孔子说："宽裕者，仁之作也。"儒家思想中有很多关于宽容的文字，中华民族有崇尚宽容的传统美德，古人认为宽容是仁义之道。在人际关系上，主张建立以宽容为基础的人际关系和处事态度。同样地，倘若领导者能够以一种宽容的态度对待员工，更容易建立积极且高质量的领导者—员工互动关系。在工作场所中，领导者对员工所犯工作错误的宽容，能帮助员工缓解紧张情绪，建立情感依附，增强员工对领导者的服从性，激励员工努力工作，并激发员工的创造力。费孝通（1943）指出，中国社会存在一个以差等次第、亲疏关系为特征的差序格局，并将差序格局形象地描述为"石头丢在水面所推出的波纹"。在职场中，差序式领导正是在差序格局情境中形成的本土领导风格，也存在费孝通所言的"差序格局"。现实中，受限于人情世故，领导者在管理下属、分配资源时，难以做到绝对公平，总会出现细微差异对待，容易"一碗水端不平"。领导者在领导下属工作时，难免形成差序格局。差序格局理论源于对中国乡土人情中人与人关系的特点与中国人际关系的本质的思考，多用于中国社会的个体关系分析（费孝通，2008）。差序格局是指领导者根据员工不同特性差别对待的一种方式（郑伯埙，2004）。差序格局在组织中最明显的表现就是成员之间身份地位的差异性，这种差异性进一步固化了等级概念（许晶，2002）。差序格局会让一部分员工体会到"外人的感觉"，这种心理上的隔阂感最终会损害员工和企业的共同利益。在差序格局下，领导者对员工的宽容也会呈现出有差别的宽容。当企业领导者使用差序式宽容，对一部分员工采取"闭一只眼"形式的过度宽容态度，却对另一部分员工持"公事公办"的严谨态度时，被"公事公办"的员工可能会通过与另一部分员工对比感受到同样的工作投入却得到不对等的回报，导致被"公事公办"的员工产生妒忌感，甚至会促使他们离职（李晓艳和周二华，2012）或者实施破坏行为（Liao et al., 2011）。如何减少或避免员工产生妒忌感成为企业的当务之急。

差序式领导包括对员工有区别地关照、物质奖励、宽容等领导方式（姜定宇和张菀真，2010）。可以说，差序格局的实质是对资源进行配置的格局，但是差序格局对组织内部存在负面影响。差序格局强调人与人之间的不平等关系，肯定了亲疏之别（吕逸婧和彭贺，2014），没有人格平等、权利义务平衡的观念，最终导致产生差序人格（阎云翔，2006）。为了减轻认知负荷，人们习惯将事物进行归类，通过判断类别而非个体来行事（谢守祥和吕紫璇，2019）。一般情况下，员工倾向于通过比较资源分配的不同来判断自己在领导者心中的可信赖程度，即当领导分配资源时，员工会与同事进行资源比较，当自身资源不如他人时，员工的自尊可能会受到损害，甚至会对自己的工作成绩感到失望，从而贬低自己的工作能力，对自己的工作价值做出较低的评估，直接影响到自身的事业发展与前程（朱伟峰，2010），这时，为了平衡自身情感，就会产生妒忌情绪。

由资源保存理论可知，资源的保护描述了警惕性关注和为保护当前资源而努力的过程（Halbeslebenetal，2014）。具体而言，领导者与员工的上下级关系可以视为一种资源，团队内部个体的相对上下级关系越高，同事的资源威胁感就越强，这意味着同事感觉到相对上下级关系较高的个体对其现有地位造成了伤害，因而可能会产生恶意妒忌的心理，更可能产生警惕性关注，其保护资源的动机就会增强，而削弱他人的优势就是一种保护自我资源的方法（Duffy et al.，2002，2012）。妒忌者实施破坏行为，其行为的具体目的在于减少自身挫败感，缩小或消除自己和被妒忌者之间的优势差异并保护自身尊严（Khan et al.，2014）。组织内稀缺资源与情绪相关,当稀缺资源被不公平地分配给组织内部的周围同事时,同事妒忌情绪就会产生(王林琳等,2021)。

领导风格能够对员工创造力产生影响。领导者与组织内员工的关系能够对个体创造力产生影响(Tierney et al.,1999)。领导风格是指组织内部员工所感觉到的领导者的行为模式,面对不同的情况时采取不同的行为与决策。领导者在与员工的接触中,能够对员工产生影响。领导者采用合适的领导风格能够促进员工创新(林新奇等,2022)。员工与领导行为风格下的环境相符合(如物质激励、稳定工作、宽松环境、工作自主、发展机会)是企业成功的来源,也是影响员工创造力的重要因素(朱晓妹等,2022)。因此,差序式领导不仅会造成同事妒忌,还会影响到员工创造力以及团队创造力。现有研究表明,领导者在组织中拥有控制、支配资源和机会的权力,故而会对员工和团队创造力产生极为重要的影响作用(陈璐等,2013)。领导者对"圈内人"与"圈外人"的创造力有不同的影响。领导者对下属成员难免会出现差别对待,此时部分"圈内人"会感知到领导者在对自己存在特殊照顾,将自己视为自己人,有这种感觉的"圈内人"的创造力将可能会高于"圈外人"。差序式领导行为将会使"圈外人"感到较少得到领导者特殊的认可与支持,得到更多的是冷漠和防备,这在客观上、一定程度上会使"圈外人"更容易产生消极怠工等员工退缩行为,因而有可能会降低其创造力水平(王磊,2015)。这种"领导者宽容差序"将导致下级同事之间出现妒忌情绪,进而降低员工的工作积极性,还会制约差序管理下员工创造力的发展,最终降低企业创新绩效。因此,在组织内领导者的管理风格很大程度上会对员工创造力的发挥产生影响，开展领导者宽容差序对员工创造力的作用研究具有一定的现实基础和理论意义。本研究选取同事妒忌作为中介变量，来揭示领导者宽容差序对员工创造力的影响作用，期望厘清企业员工创造力的理论体系，为后续揭开领导者管理风格影响员工创造力的作用过程提供思路，为描述员工人际归类与心理知觉影响其创新行为的观点提供有价值的论据。

7.2
研究假设提出

7.2.1 领导者宽容差序与同事妒忌

出于拉拢员工的目的,领导者宽容差序对于员工宽容程度的不同会形成组织内以领导者为核心的"小圈子"(陶厚永,2016),这使得"圈内"的员工会比"圈外"的员工更有优势,即"圈内"员工比"圈外"员工拥有对组织的更高满意度。领导者将员工划分为"圈内人"和"圈外人"(许晶,2022),并依托"圈子"进行资源配置(陶厚永,2016)。一般情况下,组织内资源的控制者是领导者,组织内的"圈子"是与组织资源分配相关的人际关系网,实质上体现了差序式领导下权利的分布。正是由于资源分配由领导者个人掌控,所以组织内员工能够形成强大的凝聚力。"圈内"成员会努力维护与领导者的关系,作为"圈子"核心的领导者也就可能为"圈子"成员争取更多利益。因此,"圈子"规则事实上就是一种心理契约,"圈内"人员风险共担、利益均沾(王维奎,2003)。

研究表明,差序式领导会对"圈内外"员工产生不同影响

(谢晓菲，2013)。与"圈外人"相比，"圈内人"出现错误时容易得到更大程度的宽容（关涛和晏佳敏，2021）。对"圈内"员工而言，上级领导会给予"圈内人"更多的资源分配和更高程度的宽容。因此，"圈内"员工在得到特殊宽容后，会产生一种回报和忠诚心理以及依附心理，有助于领导者与"圈内"员工形成心理纽带，产生认同感和群体归属感。"圈内"员工更容易形成内部群体的心理纽带，利于实现组织目标以及形成组织凝聚力、向心力（汪洪艳，2017）。此外，领导者的榜样作用能够在员工心中建立积极心理资本，员工在实践作用下转化为主动性思维，从而提高员工的工作效率、工作投入和创新思维（梁阜等，2018）。总之，"圈内"员工处在良性领导—下属关系中，"圈内人"能够享受到诸多的利益。领导者能够给"圈内"员工更多的照顾与宽容，而作为回报，"圈内"员工也会创造更高的工作效率和绩效（宋尚昊和韩康宁，2020），"圈内"成员对领导者的忠诚以及对"圈子"的认同得到不断强化，"圈外"员工则会在一定程度上产生负面情绪。相较于能提高"圈内人"的忠诚度，领导者宽容差序会对边缘化的"圈外人"产生很大的负面影响。例如，"圈外"员工在一定程度上会产生不公平感、妒忌感、焦虑感，进而做出反生产行为等。社会交换理论认为，人会与周围地位相似的人做比较。领导者差序管理会使自我代入感强烈，缺乏对组织内公平氛围的感知，使员工丧失公平感（陶厚永等，2016）。"圈外"员工会处于情绪耗竭状态下，倾向于采取墨守成规的工作方式，减少创新想法（蒋元琦，2022），更有甚者会激发"圈外"员工对"圈内"员工的妒忌心理，进而引发破坏行为

（关涛和晏佳敏，2021）。

　　领导者对员工采取差序式宽容时，受到不公平对待的"圈外"员工会产生消极情绪，这会阻碍团队成员间的信息交流，不利于员工进行创新性活动（何雨珊，2020）。此外，领导者宽容差序的行为依据是"圈内"员工与"圈外"员工的"双重标准"。在"双重标准"下，"圈外"员工会失去控制感，认为自己不具备从"圈外人"转变为"圈内人"的能力（肖林生，2021）。已有研究表明，当个体察觉自己处于不利地位时，会激发其妒忌心理（Gilbert DT et al., 1995）。

　　需要注意的是，"圈内"与"圈外"的区分并不是绝对的，而是相对的。关涛和晏佳敏（2021）提出，即使对领导者眼中的"圈内人"而言，多数"圈内"员工仍然能找到向上比较的对象，即与获得更优势资源位置的核心员工进行比较，导致多数"圈内人"也会产生类似"圈外人"的孤独与失落。这是由于领导者宽容差序导致组织内部规则不透明化，组织内部的感性气氛高于理性气氛，使大多数员工对自己是否得到了特别优待总是持怀疑态度。在组织中，只要领导者施以差序式宽容，员工很容易会察觉到这种差序，绝大多数人极易将自己视为"圈外人"，组织内部绝大多数员工都将成为"双重标准"的受害者。基于此，本研究提出以下假设。

　　H1：领导者宽容差序能够引发"圈外"员工的同事妒忌情绪。

7.2.2　领导者宽容差序与员工创造力

　　创新与创造的含义是有区别的。在抽象含义下，创新是一种认识活动，创造是一种实践活动。"创新"一词在《现代汉语词典》中解释为"抛开旧的，创造新的"。Schumpeter（1912）对创新的概念做出定义，提出企业家即为创新者，创新者出于为组织创造新绩效的目的，将种种要素组合形成新方法，这一过程即为创新，而创新离不开创新资源的支持。Sinkula（1997）更进一步地对创新资源做出定义，认为能够促进企业绩效提升的知识是有效的创新资源。由此可以看出，早期国外学者认为企业创新的本质是企业家以能提升企业绩效的知识为基础，通过融合、变化等方式对组织的内外部资源进行整合和创构，以期帮助企业在市场竞争中获得优势。

企业要实现创新需要企业内部的创造力。什么是创造力？什么是个体创造力？哪些因素会对创新绩效产生影响？Amabile（1996）、Shalley和Gilson（2004）认为，在组织行为学中，新颖且实用的理念是创造力。不论是对团体还是对个体而言，创造力都是一项重要资源。创造力对企业来说就是生产力（张婷婷，2017），创造力通过企业创新实施能够转化为创新绩效（赵锴，2016）。团体创造力是由个体创造力组成的。企业创新绩效离不开企业创造力，企业创造力又离不开员工创造力，组织为了提高企业创造力总是尽可能开发和培养员工创造力。从个体角度来说，员工创造力是员工为达成工作目标而提出新颖的问题处理思路、理念或想法的动力和方向（王智宁等，2018）。张兰霞等（2022）认为，从创造行为的结果阶段来看，员工创造力可以是指员工生产的新颖、有价值的工作产出总和。很多因素都会对员工创造力产生影响，如领导者的管理方式和管理能力、团队沟通（谢聪，2021）、员工自我反思、员工所拥有的知识和技能（王智宁，2018），一般可以将其分为组织情境因素和个体因素两大类。针对个体因素，员工的创造力和创新行为会因为领导者宽容差序而受到一定影响。

宽容氛围具有群体性。团队中的宽容氛围是团队成员对组织的一种感知（丁晓斌和李志刚，2016）。不同宽容氛围的团队，对于执行任务失误和不同观念持不同的态度。对于宽容氛围浓厚的团队，领导者对组织成员会表现出更多的宽容，而不是为显示领导者的权威而简单地对犯错员工进行批评（陆璐，2016）。宽容的领导作风和方式能为员工提供更加包容失误的组织环境，有利于员工从失败中学习，提高员工创新的积极性。相反，对于权威型领导，在工作中不允许员工犯错，领导者对员工犯错行为单纯地进行批评，则团队成员在思想上视失败为耻辱，害怕因失败带来风险（宋尚昊，2020）；在行动上，员工在执行任务时存在顾虑，导致实施创新行为的意愿降低，不利于创造力的发挥（王重鸣和胡洪浩，2015）。当领导者采用宽容差序式领导时，组织内部的不同员工将会感受到两副不同的领导者面孔：一面表现出领导者会包容"圈内"员工的缺点、错误，这能提高"圈内"员工的试错勇气，激发其创造动机，提升其创新意愿，进而表现出较高的创造力。另一面却表现出对"圈外"员工的较多的指责与抱怨，这使得"圈外人"的创新意愿受到压制，创造力也无从发展。同时，"圈外人"长久处在这种压迫性环境中，也会产生消极怠工的情绪，员工创造力也会逐渐削弱。前文已述，由于圈内外的员工个体都习惯于向上比较，认为自己应该获得更多的资源（关涛，2021）。因此，组织内多数员工会将自己视为"圈外人"。组织内多数员工会感受到领导者的第二副面孔，容易感受到团队宽容氛围降低，即使领导者提出创新的要求和建议，也很大可能会被视作恶意批评。组织内员工很大可能会缺乏创新活力与激情，员工创造力下降。基于此，本研究提出以下假设。

H2：领导者宽容差序与员工创造力呈负相关关系。

7.2.3 同事妒忌在领导者宽容差序与员工创造力之间的中介作用

领导者宽容差序会导致组织内部出现同事妒忌，进而对员工创造力产生负面影响。前文已述，员工对领导者宽容差序的感知能够引起同事妒忌，是因为员工犯错后惩罚的差异化导致个体产生不同的获得感。

社会比较理论认为个体倾向于向上比较。当个体产生诸如妒忌等负面情绪后，他们通常会采取行动以缓解负面情绪。比如，在工作场所中，个体在同事得到比自己好的优质资源后，会在心中产生妒忌情绪，为了消解这种妒忌情绪便会采取一些行动来缩小与被妒忌者之间的差距（丁森林和刘培琪，2017）。这些反应与行动，有正向的反应，如自发付出更多时间和精力，但大多数员工做出的是负面的反应，如做出反生产行为，有意阻止被妒忌者建立，维持积极的人际关系（Duffy et al., 2012；Veiga et al., 2014），损害其声誉或工作表现，减少工作投入，降低工作效率（Duffy & Shaw, 2000），排斥同事，等等（肖林生，2021）。在此过程中,一方面,妒忌者本身的自信心会被削弱,核心自我评价降低,把注意力更多放在破坏同事而非工作上,并侵蚀个人的自我价值、创新绩效;另一方面,同事妒忌会使同事之间出现"隔阂",影响员工与团队的互动和交流,不利于在团队共享中提升员工创造力。总之,妒忌行为不仅会同时降低自我和同事的工作效率并减少工作投入,还会损害组织内部人际关系,降低工作团队信任、合作、满意度和表现等,进而破坏员工创造力。具体来说,同事妒忌对员工创造力的影响主要有以下几点:从员工层面来看,一方面,同事妒忌会影响个体的认知和情绪,而情绪是影响行为的重要因素,体现为消极情绪不利于激发员工创造力。同事妒忌会使员工感到丧失控制甚至是认知失调,由此会诱发员工的工作压力、工作倦怠、反生产行为等消极状态(Morrison et al., 2000),而与情绪有关的环境特征或事件又会影响员工创造力的发挥(Amabile et al., 2005)。另一方面,同事妒忌会使员工的思想和行为更加保守,从而不利于员工创造力的发挥。

基于此,本研究提出以下假设。

H3:同事妒忌在领导者宽容差序与员工创造力之间起中介作用。

综上所述,本文构建的理论模型如图7-1所示。

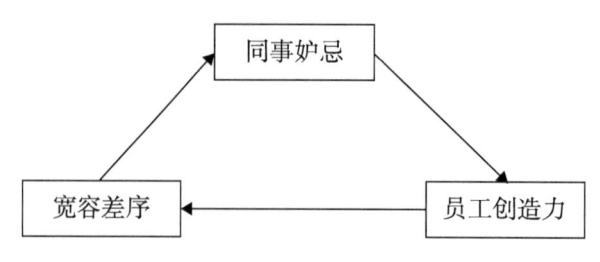

图7-1 本研究构建的理论模型

7.3 讨论与分析

7.3.1 理论贡献

本研究探讨了领导者宽容差序通过同事妒忌影响员工创造力，本研究的理论贡献主要表现在以下三个方面。

第一，本研究重点探讨领导者宽容差序式领导对员工创造力的影响，能够丰富领导管理研究的理论认识。领导者要关注职场人际关系的生态环境，关心员工身心健康，注意不公平的领导方式可能引发员工的消极妒忌反应，进而降低员工的创造力。为此，领导者需要关注宽容差序对员工创造力产生影响的情绪机制。

第二，本研究探讨了同事妒忌的中介影响效应，为对组织中妒忌影响进行深入研究提供理论基础。本研究引入同事妒忌作为中介变量，来理解员工心理变动的原因，解释领导者宽容差序与员工创造力之间的作用机制，为领导管理行为选择提供依据。

第三，本研究目的在于揭示领导者宽容差序对下属情绪和行为的影响，深入分析领导者不平等的宽容如何引发下属的妒忌情绪，以及如何导致下属一系列的负面行为，有助于扩展同事妒忌的内涵，明确职场妒忌对员工行为及组织后果的影响机制，同时为员工创造力的影响因素研究提供了一个新的切入点。

7.3.2 管理启示

本研究对组织中的同事妒忌管理具有以下启示。

第一，由于差序式领导会给员工创造力带来负面影响，领导者在分配资源时应慎用差序式领导方式，尽量做到"一碗水端平"，以免组织内部充满妒忌等负面情绪。在面对员工工作错误时，领导者要尽量"公事公办"，减少对关系远近的参考，做到赏罚分明，不徇私情。虽然领导者宽容差序能够显著提高员工忠诚度，但也会造成下属间的同事妒忌，进而引发破坏行为。此外，管理者应建立公平、公正、透明的奖惩制度，避免员工互相存戒备、恐惧之心。

第二，企业要积极推行合作式管理方式，给予员工一定的权力，培养员工的主人翁意识，提高员工创造的成就感和责任感，加大员工工作投入，继而达到"上下同欲者胜"的组织目标。

第三，领导者要关注员工情绪。工作场所中，员工可能出现妒忌等负面情绪，要注意员工的情绪容易在集体环境中发生变化，领导者应该关注职场生态环境的营造，因为员工在良好的集体氛围之中会生成积极情绪，进而对其行为产生积极影响。

PART 8

工作场所中被妒忌研究述评

组织中的妒忌与被妒忌及其管理

工作场所被妒忌是一种个体成为其他员工妒忌目标的感觉，在各个组织中广泛存在。被妒忌感知（feeling envied）会显著影响员工的工作行为、工作态度与工作绩效，因而得到学术界及实务界的密切关注，但相关研究仍处于起步阶段，系统性述评较为匮乏。为此，本研究阐释了工作场所被妒忌概念的内涵，系统地比较了工作场所被妒忌与职场排斥、工作场所被嫉妒的异同，为后续学者清晰认识和理解工作场所被妒忌的概念内涵奠定了基础；分析了目前工作场所被妒忌的测量工具，指出了目前绝大多数学者所使用测量量表的可靠性，为后续实证研究提供了参考方向；基于理论视角对工作场所被妒忌前因和后果的相关研究进行归纳，较为完整地揭示了工作场所被妒忌及其影响因素和结果变量之间的作用机制；针对现有研究存在的不足进行了展望。综上所述，本研究能为管理学者清晰把握工作场所被妒忌研究的发展趋势提供参考，也有助于企业管理者正确认识和有效干预工作场所被妒忌者的心理认知与情绪。

8.1 引言

近年来"内卷"一词在各个领域被广泛使用。"内卷"被用于形容白热化的竞争,工作场所中更不例外。在工作场所中,妒忌激励着妒忌者与优势个体竞争组织资源（Bedeian,1995）,被妒忌则让被妒忌者成为同事努力竞争以期打败或超越的目标（Mosquera et al.,2010）,这两个过程都将促进竞争工作氛围的形成,即零和博弈。员工为了在零和博弈中博得一席之地,主动或被动营造了一种高成本的竞争生态,拼尽全力以期拔得头筹（鲁沛竺,2022）。所谓零和博弈,只要有获胜者就必定会有落后者。一方面,倘若员工在工作中取得优胜,得到他人希望拥有却难以获得的社会资源,可能就会产生一种被他人妒忌的感知（Scott et al.,2015）,也就是"自我被妒忌感知"。另一方面,若同事所获得的资源不如他们自身期望或者所得—付出比率相较于优势个体而言偏低,就可能会引发员工妒忌情绪,自我被妒忌感知这种痛苦情绪是由工作表现较差的同事通过不利社会比较给被妒忌者带来的负面社交体验（张兰霞等,2021）,也就是"被动下行社会比较产生被妒忌感知"。员工被妒忌感知可能有效提升其自我评价，促使个体产生愉悦的主观体验，同时有助于改善企业绩效（李方君等，2020；Parrott，2017；Rodriguez et al.，2010）。被妒忌感知也可能会引发员工的焦虑、害怕等负面情绪，甚至可能导致员工工作绩效降低（Lee & Duffy，2019；Lee et al.，2018）。总体而言，员工被妒忌感是一种矛盾性情绪体验（刘得格等，2018），这就意味着在不同的作用机制影响下被妒忌感知可能会产生差异化的影响结果。正因如此，工作场所中员工被妒忌这一研究话题逐渐受到学术界与实务界的热切关注。

近年来管理学领域对工作场所员工被妒忌感知概念的提出及深入研究，在理论和实践方面均具有重要价值。从理论上来讲，与对妒忌者的研究相比，现有研究对于工作场所中个体为什么会感到被妒忌以及他们之后会做什么知之甚少（张兰霞等，2021；Parrott，2017）。因此，学术界亟须明晰工作场所被妒忌的内涵及理论基础，并揭示个体、领导者、组织及文化等对被妒忌感知的影响（刘得格等，2018）。本研究即响应了学术界对研究被妒忌前因和后果的呼吁（Treadway et al.，2019）。从实践上来讲，组织中的个体总是不自觉地进行社会比较（Festinger，1954），被妒忌者也就不可避免地进行着"被动"的下行社会比较。被妒忌是组织中优势个体较难避免的一种情绪体验，其既有积极的一面，也有消极的一面（Yu & Duffy，2017）。因此，对于组织而言，如何更好地发挥其积极作用，减轻其消极作用，对组织的发展与进步至关重要。

虽然工作场所被妒忌对于组织中明星员工更好地实现自身价

值、提高工作绩效至关重要，但相关研究仍处于初级阶段，仍有许多议题亟待解决。通过回顾与梳理相关文献，本研究重点聚焦以下三个方面的问题：首先，工作场所被妒忌在组织行为学领域的研究还较为匮乏，许多学者对此概念的界定还比较模糊。其次，在研究工作场所被妒忌时，学者应当如何对其进行量化操作？最后，被妒忌也分为"自我感知被妒忌"与"被动下行社会比较产生被妒忌感知"，差异化的组织情境、员工特质等是如何影响被妒忌的产生的？其具体的作用机制是什么？被妒忌者会采取怎样的方式来应对被妒忌感知？这些疑问尚缺乏系统的归纳。本研究拟针对以上三个议题，通过文献综述的方式来梳理工作场所被妒忌的概念内涵、研究方法、理论基础以及作用机制，并在此基础上做出未来研究展望，为国内的后续研究提供启示。

8.2 工作场所被妒忌的概念界定与理论基础

目前学术界关于工作场所被妒忌的研究较少，已有研究中不同学者从不同视角界定了工作场所被妒忌的内涵。本部分着重归纳总结工作场所被妒忌的含义及理论基础，同时辨析工作场所被妒忌与一些相关概念的异同。

8.2.1 工作场所被妒忌的定义

工作场所被妒忌最早被定义为"成为其他员工妒忌目标的感觉"（Vecchio，2005）。被妒忌通常是指个体拥有妒忌者渴望拥有却难以拥有的资源，如组织地位、晋升机会、薪资待遇、领导支持等（Parrott，2017），进而产生的一种他人妒忌自己的感知（Yu et al.，2018；Scott et al.，2015），包含了被妒忌者对自己被他人妒忌的认知评价。因此，被妒忌是一种"被动"的下行社会比较（Parrott，2017），是工作表现较差的同事通过不利的社会比较给被妒忌者带来的痛苦的或消极的社交体验（张兰霞等，2021）。工作场所的被妒忌并不意味着其他同事真的妒忌自己，也可能是个体单方面认为妒忌者在与其相关且相似的领域或方面和自己进行上行社会比较（Vecchio，2005；Yu et al.，2017），即一种主观感知——比现实的客观特征更重要，能强烈决定员工随后的行为、态度和心理健康的感知（Uhlmann et al.，2007）。此外，学者进一步指出，员工被妒忌感知不仅是被妒忌者对自己被他人妒忌的一种认知评价，也是职场中的人际压力（Liu et al.，2019）。

结合已有研究，被妒忌者主要有以下两个方面的特点：一方面，个体在某些方面拥有相较于其他人而言的优势，如社会资源、组织地位、晋升机会等（Rodriguez et al.，2010；Puranik et al.，2019）；另一方面，被妒忌是个体在与其相关且相似领域方面的他人进行主动下行社会比较而产生的一种优越感，不等同于他人真实的妒忌（Yu & Duffy，2017），所以即便是在分析他人的行为时所产生的被妒忌感知，也需要以妒忌者在比较中发现自身优势为前提。

8.2.2 工作场所被妒忌的相关概念辨析

从概念内涵来看，工作场所被妒忌与职场排斥、工作场所被嫉妒具有一定的相似性，都反映了员工在工作场所中被动接受的消极体验，然而这些概念本质上有一定的区别。为了明晰工作场所被妒忌概念的独特性，本文从产生基础、行为特点、影响结果等方面进行分析，辨析工作场所被妒忌与职场排斥、工作场所被嫉妒之间的区别。

1. 工作场所被妒忌与职场排斥

工作场所被妒忌与职场排斥的相似之处在于：首先，是否被妒忌与是否受到他人排斥都取决于个体的主观感知与判别；其次，被妒忌与职场排斥所涉及的群体十分广泛，可能是工作场所中的同事、领导、下属或客户等。两者之间也存在显著的差异：职场排斥是一种被动攻击行为（陈晨等，2017），具有动态性，而工作场所被妒忌是一种被动感知行为（Parrott，2017），是一种静态感知；被妒忌的产生基础通常是员工在工作中表现出色（Molleman et al.，2007），而职场排斥的产生基础包括个人特质、个体行为、组织因素等（陈晨等，2017），也就是说工作场所被妒忌的产生条件比职场排斥的产生条件更为严苛。此外，Scott等（2015）研究指出，职场排斥是员工感知被妒忌的前因变量，也就是说两者之间存在理论上的因果关系。

2. 工作场所被妒忌与被嫉妒

被嫉妒（be jealous）是因为个体被认为吸引了嫉妒者的伙伴或是朋友的注意，嫉妒者担心因为被嫉妒者而丧失自己同伙伴之间的宝贵关系，是一种情绪上的体验（DeSteno & Salovey，1996）。被妒忌则是个体拥有他人所无法获得的资源，而被动进行的下行社会比较所产生的情绪体验。两者的主要诱发因素不同,被嫉妒的诱发因素是人际关系,被妒忌的诱发因素是组织资源。不过,也有学者认为两者没有本质上的区别,都是因优于他人而成为他人妒忌的对象的一种感知。本研究在此也不作区分。

8.2.3 工作场所被妒忌的理论基础

目前,学者主要采用"成为威胁性向上比较对象的敏感性"模型(STTUC)(Exline & Lobel, 1999),根据资源保存理论(Hobfoll, 1988)和情绪认知评价理论(Cognitive Theory of Emotion)(Lazarus, 1991)来对工作场所被妒忌的影响机制进行探讨。

1. "成为威胁性向上比较对象的敏感性"模型

成为威胁性向上比较对象的敏感性结构概念框架是指当表现出色的人认为他人在和自己攀比时,通常会感到忧虑与痛苦。这种担忧可能集中在社会互动或关系破裂的基础上(Exline & Lobel, 1999)。具体而言,这种负面体验的产生需要同时满足以下三个条件:第一,自身表现出色,且认为自己拥有他人难以获得的社会资源;第二,当他人在和自己进行带有妒忌或挫伤性质的社会比较时,个体认为自己会对他人产生自尊、自信等方面的威胁;第三,个体担心他人因不利社会比较受到威胁而做出社会破坏行为或者产生敌对情绪,也会因为自己给他人带来的不利社会比较感到内疚和同情。根据该理论,工作场所中被妒忌者为了缓解自身卓越表现给他人带来的焦虑、不安的情绪，会本能地采取措施来维持自己在组织中的社会互动和人际关系。这也就解释了工作场所被妒忌对员工逢迎行为、亲社会行为、自我贬损行为的影响（Scott et al., 2015；Van et al., 2010；Zell & Exline, 2010）。也就是说，被他人妒忌导致个体因自己作为威胁性向上比较对象而变得敏感，这会给员工带来极大的心理负担，进而导致员工产生亲社会行为或是自我贬损行为。

2. 资源保存理论

资源保存理论认为个体总是倾向于获取、维持和占有资源，且对资源损耗非常敏感。当员工感知到现有资源可能受到威胁或者遭受损耗，为了防止陷入资源丧失螺旋，员工会尽力采取措施防止自身资源损耗（Hobfoll, 1989）。员工的资源保存行为可以划分为资源获取、保存和创造盈余三种策略（Whiting, 2012）。基于资源保存理论中的两个重要概念——资源螺旋增益与资源螺旋丧失分析得出，资源螺旋增益指出，当员工将被妒忌视作对自己工作努力的肯定时，员工将会采用资源获取战略，这与张兰霞等人（2021）的观点一致，即被妒忌将正向促进员工工作绩效的提高，从而进一步获取更多的资源；资源螺旋丧失则指出，当员工将被妒忌视作他人对自己工作的"敌意"时，由于担忧自身受到威胁，害怕被妒忌带来的潜在破坏行为，为避免持续遭受个体资源折损，感知到被妒忌的员工会选择资源保存策略，如通过知识隐藏（Liu et al., 2020）来保护自己的资源。

3.情绪认知评价理论

基于情绪认知评价理论，个体在面临压力源时首先要利用感知体系判断压力来源，进而采取适当的情绪反应、应对行动。根据该理论，如果被妒忌者感知被妒忌的产生是一种激励，把被妒忌视为对自身良好工作绩效的积极反馈，甚至觉得自身有足够的能力来应对妒忌者实施的破坏行为，那么他们会对被妒忌感知做出积极的情绪反应和应对行动；反之，如果被妒忌者把职场妒忌视作风险，担心被别人妒忌会影响自身的人际关系，抑或对自身控制妒忌者破坏行为没有足够的把握，这时，被妒忌者会对被妒忌感知产生负面情绪反应（黄庆等，2019）。

综上所述，相关理论的核心观点对比如表8-1所示。

表8-1 相关理论核心观点的对比分析

理论基础	核心观点	解释范围	应用举例
STTUC	优势个体认为他人在和自己攀比时通常会感到忧虑与痛苦	个人特质与职场被妒忌	Exlin et al.，1999；Scott et al.，2015
资源保存理论	个体总是倾向于获取、维持和占有资源，且对资源损耗非常敏感	工作行为与职场被妒忌	张兰霞等，2021
情绪认知评价理论	人们在面对压力源时首先会调动认知系统评估压力源，进而做出相应的情绪反应、应对行为	工作情绪与职场被妒忌	黄庆等，2019；Lee et al.，2018

8.3 工作场所被妒忌的测量

基于上述工作场所被妒忌的概念和理论基础,学者主要采用以下两种方法来度量工作场所被妒忌,分别是量表测量法和情境诱发法。国内学者在研究中大多采用量表测量法,国外部分学者在研究时运用情境诱发法进行测度。这两种方法都包含了被妒忌的核心内容,即被妒忌的"妒忌物"(Scott et al., 2015; Van et al., 2010; 李方君等, 2020; 张兰霞等, 2021)。

8.3.1 量表测量法

被妒忌的测量采用Vecchio在2005年编制的量表。该量表是Vecchio在研究职场中妒忌心理时为了评估被别人妒忌的感觉专门开发的,该量表共包含3个题项,采用Likert七点计分,从1(完全不符合)到7(完全符合)计分,主要用于测量个体被妒忌的情绪体验。该量表的内部一致性系数为0.85。3个题项分别为

"我的同事有时会因为我在工作中取得成绩而感到反感""我的同事有时会因为我和领导工作关系很好而感到反感""有些同事妒忌我的成就"。Ng（2017）和Scott等（2015）在研究工作场所被妒忌与职场排斥的关系时均采用Vecchio（2005）的被妒忌量表，该量表信效度较好。我国学者张兰霞等（2021）在研究被妒忌与创新绩效的关系时也采用了Vecchio（2005）的被妒忌量表，同时为避免语义差异，对原有成熟量表进行了翻译—回译及问卷预测试，经过小规模预测试以及正式问卷发放，验证得知量表信效度良好。李方君等（2020）、黄庆等（2019）等学者在其研究中也采用了Vecchio（2005）的被妒忌量表进行被妒忌程度的测量。

8.3.2 情境诱发法

研究者首先通过使"被试拥有某些其他被试试图拥有但缺少的东西，比如奖励、成绩等"让被试人群进入被妒忌的情境，进而让他们回答与被妒忌相关的问题。例如，在Van de Ven等（2010）在对工作场所中被妒忌和亲社会行为间的关联展开研究时，通过3个实验来展开研究：实验1用来测试组织中明星员工、害怕被恶意妒忌的人是否更加乐于助人。利用由被试者回答困难的多项选择题来完成实验。在控制组，每个参与者都会获得5欧元奖金；在被妒忌小组，被试得知自己会得到5欧元奖金，而其同伴不会得到任何奖励。实验结果证明，和控制组相比，被妒忌组的被试者更担忧同伴的妒忌情绪，并且只有在他们预期会被恶意妒忌时才会产生更多的亲社会行为。实验2创造了一个被试很可能被恶意妒忌的情境，并测试他们是否真的变得更乐于助人。控制组所有人都会得到5欧元奖金，唯一的区别是，参与者知道他们在第一个任务中的得分比他们的同伴低1分。在善意妒忌组，告诉被试会得到5欧元奖励，并且告知他们在第一个任务中的得分比他们的同伴高1分；在恶意妒忌组，告诉被试会得到5欧元奖励，并且告知他们在第一个任务中的得分比他们的同伴低1分。结果证实是害怕被恶意妒忌促进了亲社会行为的增加。实验3用另一种衡量亲社会行为的方法验证了这一发现，再次证实被妒忌者是由于害怕被妒忌带来的消极影响而做出的亲社会行为，目的在于安抚妒忌者。本次实验进一步指出不公平情况、"贵族义务"以及被妒忌以外的情绪等也会影响到个体亲社会行为。Rodriguez等（2010）和Tai（2013）均是让被试阅读情境材料，前者的"妒忌物"为难得的实习机会，后者则是学校的优秀奖以及毕业典礼学生代表资格。让被试对情境的积极或消极反应做出评价，实验结果显示，这种方法可以有效引起被试的不同反应。

8.4

工作场所被妒忌的形成机制

8.4.1 自恋

自恋是一种具有强烈的自我肯定、强烈的心理优越感及低同理心的人格特质。自恋者倾向于认为自己比他人优秀（Roberts et al., 2013）。以往研究指出，自恋者对自我优越的渴望需要通过持续的社会互动来维持（Buffardi & Campbell, 2008），因此他们坚持从与他人的下行社会比较中体验积极影响（Bogart et al., 2004）。也就是说，高自恋个体倾向于通过主动的下行社会比较来增强被妒忌感知，进而增强自我价值评估。Treadway 等（2017）即根据自我评价维护理论，通过对美国一家国际连锁餐厅在职员工的调研发现，自恋者在内心深处认为自己比他人优越，他们为了使自我评价永远是积极的，会不断地通过下行社会比较来增强自己的被妒忌感知。不过，自恋与工作场所被妒忌之间存在一定的边界条件，如LMX可以调节自恋与工作场所被妒忌之间的关系。高LMX意味着个体与领导者的社会互动更频繁、更私人，这也会增强自恋者对自身地位的感知，为他们提供了强化自身优越感的机会。即LMX会调节自恋—被妒忌感知的关系，当LMX较高时，这种关系更强烈，较低时则恰恰相反。

自恋者的过度下行社会比较只是维持了他们希望维持的自我优越感，但忽略了他们对于自尊提升的重视，他们渴望被尊重，因此，过度下行社会比较导致社会交往的消失可能会威胁到自恋者过分膨胀的自我价值感的长期生存能力（Baumeister & Vohs，2001）。Mosquera等（2010）即通过情境测试验证，高自恋个体过度的下行社会比较会导致同事的厌烦与远离，自恋者人际圈的缩减可能会给其造成极大的威胁，这种威胁远超过自恋者陶醉于自身优越感所带来的短期稳定效果。也就是说，自恋者感知到被妒忌会带来焦虑、担忧的感受。Exline和Zell（2012）通过情境测验"超越他人反应测试"（the Test of Responses to Outperforming Others，TROO）来评估个体对超越他人的积极或消极情绪的反应，三项实验研究结果证实了在测试对优于他人的反应和涉及敌对挑衅情境的愤怒时，自恋的个体更容易产生积极情绪而非被威胁的感受，因为在自恋者眼中，他们自身有很多值得他人妒忌的地方。例如，在智力、个人魅力等方面，自恋者对自身的评价比对他人的评价更为积极和正面（Locke，2009）。Mosquera等（2010）在研究中也进一步指出，在个人主义文化中员工会因感到被妒忌而产生积极情绪。因此，不同的文化背景以及社会环境会给员工带来不同的认知及体验。

8.4.2 社会依赖

社会依赖是指个体过度倾向于取悦他人、赢得他人认可以及维持友好和谐的社会人际关系的态度。

Exline和Lobel(1999)认为,高社交依赖性的个人往往对组织关系和团队和谐度十分敏感,而优于他人很容易令其担心组织人际关系是否会受到影响。Exline等(2004)发现,社会依赖与公开其优异表现之间没有相关性,但是高社会依赖个体在优于他人时会更加关注他人的负面反应。Exline等(2012)根据STTUC模型提出社会依赖正向影响员工被妒忌感知。他们通过情境开发的方法引导被试回答相关问题,验证了高社会依赖个体对组织冲突和职场排斥的威胁情况极为敏感,会因担心自己和他人关系受到消极影响而对自己优异的表现感到苦恼。他们还通过回归分析验证了社会依赖的预测作用不能用其他个体差异因素做出更好的解释,如性别、大五人格、抑郁、自尊或社会可取性。综上所述,社会依赖是对表现优异的情况做出痛苦反应的典型预测因素。

8.4.3 工作绩效

人们总是倾向于通过上行社会比较来进行自我评价,并且这种社会比较一般发生于个人表层相似度较高且信息容易获取的同事间（赵金金等，2017）。Kim和Glomb（2014）提出在工作场所中员工绩效水平是引发社会比较的重要线索，取得良好工作业绩的个人很可能会成为他人妒忌的对象。苏淑芬等（2020）即根据社会比较理论，通过对332名企业员工进行问卷调查，实证检验了在组织中高绩效个体更容易成为他人的妒忌对象，进而产生被妒忌感知。

8.4.4 个别协议

个别协议（i-deals）是员工和管理者之间协商的非标准化的特殊工作安排。例如，组织赞助海外教育、特殊工作轮换机会、根据员工需求量身定制的脱产培训等（Rousseau et al.，2006）。Liao等（2016）指出，如果i-deals使职场社会关系紧张，可能会产生消极的影响。Ng（2017）根据公平理论提出接受个别协议正向影响被妒忌感知。当员工获得i-deals时，他们可能会因为拥有比其他人更有利的产出投入比而感到被妒忌。Ng在18个月内收集了我国香港接受过良好教育的医疗、教育、信息技术等不同职业的190名在职员工的分时段流动数据，采用多个结构模型验证了上述假设。不过，接受个别协议与工作场所被妒忌之间并不是简单的线性关系，见证同事个别协议可以调节接受个别协议与工作场所被妒忌之间的关系。见证同事个别协议（witnessing coworkers' i-deals）是指员工以旁观者的角度看到管理者给予同事特殊协议（Ng，2017）。对自己接受个别协议且见证了较多同事接受个别协议的员工而言，其自身接受个别协议与被妒忌感知之间的关系会减弱，而见证了较低水平同事个别协议的员工恰恰相反。也就是说，当员工看到其他同事也收到了个别协议，并非只有自己一人在享受这一特殊资源，自身被妒忌感知就会降低。

8.4.5 职场地位

组织中地位高的员工可能会获得他人更多的关注（Cohen & Zhou，1991），地位差异会对那些地位较低的个体构成威胁，容易引发他们的自卑或妒忌情绪。Liu等（2020）通过实证研究证实，被赋予较高职场地位的员工拥有与团队和组织成功相关的杰出属性和成就，也拥有更高的报酬和积极的绩效评估，极易引起同事的妒忌。因此，地位高的人很可能成为社会比较的对象，进而感知到被妒忌。

8.5 工作场所被妒忌的影响结果与反应机制

8.5.1 工作场所被妒忌影响工作态度

工作场所被妒忌通过矛盾性情绪体验对工作态度产生显著影响。Lee等（2018）根据情绪认知评价理论提出，员工被妒忌会通过积极情绪与工作投入正相关，通过消极情绪与工作投入负相关。黄庆等（2019）进一步研究指出，积极情绪部分中介被妒忌与工作投入间的负向关系，消极情绪完全中介被妒忌与工作投入间的负向关系。Vecchio（2005）首次提出被妒忌者比其他同事有更低的工作满意度。

我国学者苏淑芬（2020）基于社会比较理论深入研究了被妒忌与工作态度之间的作用机制，发现被妒忌感知导致员工更低的工作满意度并产生工作倦怠感，不过，工作场所被妒忌与工作满意度、工作倦怠之间并不是简单的线性关系，依恋取向在这种矛盾性体验中起调节作用。有学者依据依恋理论（Attachment Theory）（John，1944）研究提出，依恋焦虑取向的个人更在乎人际关系与组织归属感，当遭到同事妒忌时更容易陷入负面情绪中并产生工作倦怠感；反之，依恋回避取向的个人会尽量避免情绪与关系的影响，更倾向于因自身工作目标的实现而感到满意，所以其被妒忌时也会产生工作满意。

STUCC理论表明，被作为向上社会比较目标的个体可能想要离开发生社会比较的环境，以减少不适（Exline & Lobel，1999）。Scott等（2015）也通过实验检验了遭受职场排斥的员工会因被妒忌感知而产生较高的离职倾向，即向上社会比较目标的个体会产生离开组织的愿望。职场排斥会使得员工对自己的优越地位感到不安，因而可能会选择避免或减少这种情况。

8.5.2 工作场所被妒忌影响工作行为

工作场所被妒忌从以下几个方面影响员工工作行为。

第一，工作场所被妒忌影响员工亲社会行为。工作场所中员工亲社会行为是指员工职责外资源实施的旨在促进或保护同事、组织、团队福祉的工作外行为（Bolino & Granta，2016）。根据STTUC模型，优势个体会努力通过社会支持行为削减他人的敌对情绪（Exline & Lobel，1999）。Parrott和Rodriguez（2008）研究发现，被妒忌感知使得员工担忧他人会做出破坏行为，因而会更加关注对自身人际关系的维护和发展，更倾向于帮助、鼓励他人，向他人示好，等等。Van等（2010）进一步指出，工作场所被妒忌正向影响员工亲社会行为。他们通过三个实验证实了处于优势地位的被妒忌者更有可能做出亲社会行为，然而这一行为的发生有一个前提——只有当这种被妒忌是恶意的而不是善意的时候，员工亲社会行为才会增加。也就是说，所处境况较好的个体一般不会增加对他人的帮助行为，只有处于被恶意妒忌这种较差境况的个体才会增加对妒忌者的帮助行为，以减少妒忌者的潜在破坏行为，从而改善自身处境，这是一种"绥靖策略"，即亲社会行为只是被妒忌者为保护自己采取的一种旨在平息恶意妒忌的策略。Scott等（2015）通过实证检验指出，当个体感知到被妒忌后，为了提升自己的组织形象以及维护与同事的关系，他们会更多地实施组织公民行为。

第二，工作场所被妒忌影响员工逢迎行为。逢迎行为是指个体试图让他人对自己形成较好的印象而采取的一系列尝试（Wortman & Linsenmeier，1977）。STTUC模型的研究表明，优势个体很可能通过讨好行为或者社会支持等一系列社会重新连接行为来缓解他人的妒忌情绪（Exline et al.，1999；Van et al.，2010）。Scott等（2015）根据归属需求理论（Baumeister et al.，1995）和威胁性向上比较（STTUC）理论，认为员工被妒忌感知会诱发员工逢迎行为。个体对于群体保有归属需求，个体如果担心成为被妒忌对象会给自己带来负面影响，很可能会专注于组织人际关系的维护与发展。Parrott等（2008）也提出，被妒忌者重视组织间人际关系的修复，他们通常会通过"恭维、表达鼓励他人的言语"来进行关系维护。

第三，工作场所被妒忌影响员工隐藏行为（自我贬损）。Foster等（1972）认为，当被妒忌者意识到自身存在对妒忌者的潜在伤害和威胁时会感到忧虑和恐惧,这些不良情绪促使其考虑采取隐藏、否认、象征性分享和真正分享来消除他人的妒忌情绪,缓解自身的不适。Parrott和Rodriguez(2008)也证实了隐藏优势是避免被妒忌导致的负面后果的可能策略,淡化自身优势、自我优势贬损等隐藏行为一定程度上能够避开妒忌者的"红眼"。Henaga和Bedeian(2009)根据自我调节理论(Self-regulation Theory)提出,当个体成为他人向上社会比较的对象时,为了保持良好的组织人际关系,他们会选择做出谦虚的自我表现,回避个人成就和社会动机不良成就(有目的性地不成功),以适当地掩饰和淡化自己的成功。这种适度的自我负面展示是一种缓解因他人对自身成就的消极反应而产生的担忧的方法。Zell和Exline(2010)根据威胁性向上比较(STTUC)理论提出,员工被妒忌正向预测自我贬损行为。他们通过情境模拟实验,证实了被妒忌者自嘲、谦虚、自我贬低的行为会让其他人将其成功更多地归因于运气而非实力,这会提高他们对自己工作表现的满意程度,但并未提高其他人对被妒忌者的积极评价。这可能是因为被妒忌者相信其他人认为自己的成就具有威胁性,是一种自大的行为,当被妒忌者认为自己具有威胁性时,其他人不愿意同他们进行互动(Menon & Thompson,2007)。隐藏行为是需要付出代价的,如导致优势员工的优势消失。如果需要付出的代价太大,或者自身优势难以隐藏,被妒忌者可能会采取其他应对策略(Van et al.,2010)。

第四,工作场所被妒忌影响知识隐藏。Connelly等(2012)研究表明,在存储和保护信息的个体中,知识隐藏发生得更加频繁。学者Yu和Duffy(2017)在其研究中认为,被妒忌者会认为自己有责任与义务同妒忌者进行知识、技能和资源的分享；但Liu等（2020）提出被妒忌感知正向预测知识隐藏行为，以维持甚至强化他人对自己的妒忌情绪。这是由于员工所拥有的他人求而不得的优势是员工在组织中保持领先地位的关键，组织激烈敌对的竞争环境也需要员工具有独特的优势。另外，妒忌者的消极反应或负面行为使得妒忌者变得更加自私，这也强化了知识隐藏行为。Ng（2017）也指出，被妒忌感知与组织竞争氛围呈正相关关系。具体而言，被妒忌者感知到同事敌意可能是因为同事低估了自身为获得资源所付出的努力，这种强烈的竞争氛围可能会阻碍员工间关系的建立和维护，也意味着会促进员工知识隐藏行为。

第五，工作场所被妒忌影响工作绩效。尽管被妒忌往往意味着更高的社会地位以及更多的社会资源，但以往研究发现，被妒忌感知可能会对员工产生消极的影响（Exline & Lobel，1999）。Treadway等（2017）即通过对美国一家国际连锁餐厅在职员工的调研发现，被妒忌感知负向预测工作绩效。张兰霞等（2021）根据资源保存理论深入研究发现，员工被妒忌感知会通过双重链式路径影响员工创新绩效。创新绩效分为创新过程和创新结果两部分，包含创新想法产生、实施的整个过程，是员工在组织中产生的一切新颖、行之有效的工作产出之和。根据资源螺旋增益的观点，当被妒忌感知激发员工的积极情绪时，员工会更关注组织发展，进而提高其创新绩效；根据资源螺旋丧失的观点，当员工被妒忌感知激发消极情感时，为保护自身资源，员工创新绩效会随之降低。

第六，工作场所被妒忌影响共享奖励。Baron（1984）研究指出，收到他人赠予的礼物会增加人们对送礼者的好感，但是那些共享奖励的人往往被认为具有较高的社会地位（Flynn et al., 2006），奖励分享可能会被理解为一种炫耀或权力的行使。已有学者研究发现，人们有时会对从他人那里得到的奖励产生矛盾的反应（Exline & Fisher, 2005）。Zell 和 Exline（2010）根据威胁性向上比较（STTUC）理论，通过情境实验证实，从优于自己的人那里获得分享奖励的邀请，可能会让个体产生对被妒忌者的积极感觉以及对自身表现的消极感觉，进而缓解紧张的人际关系。

第七，工作场所被妒忌影响炫耀。Foster 等（1972）认为，被他人妒忌可以使个体提高自身优越性，增加积极的自我评价，因此被妒忌者便会主动向妒忌者明示或者暗示个人成就。Rodriguez 等（2010）的研究内容是个体面对被妒忌时的反应以及被妒忌产生的影响，研究对象是欧裔美国学生和西班牙学生，研究结果证实了个体会通过吹嘘或炫耀来强化他人的妒忌。

8.5.3 工作场所被妒忌的矛盾性情绪体验的中介机制

尽管员工卓越的工作表现或较高的职场地位会给其带来愉悦感（Taylor et al., 1989），但其他研究也提出了不同的观点。Exline 和 Lobel（1999）指出，当员工意识到自己的出色表现或许会伤害到他人，抑或伤害到自己与他人的关系时，出色表现带来的愉悦感就会被削弱。Tesser（1988）、Henagan（2010）的相关研究也支持了这一观点，并揭示了被试通常会因为他们所感知的优越地位而感到焦虑、压力、情绪不适甚至是抑郁。因此，被妒忌感知往往会给员工带来矛盾性情绪体验。

目前，矛盾性情绪体验被证实为连接工作场所被妒忌与员工工作状态、工作行为以及工作绩效的重要中介机制。Lee等（2018）根据情绪认知评价理论指出，员工因为感知到被同事妒忌而产生矛盾性情绪体验（积极情绪和消极情绪），并且这种情绪体验在工作场所被妒忌与员工工作投入、工作绩效之间发挥中介作用。这是由于被妒忌的员工对于被妒忌的认知不同所导致。被激励的员工会将被妒忌视为对自身地位与优势的认可，进而产生积极情绪，促进工作投入并提高工作绩效；而被威胁的员工会将被妒忌视作不利的体验，进而产生消极情绪，这些消极的情绪体验反过来又不利于员工的工作投入以及一系列的绩效结果。

此外，张兰霞等（2021）还基于工作要求—资源模型进一步研究了被妒忌在个人情感、工作行为双重中介因素影响下产生的链式效应机制，证明了员工的被妒忌感知通过积极的工作态度、建言行为正向影响员工提高创新业绩，也通过消极态度、沉默行为等负向影响员工创造业绩。综上所述，员工的被妒忌感知也会通过矛盾性情绪体验影响员工的工作状态、工作活动和工作业绩（刘得格等，2018）。

8.5.4　工作场所被妒忌影响效应的调节机制

工作场所被妒忌的影响效应受到以下调节机制的作用。

第一，核心自我评价的调节影响。黄庆等（2019）根据情绪认知评价理论在此研究的基础上进一步指出，核心自我评价在个体被妒忌、矛盾性情绪体验之间起调节作用，即核心自我评价水平高的员工心理资源丰富，会将被妒忌视作一种挑战，以积极的心态应对，进而导致工作投入的增加；核心自我评价水平低的员工则恰恰相反。

第二，年龄的调节影响。需要补充的是，工作场所被妒忌与员工的情绪反应间可能并不是简单的线性关系，而可能存在一些边界条件的影响，如年龄在工作场所被妒忌、情绪反应之间起调节作用。李方君等（2020）根据社会比较理论实证检验了年龄差异对于工作场所被妒忌引发的情绪反应的影响。结果证实，相对年轻的员工拥有更大的职业抱负及组织地位需求，被妒忌感知更可能会带给他们自我肯定感和优越感，恰好满足了员工对组织地位的渴望，进而被妒忌诱发的积极情绪较强；而相对年长的员工更倾向于保持安稳的状态，会尽可能地避免组织冲突，一旦感知到被他人妒忌，就可能引起不安、恐惧等负面的情绪体验。

工作场所被妒忌的影响因素及其应对策略如图8-1所示。

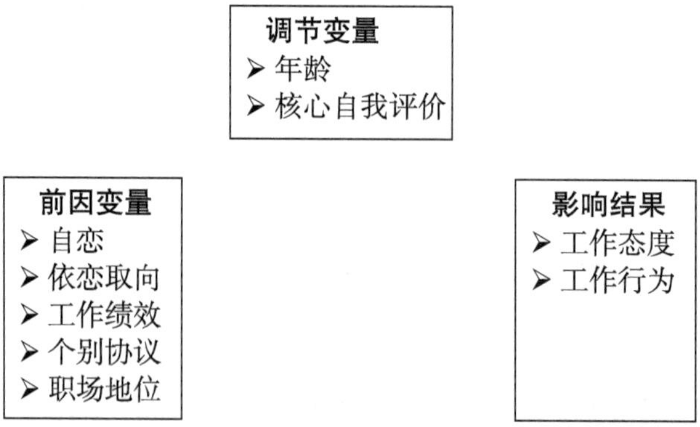

调节变量
- 年龄
- 核心自我评价

前因变量
- 自恋
- 依恋取向
- 工作绩效
- 个别协议
- 职场地位

影响结果
- 工作态度
- 工作行为

图8-1　工作场所被妒忌的影响因素及其应对策略

8.6 结论、启示与展望

8.6.1 研究结论

通过前文对工作场所被妒忌相关研究的脉络梳理不难看出，近年来，国内外学者对于被妒忌展开了积极的探索，但整体而言成果还较为匮乏。本研究从工作场所被妒忌的概念内涵、理论支撑、作用机制等多个方面的研究现状和发展动态进行了整合梳理，得出如下结论。

第一，工作场所被妒忌是一个独立的概念，是一种成为他人妒忌目标的感知（Vecchio，2005），是一种对外界的认知，而非单单是"妒忌"的反面。虽然工作场所被妒忌与职场排斥、工作场所被嫉妒等概念有部分重合，但其更强调一种被动的消极感知。已有文献验证了工作场所被妒忌与职场排斥是一种正向/反向皆成立的因果关系（Scott et al.，2015），因而工作场所被妒忌与职场排斥、被嫉妒均存在明显差异。

第二，工作场所被妒忌的测量多采用量表测量法，目前均采用 Vecchio（2005）开发的用于评估被他人妒忌感知的测量量表。该量表被国内外众多学者所采纳，国内学者经过翻译—回译以及问卷预测试所得量表信效度也较为良好，也有部分学者采用情境诱发法来进行测量。

第三，工作场所被妒忌的前因研究主要集中在个体层面，高自恋水平、高社会依赖、高职场地位等很容易让员工感知到被妒忌。工作场所被妒忌感知的影响结果主要集中在员工工作态度与工作行为两个方面，并且已有学者研究发现被妒忌会引起一种矛盾性情绪体验（刘得格等，2018），因而被妒忌对工作行为的影响可能是在个体情绪的中介作用下产生的。

第四，工作场所被妒忌感知具有"双刃剑"效应。工作场所被妒忌感知使得员工不得不采取措施以应对。员工可能会采取弱化策略来缓解他人妒忌情绪（Van et al.，2010），也可能会采取强化策略进一步提高自身需求（Ng，2017）。总而言之，工作场所被妒忌导致采取弱化策略的可能性较大，因为我国集体主义观念较强，员工对于人际关系极为重视，也就更偏向于维护良好的人际关系。

8.6.2 管理启示

工作场所被妒忌会显著影响员工的认知、情绪、行为、态度和绩效，因此工作场所被妒忌研究对组织发展及员工管理具有重要意义。

1. 基于被妒忌者视角的主动应对策略

张兰霞等（2021）提出应当帮助员工理性地看待被妒忌，引导和鼓励员工产生积极情感，培养和增强员工的自信心。黄庆等（2019）发现，个体的核心自我评价影响其面对工作场所被妒忌时的反应，具体来说，当个体的核心自我评价水平较高的时候，在面对被妒忌情境时可以以更为积极的心态来看待，因而反应更为积极，如工作投入更多。基于此引导被妒忌者正视职场中的被妒忌，提升其核心自我评价水平将有利于维持被妒忌者的积极表现。

2. 基于组织视角的主动管理策略

和谐的职场生态环境是员工和睦相处的关键，因而组织应当提倡和谐互助、积极友好的企业文化（黄庆等，2019），但组织中的被妒忌是极难避免的。从现有实证研究结论可以发现，工作场所被妒忌对员工的正面影响远不及其负面影响，这警示企业应重视员工被妒忌感知，并加强对员工被妒忌感知的干预。首先，企业可以通过制定零容忍人际伤害制度，让被妒忌者免受威胁与忧虑，可以通过提供一个独立于薪酬和晋升评价的发展性绩效考核制度来增强员工对独特性的感知。发展性评价侧重于个人进步，而不是与群体标准的比较，能够让员工将注意力更多放在自身发展上。已有证据表明，对于自主性需求较低的员工，发展性评价的感知效用提高了他们的绩效（Kuvaas，2007）。企业也可以通过设置跨职能团队来减少社会比较，因为若下属执行的任务从本质上不同，就很难引起社会比较（Lee，2018；Liu et al.，

2020；张兰霞等，2021；Treadway et al.，2017）。其次，企业应当及时发现员工因被妒忌而产生的消极情绪并采取积极的干预措施，如采取疏导谈心、心理援助等方式来缓解员工情绪，提高员工的情绪调节能力以及压力应对能力（黄庆等，2019；张兰霞等，2021；Lee，2018），并对职场妒忌进行干预，通过集中的小组讨论、奖励实践、培训方案等方式尽可能减少妒忌者带给被妒忌者的负面感知（Scott et al.，2015）。再次，实施个性化契约管理。Ng（2017）提出一个管理者普遍忽视的关于个别协议的问题：尽管个别协议可以激发员工积极的工作态度，但使用个别协议有什么潜在的心理社会后果？虽然员工可能会向上级谈论资源分配的不公平，但更微妙的负面情绪如妒忌情绪很难明确表达出来。因此，管理者需要对个别协议的成本和收益进行更加均衡的分析，尤其是对年轻、受过教育的员工给予/不给予个别协议进行考量。最后，被妒忌如果导致被妒忌者采取强化策略方式应对对于组织而言极为不利，因此，管理者可以通过让被妒忌者参与到领导者角色中来增强其对组织的责任感与使命感，激发更多对组织有利的行为。

3.基于管理者视角的领导—成员关系管理

Treadway（2017）研究发现，LMX会调节员工自恋与员工被妒忌感知之间的关系。这也就意味着，管理者需要妥当平衡好高质量LMX与组织内部妒忌感的关系。在这里，寻找减少关系丧失威胁的替代办法至关重要，如加强任务相互依存，分配项目领导者角色，或加强成员之间的联系和举办团队建设活动。另外，将自恋者置于跨职能团队中会减少社会比较，进而减少其被妒忌感知。

8.6.3 未来研究展望

关于工作场所中被妒忌研究，未来可以从以下几个方面展开。

第一，被妒忌的可能影响效应及内在机制研究拓展。Scott等（2015）在研究中提出，在职场排斥这一前因变量的影响下，员工会产生被妒忌感知。其主要研究目的在于了解员工被排斥时的知觉反应，但是其反向因果关系模型也是合理的，即员工被同事妒忌，然后被同事排除在外。另外，未来研究需要继续加强对于工作场所被妒忌可能引发的对立矛盾性反应的具体机制的探讨。正如黄庆等（2019）所提出的，被妒忌员工会经历两种完全相反的体验，他们在其研究中未对被妒忌与工作投入的关系进行假设，并指出在以后的研究中，可以进一步考虑工作场所被妒忌对工作投入的影响。此外，未来研究需要进一步探索被妒忌者所体验到的积极情绪的具体形式。在Lee等（2018）的研究中，积极情绪在员工被妒忌、工作投入与工作绩效之间的正向中介作用未得到验证，可能是由于调查问卷中对因被妒忌产生的积极情绪用"骄傲"一词来描述，描述得不够准确。未来可以探索被妒忌者的其他积极情绪，如喜悦、感激等，进而证明积极情绪的正向中介作用。

第二，被妒忌影响效应的可能边界条件研究。Zell等（2010）将被妒忌者采取的应对措施如自我贬损和共享奖励称为"绥靖策略"，这是基于被妒忌者认为自己比别人表现得更好，尤其是当被妒忌者认为对方会因为"妒忌物"差异而感到受威胁时，安抚才真正发挥作用，但在日常生活中，被妒忌者有时会错误判断他人是否感到受威胁，是否需要安抚。因此，未来研究中，将妒忌者所经历的威胁程度作为调节因素进行探究是有意义且富有成效的。不难想象，一个不需要被安抚的人会被不必要的安抚企图激怒，另外，如果一个人感受到严重威胁，也可能会降低其对安抚尝试的接受能力，又或者不管妒忌者是否感到受威胁，这些"绥靖策略"对他们而言都无太大差异，这些在未来研究中都可以进一步探索。Treadway（2017）进行实证研究的数据收集自北美，该地区属于个人主义较强的文化背景下。与个人主义环境下的员工相比，集体主义环境下的员工似乎很少从被他人妒忌中获得个人自信，因而学者预测在集体主义文化中，员工的自恋会导致被妒忌，然后导致更显著的工作绩效下滑。可见，未来可以探讨不同文化背景下自恋的可能调节影响作用。

第三，被妒忌的应对策略研究。在Zell等（2010）的情境实验中，被妒忌者是通过礼物分享来提高妒忌者对其的积极评价。目前也有研究发现，获得部分奖金也会让人们对表现优于自己的人更有好感。那么，其他形式的利他主义、赠予或帮助赠予是否会产生类似于分享奖品所产生的结果？在其他条件相同的情况下，接受礼物是否会降低接受者的自我评价？这些问题还有待深入研讨。

第四，细化被妒忌维度，检验被妒忌不同维度的差异性影响。未来研究需要进一步区分员工被妒忌的内容。正如李方君等（2020）所指出的，在测量和操作被妒忌感知时，可以考虑对被妒忌的内容进行区分（关系、绩效抑或奖金）。不同的员工对不同的内容，感受差异可能很大。因此，导致被妒忌的原因可能是不同的。未来的研究可以探究工作场所被妒忌的具体诱因，尤其是高工作绩效的影响。当个体由于更高的工作绩效被妒忌时，被妒忌对员工敬业度的影响可能会增强。Lee（2018）的研究更关注被妒忌的影响结果。未来的研究可以聚焦于被妒忌的具体触发因素，包括工作绩效，并且可以进一步检验不同维度的被妒忌的不同影响机制。

第五，基于动态视角的被妒忌发展影响。未来的研究可以进一步考察妒忌者和被妒忌者之间的关系是如何随着时间的推移而发展的。一方面，当被妒忌的员工表现出绩效下降的时候，妒忌者可能会感到快乐。另一方面，妒忌者可能试图通过向被妒忌者伸出援手来缓和内疚感。未来的研究需要通过收集多个事件的并列数据来进一步探讨"人际交互影响"。

第六，被妒忌的影响因素研究。在未来研究方向上，Liu等（2020）提出自我构建会影响员工的行为反应，依靠个人的自我构建会进一步加深员工的被妒忌感知，从而导致知识隐藏行为更甚。因此，未来可以考虑进行自我构建对被妒忌的影响机制的探究。

9
PART

中国文化背景下员工被妒忌感知对工作绩效的作用机制研究

组织中的妒忌与被妒忌及其管理

职场中被妒忌是工作中非常普遍的现象，以往研究主要聚焦于职场中妒忌的妒忌者角度，未能对员工被妒忌感知的影响给予足够的关注。本研究依据资源保存理论及中国文化背景下的特殊性，对500份调查问卷进行实证研究。研究结果表明，积极情绪部分中介了被妒忌与工作绩效间的关系；消极情绪部分中介了被妒忌与工作绩效间的关系；同事关系质量在被妒忌和积极情绪的中介路径中起调节作用，具体表现为员工关系质量越高的被妒忌员工越会通过产生积极情绪来提高工作绩效。

9.1 引言

妒忌包含妒忌者、被妒忌者和妒忌物三个要素（张宝山，康茜，黄潇潇，等，2018）。以往关于妒忌的研究多是从妒忌者的角度出发，研究妒忌心理对妒忌者的工作行为和绩效的影响。随着职场中妒忌问题的日渐突出，越来越多的学者开始关注员工被妒忌感知的影响作用，但目前关于被妒忌者的研究相对较少。将职场中妒忌视为基于被妒忌者视角探讨在被他人妒忌时产生的对被妒忌者工作行为影响的研究较为匮乏。我国文化背景下员工被妒忌感知的影响效应相关的实证研究仍显不足，只有少数研究从被妒忌者视角出发对此进行了实证检验。因此，本研究关注的是我国文化背景下职场中的员工被妒忌感知的影响作用。

从已有文献来看，被妒忌感知是指当个体拥有他人缺乏的卓越品质、成就或能力等这些特质时产生的他人妒忌自己的感知（Scott et al., 2015；Yu et al., 2018）。苏淑芬（2020）指出，被妒忌的体验导致员工产生更差的工作满意度和更多的工作倦怠感，依恋取向在这种矛盾性情绪体验中起到调节作用。张兰霞等人（2021）提出，由于个体差异性，被妒忌者产生的被妒忌感知既能引发消极情绪，也会引发积极情绪，从而对员工的行为选择和工作绩效产生影响。员工被妒忌感知将给员工带来矛盾性情绪体验，由于个体之间存在很大的差异，员工在被妒忌时如何进行解释还取决于自身在公司中的地位和人际关系等因素，因而会有不同的工作绩效表现（Mosquera，2010）。因此，有必要探究职场中被妒忌引发的情感反应，情感反应在职场中妒忌与工作绩效之间扮演什么角色，以及不同的被妒忌者产生不同的情感反应及行为表现的原因（Lee et al., 2018）。考虑到当今社会职场中被妒忌越发普遍，开展与员工被妒忌感知影响效应相关的实证探索具有一定的现实基础和理论意义。

在复杂的社会网络中，个体不可避免地会与他人形成各种社会关系。社会关系中包含职场人际关系，而同事人际关系是其职场人际关系的一个重要组成部分。同事关系主要体现在同事间的人际沟通（任敏，2009）。在中国文化背景下同事之间也分为"圈内人"与"圈外人"，同事关系质量好常常被看作"圈内人"，与"圈内人"相处的模式类似。因此，本研究引入同事关系质量作为调节变量，深入剖析中国文化背景下被妒忌者面对职场中妒忌时产生的情绪反应与行为表现，以此来解释被妒忌感知与工作绩效之间的作用机制。将工作绩效作为因变量，通过探讨积极情绪和消极情绪的中介作用和同事关系质量的调节作用，来揭示被妒忌感知对工作绩效的影响机制。同事关系质量可能会影响同事被妒忌感知与员工工作绩效之间的关系。不过，这还需要做进一步的实证检验。

以资源为基点，Hobfoll（2011）认为个体倾向于对资源进行获取、保存和维持，不同的资源处理动机使得员工的情绪反应和工作行为存在差异。资源保存理论指出，遭受资源损失的个体会针对性地投资新资源以试图脱离损失状态（Hobfoll，2002；Halbesleben et al.，2014；Hobfoll et al.，2018）。根据资源保存理论，当个体面对被他人妒忌的情境时会进入认知评价过程，分析该事件会导致个人资源的增加还是消耗，而关于资源得失的分析将进一步影响个体，比如使个体幸福感增强或减弱（Hobfoll，1989；Koopman & Scott，2016）。

综上所述，本研究依据资源保存理论及中国文化背景的特殊性，选取积极情绪和消极情绪为中介变量，以同事人际关系作为调节变量，构建员工被妒忌感知影响工作绩效的中介效应模型，揭示员工被妒忌感知对工作绩效的影响及内在作用机制。一方面，被妒忌意味着个体在社会比较中处于上行位置或拥有好的资源，关系质量好的员工会因此产生积极的自我评价，唤起其自豪感、优越感和成就感，对工作绩效表现产生正向影响作用。另一方面，关系质量较差的员工处于资源劣势，他们可能会因担心妒忌者采取破坏行为而产生恐惧和焦虑情绪，对工作绩效表现产生负向影响作用。本研究的理论贡献主要表现在以下三个方面：第一，本文从被妒忌者视角出发，结合我国文化背景下员工被妒忌感知进行研究，并研究了被妒忌感知对员工情感及其工作绩效的影响，促进了社会比较理论和妒忌理论的研究发展，以及对关于职场背景下员工被妒忌感知影响效应更全面的理解。第二，本文基于资源保存理论，试图构建被妒忌感知影响工作绩效的二元机制，通过实证研究探讨被妒忌者的情绪反应以及后续工作绩效表现的选择，以丰富被妒忌者视角下职场妒忌影响效应机制的理论基础。本文分别从资源收益视角和资源损失视角出发，分析被妒忌者面对职场妒忌时产生的积极情绪和消极情绪这两种矛盾性情绪体验。通过整合积极情绪和消极情绪两种相对应的路径，引入同事关系质量这一调节变量，来解释被妒忌感知与工作绩效之间的作用机制，为员工感知被妒忌后的行为选择提供合理解释。第三，引入同事关系质量作为调节变量，来解释被妒忌感知与工作绩效之间的作用机制，员工人际关系质量的高低促进或阻碍其积极行为表现，最终表现为自身工作绩效的高低。个体在组织中人际关系是否和谐，与自身工作意愿高低也有关联。总的来说，本研究为员工感知被妒忌后的工作绩效表现提供合理解释并拓展了个体面对被妒忌产生的差异性表现的可能边界条件的理论认识。

9.2
理论基础与研究假设

9.2.1 被妒忌的概念界定

结合以往学者关于被妒忌的相关研究,对被妒忌的特点进行总结:首先,被妒忌的个体在特定对象上拥有相对于同事的优势,而这种优势是同事不存在且希望拥有的,这些优势可能是资源优势地位、晋升机会、较强的工作能力(Rodriguez et al., 2010;Puranik et al., 2019)。其次,被妒忌是一种感知,来源于个体在与其相关且相似的领域或方面与他人进行向上社会比较而产生的一种优越感,并不等同于他人真实的妒忌,所以存在个体差异(Rodriguez, 2010;Yu & Duffy, 2017)。最后,即便是在分析他人的行为时产生的被妒忌感知,也需要以在与行为实施者之间的比较中发现自身优势为前提。

被妒忌的相关研究始于Vecchio(2005),其将被妒忌感知定义为个体在工作生活中成为他人向上社会比较的对象,当他们意识到自己拥有他人缺乏的卓越品质、成就或能力时,感知到他人产生的妒忌心理（Scott et al.，2015；Yu et al.，2018）。

综上所述，本研究采用 Liu（2019）提出的被妒忌的定义，即被妒忌是一种感知，员工被妒忌感知是员工对自己被他人妒忌的一种认知评价，也是职场中的人际压力，存在个体差异性（Liu et al.，2019）。

9.2.2 被妒忌、积极情绪与工作绩效

资源保存理论的假设条件是"个体倾向于积极保存并获取那些对自身有益的资源。当这些资源潜在或实际遭受损失时，人们会主观上认为对自身造成了威胁，因此倾向于努力保存既得资源，减少损失"（Hobfoll，1989）。

情绪反应会影响后续的行为表现。对大多数员工而言，被妒忌的积极体验会让员工受到鼓励并继续追求工作目标。比如，王祯等人（2015）发现，正向情感能激发员工的工作激情，从而促进其工作投入。郭小艳等人也发现，积极情绪能够使个体转向一种积极的精神状态，并在这种状态下投入工作。另外，积极情绪也是员工保持工作状态的一种重要心理资源。

Parrott、Rodriguez 和 Mosquera（2008）在其研究中发现，认为自己被他人妒忌的个体会产生优越感、成就感和满意度。他人的妒忌是对个体努力的一种认可，使得被妒忌者确认自身的价值并提升自尊，进而获得积极的情绪体验。积极情绪是由积极的自我评价产生的（Tangney & Fischer，1995）。个体在获得积极的反

馈后，被妒忌者可能产生积极情绪。因此，被妒忌感知可能引发一种积极情绪。

在工作场所中，被妒忌的员工可能会认为同事的妒忌是在传达一种积极的社会信息，即自己拥有别人求而不得的某种优势，比如优越地位、晋升机会、较强的能力（Rodriguez et al., 2010; Puranik et al., 2019）。这种正向反馈满足了其自我提升的需求，从而引发积极情绪（Lee et al., 2018）。在组织行为学领域，Scott 等人（2015）的研究也表明，当员工感知到他人妒忌时，会实施一定的组织公民行为，因为其感受到了他人对自己的积极肯定。

积极情绪可能是个体在被妒忌后由于得到他人的肯定以及自身相对于他人更具优势时产生的一种正向的情绪反应。基于资源保存理论，把成就归因于个人努力时，个人体会到资源的增加，会产生一种主观的、积极的情绪体验，从而产生积极的行为选择（Tracy & Robins, 2007）。

积极情绪作为一种中介变量，以积极的心态来看待被妒忌。被妒忌员工将积极情绪化为行动，"化压力为动力"，对提高员工工作绩效具有重要的意义，而工作绩效是指员工在工作中所取得的成绩。员工的工作绩效分为任务绩效和周边绩效。

积极情绪鼓励个体与他人分享自己的成功，增强其对未来取得更大成就的渴求（Fredrickson, 2001）。正是因为积极情绪具有使人愉悦的特性，个体愿意去强化它，这使得员工有动力去追求未来的成就（Damian & Robins, 2013）。Gilchrist 等人（2018）发现积极情绪还能帮助个体积累心理资源（决心），进一步证实了积极情绪作为一种情绪资源，可以产生自有资源增量。根据资源保存理论，当个体初始资源相对较多时，不仅会维持和保存现有资源，而且有能力通过资源投资进一步从外界获取资源，竭力培育资源增值螺旋（Hobfoll，2011）。挑战型组织公民行为具有一定的风险性和挑战性，个体在实施过程中需要付出时间和精力等资源（Bolino & Turnley，2005），但是管理者倾向于将员工的挑战型组织公民行为作为工作绩效的重要组成部分（Lepine & Van Dyne，1998），从事挑战型组织公民行为的员工可以获得更高的管理者绩效评价（Van Dyne & Lepine，1998），以及更多的奖励和晋升机会（Van Scott et al.，2000）。因此，从事挑战型组织公民行为在消耗个体资源的同时，也会为个体带来其他资源。那么，拥有积极情绪的员工，其本身拥有相对较多的资源，为了维持和拓展自身资源，更乐于且能够付出部分代价来实施挑战型组织公民行为以期获得更多的成就。Fritz和Sonnentag（2009）研究发现，个体的积极情绪体验可以正向影响其工作绩效。因此，本研究将采用积极情感和消极情感作为员工感知到被妒忌后产生的情感反应，进一步探讨对后续工作绩效的影响。本研究认为，员工在产生真实自豪感后，会想要从事挑战型组织公民行为以获取更多的资源，从而正向影响其工作绩效。综上所述，本研究提出以下假设。

H1：员工被妒忌感知通过积极情绪的中介作用正向影响工作绩效。

9.2.3 被妒忌、消极情绪与工作绩效

根据社会信息加工理论（Social Information Processing Theory）（Salancik & Pfeffer，1978），对被妒忌的感知应该会影响员工对其工作环境的思考和感受。被妒忌为员工提供了一个情境线索，即同事被妒忌传达了负面的社会信息，可能会威胁到他们与同事的关系（Lee et al.，2018），归属感的威胁会使个体失去与他人的维系感，从而产生消极情绪。郭小艳等人也发现消极情绪能够使个体转向一种消极的精神状态，放弃工作目标回到自身安全圈进行躲避，并在这种状态下投入工作。作为消极情绪反应的一种，体现在现实生活中，自身某方面具有能力被他人妒忌，自身感觉是一种挫折，从而不愿意面对。

消极情绪通常是指个体的一种痛苦的或消极的社交体验，并因此产生消极行为反应，如非伦理行为、社会破坏行为、反生产行为等（张兰霞等，2021）。妒忌者可能因为他人某方面优于自己而产生负面行为，而妒忌者的负面行为阻碍了个体的关系目标的实现和维持，往往伴随着焦虑情绪的出现（Abbey，Abramis & Caplan，1985；Gant et al.，1993）。一方面，成为同事的妒忌对象可能会遭遇对方破坏合作、恶意报复等行为，这些敌对行为可能会损害他们的社会关系（Cohen-Charash & Mueller，2007；Duffy et al.，2012），并且阻碍了他们"相处"的目标。另一方面，排斥行为拉大了员工与其他成员的物理距离和心理距离，这

会使重视归属需求的员工对关系目标的实现感到无望，使其陷入困顿、恐慌（Lee et al., 2018）。员工将被妒忌看作对他们与同事之间关系的一种潜在威胁，进而产生消极情绪（Lee et al., 2018），而当对未来感到不确定或预感到存在威胁时，个体主观上会产生焦虑感（Bekker, 2003）。因此，被妒忌作为一种潜在的威胁会引发员工的消极情绪。

当被妒忌者将压力源视为威胁的时候，往往会消极预判自己的能力，从而产生消极情绪。对于个体来说，当个体试图采取措施弱化他人的妒忌时，会产生力图逃离焦虑的消极情绪（Marks & Nesse, 1994）。资源保存理论提出，个体必须进一步投入资源以避免资源继续损失或从损失中恢复（Hobfoll, 2011）。一方面，被他人妒忌的个体感觉到基本的尊重、归属需求受到威胁，同时伴随着心理资源的损失，资源的损失使个体更可能体验到消极情绪，在如何使用其资源方面变得更具防御性。为了避免资源的进一步损失，甚至是对资源进行修复，个体会选择顺从型组织公民行为，在团队中慷慨地行事可以帮助他们赢得团队成员的认可，获得良好的声誉，加强与他人的联系（Scott et al., 2015）。另一方面，虽然个体需要花费时间和精力来处理工作场所被妒忌的问题，且对被妒忌的担忧需要个体消耗资源来进行自我调节（Yu & Duffy, 2017），但组织公民行为（互惠）的实施可以为员工带来短期资源，从而维持自身资源平衡（Halbesleben & Bowler, 2007）。据此，本研究认为，员工经历消极情绪后，会主动或被动地减少对工作的投入，可能会负向影响工作绩效来缓解资源损失。基于此，本研究提出如下假设。

H2：员工被妒忌感知通过消极情绪的中介作用负向影响工作绩效。

9.2.4 同事关系在被妒忌感知与情感反应之间的调节机制

李敏（2016）认为，同事关系是一种"准家人"关系，且这种关系蕴含传统角色规范、彼此之间的经济利益。综合前人的研究成果，李敏通过实证研究提出同级同事关系应包含情感性、工具性、义务性和面子。情感性体现同事之间的亲密关系，反映出对组织的认同；工具性强调的是等价交换的交易关系，即同事关系是建立在利益的基础之上；义务性是指受社会规范的约束而做出对他人有利的行为；面子是个体按照他或她在社会关系网络中的位置、恰当的角色表现及被人们接受的行为准则，而要求他人对其表现出的敬重和服从。Chen 和 Peng（2008）是为数不多的研究中国情境下同级关系的学者。本研究所说的同事关系也是指平级的同事关系。妒忌者一般会依据情感关系的远近亲疏，以自己为圆心形成"圈子"，将同事分为"圈内人"和"圈外人"进行差序处理。融洽的外部关系是高依存型自我建构水平的人保持稳定的自我、维持高自尊的重要影响因素（Cross et al., 2000）。

费孝通在《乡土中国》中提出，中国文化背景具有自身的特殊性，差序格局是其独特的现象，中国的人际格局像"投石入水"激起的一圈圈波纹,每个网络都以自己为中心,形成中国人特有的差序格局。工作场所中,差序格局可表现为根据人际关系将员工划分为"圈内人"和"圈外人"(费孝通,2008)。职场友谊中关系质量好的个体之间称为"圈内人"。

在开放的工作场所中,任何人都不是独立的个体,和其平级同事组成一个团体,同事关系是员工在职场中亲密关系的一种。每个员工都是其所在工作网络中的一个节点,需要与其他平级的同事发生正式或非正式的联系,才能完成既定的工作目标(Dutton & Rains, 2007)。

理论研究表明,当员工感知到同事之间的妒忌时,也会产生情感反应(Wee, 1994)。拥有良好的人际关系能够形成轻松和谐的工作氛围,提高员工工作热情,最终促使员工做出更高的工作绩效。

本研究主要探究同级同事关系,考虑到被妒忌员工会获得两种完全相反的体验,员工之间的关系质量影响员工的工作绩效水平,在不同的任务难度情境下,同级同事关系对员工工作绩效产生明显差异性影响。

对于"圈内人",被妒忌有利于个体产生积极的认知,被他人妒忌意味着自己在某些方面比同事要优秀,可能是地位,也可能是个人能力,相比于"圈外人"可获得更多资源(Puranik et al., 2019),这可以满足个体关于能力的基本需求,伴随着积极的自我评价,从而增加个体资源(Bono et al., 2013;Halbesleben et al., 2014),这也可以称为资源产生过程(Hobfoll, 1989;Koopman, Lana J. & Scott, 2016)。在职场中,员工不断追求更高的工作绩效、更强的工作能力以及优势工作地位。

本研究认为，跟同事关系的亲疏远近反映了同事关系质量。一方面，关系质量好的为"圈内人"，"圈内"员工关注自我评价的提高（Markus & Kitayama，1991），面对被妒忌更能形成竞争行为，会因此产生积极的自我评价，唤起其自豪感、优越感和成就感，人际关系质量好的员工更倾向于在感知到被妒忌之后产生积极情绪，进而提高工作绩效；另一方面，同事关系质量较差的"圈外"员工（Markus & Kitayama，1991），更可能在感知到被妒忌之后产生消极情绪，"圈外人"通常不会采取行动以缓解消极情绪，进而降低工作绩效。可见，同事关系在被妒忌感知与情感反应之间可能起着调节影响。

9.2.5 有调节的中介变量

人际关系也会影响个体行为的调节（董维维和庄贵军，2013），这也与中国传统文化中"天下快意之事莫若友"相一致，是一种支持性的情感氛围。妒忌者和被妒忌者之间的关系质量越好，二者彼此间更加相互信任和相互支持，有助于二者更好地完成工作绩效。通过梳理现有研究发现，关系质量好的"圈内人"不仅能帮助组织成员加强知识共享的意愿，而且有助于促进组织成员的建言行为（尹奎等，2018）。

近年来，越来越多研究者认识到同事关系对工作绩效的重要作用。Fitzsimons 和 Bargh（2003）提出了人际交往目标

（interpersonal goals）的概念。帮助同事、保持与同事的亲密关系、避免被他人拒绝等都是工作中人际交往目标。人际交往目标反映了人们目前特定的行为意图以及在与他人的人际互动中人们所期待的方向。当人们只关注自己时，就可能会牺牲他人来满足自身的需求和欲望，与他人形成敌对关系，给别人带来竞争的感觉，最终使个体产生消极情绪，也会导致不良的同事关系的形成。当考虑到同事的情绪和欲望，给同事提供帮助时，可以给同事带来合作的感觉，最终获得良好的同事关系。

综上所述，本研究有理由认为，关系质量好的"圈内人"在感知被妒忌时产生积极情绪，并将这视为对自己追求更高成就的积极反馈，将产生真实自豪感，而真实自豪感作为一种积极的情绪，会使个体产生自有资源增量，这时的个体拥有更多的初始资源去追求未来的成就（Damian & Robins，2013），"圈内人"通过建言、主动变革这类挑战型组织公民行为来获得上级领导的认可以及更高的绩效评价（Ng & Feldman，2011），继续努力使自己更加优秀。本研究依据工作要求—资源模型和资源保存理论，将员工被妒忌感知的影响划分为积极和消极两个路径，构建双重链式中介模型。将工作绩效作为结果变量，有助于全面了解被妒忌对员工工作状态甚至工作结果的影响。

基于此，本研究提出以下假设。

H3：同事关系质量调节员工被妒忌感知通过积极情感影响工作绩效的链式中介作用，具体表现为同事关系质量越好的员工被妒忌感知通过积极情感的链式中介作用对工作绩效产生的正向影响越强。

H4：同事关系质量调节员工被妒忌感知通过消极情感影响工作绩效的链式中介作用，具体表现为同事关系质量越差的员工被妒忌感知通过消极情感的链式中介作用对工作绩效产生的负向影响越强。

本研究构建的理论模型如图9-1所示。

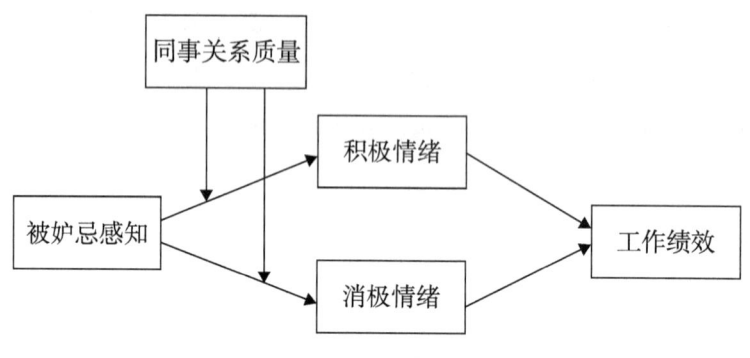

图9-1　本研究构建的理论模型

9.3 研究方法

9.3.1 研究对象与程序

本研究将采用问卷调查法收集数据，调研对象拟定为北京、上海、深圳、郑州、长沙5个城市中的企业在职员工。本研究选取了南京某企业进行两阶段的问卷调查：第一阶段调查自变量、调节变量和控制变量，第二阶段调查中介变量和因变量。

对于调查样本进行基本分析，得到表9-1所示调查样本基本特征统计表。

表9-1 调查样本基本特征统计

统计变量	选项	比例（%）	统计变量	选项	比例（%）
性别	男	52.17	是否本专业	是	82.17
	女	47.83		否	17.83
年龄	23~30岁	16.77	工龄	1年以下	6.21
	31~40岁	32.3		1~5年	33.85
	41~50岁	33.06		6~10年	35.71
	50岁以上	17.87		10年以上	24.23

续表

统计变量	选项	比例（%）	统计变量	选项	比例（%）
教育水平	大专及以下	57.7	工作种类	普通员工	26.77
	本科	28.33		基层管理者	22.3
	硕士研究生	11.49		中层管理者	33.06
	博士研究生	2.48		高层管理者	17.87

9.3.2 变量测量

本研究采用测量量表进行测量，详细的测量量表内容如下。

（1）被妒忌。采用Vecchio在2005年开发的被妒忌测量量表，信度为0.890。这一测量量表也在之前的研究中得到了验证（Lee et al., 2018）。本量表共包含3个题项，代表性题项是"因为我在工作上的成功，我有时会被我的同事所妒忌"。在本研究中被妒忌测量量表的Cronbach's α系数为0.824。

（2）积极情绪与消极情绪。积极情绪与消极情绪采用Gross（2003）开发的测量量表，共包含10个题项，其中包括6个认知重评维度的题项与4个表达抑制维度的题项，题项如"我通过表达积极情绪来控制自己的情绪""我通过表达消极情绪来控制自己的情绪"。

（3）工作绩效。工作绩效主要与组织规定的工作完成程度有关。对于工作绩效的测量，主观测量比客观测量所涉及的内容更广，并且国内学者的一系列实证研究也证明了其于角色感知极有可能会根据个人主观知觉的变化而变化。因此，这一变量的测量采用Scotter和Motowidlo于1996年开发的测量量表，该量表应用广泛，共包含5个题项，题项内容如"我的工作质量保持着高水准""我对同事关心体贴"等。

（4）同事关系质量的测量。同事关系质量的测量采用Sias在Kram和Isabella对同事关系的三维分类基础上开发的同级同事关系质量的测量量表，该量表共包含5个题项，题项内容如"我们主要分享完成工作所必需的信息""我们互相帮助似乎是必要的"。采用Likert五级评分法，范围从"非常不符合"到"非常符合"，相应赋值为1~5。

9.4 数据结果分析

9.4.1 验证性因子分析

本研究采用 Mplus 7.4 进行验证性因子分析以检验变量之间的区分效度,分析结果如表9-2所示。由表9-2可知,四因子模型的各项拟合指标(X^2/df = 2.13,CFI = 0.908,GFI =0.821,RMSEA = 0.051,SRMR = 0.051)不仅达到了学界推荐的标准,而且明显优于其他3个备选模型。由此说明,本研究所测量的4个主要变量具有良好的区分效度。

表9-2 验证性因子分析结果

因素	X^2	df	X^2/df	CFI	GFI	RMSEA	SRMR
四因子模型	1564	644	2.140	0.908	0.821	0.051	0.051
三因子模型	2341	646	4.410	0.810	0.660	0.018	0.094
二因子模型	3415	649	5.568	0.625	0.414	0.120	0.150
单因子模型	5060	640	6.560	0.542	0.460	0.140	0.150

9.4.2 共同方法偏差检验

本研究采用随机抽样法测量员工的被妒忌、积极情绪或消极情绪、同事关系质量、工作绩效,并且采用的是员工自评的方式。这种方式可能会存在共同方法偏差的问题,因此需要检验共同方法偏差的问题。本研究遵循 Harman 的单因子检验法来检验共同方法偏差的问题,将被妒忌、积极情绪或消极情绪、同事关系质量、工作绩效这5个变量同时引入模型进行探索性因子分析。未经旋转提取出的第一个因子方差解释量为25.5%,根据 Podsakoff 等(2003)的建议,总方差解释小于40%时,基本可以判断共同方法偏差较小。本研究单因子累计方差解释率低于40%是可以接受的。因此,本研究测量数据的共同方法偏差问题较小,不会导致数据结果虚假相关。

9.4.3 假设检验

1.员工被妒忌感知对工作绩效的影响检验

以员工被妒忌感知为自变量,以工作绩效为因变量,进行多元层级回归分析。由表9-3可以看出,员工被妒忌感知对工作绩效有显著的正向影响作用。

表9-3 员工被妒忌感知对工作绩效的层级回归结果

变量	工作绩效	
	Step1	Step2
控制变量		
性别	0.055	0.063
教育水平	0.039	0.044
年龄	0.124	0.072
工龄	−0.105	−0.090
工作种类	0.139	0.034
自变量		
员工被妒忌感知		0.362
AdjustR^2		−0.243
ΔR^2	0.145***	0.072**
F	0.145***	0.072***

2. 员工被妒忌感知对情绪反应的影响检验

采用层次回归方法检验员工被妒忌感知对情绪反应的中介效应和调节效应。以员工被妒忌感知为自变量，以员工情绪反应为因变量，进行多元层级回归分析。表9-4中的m_1积极情绪、m_2消极情绪显示，被妒忌对员工的积极情绪、消极情绪具有显著的正向影响作用（$\beta = 0.278$，$p < 0.001$；$\beta = 0.281$，$p < 0.001$）。

表9-4 员工被妒忌感知对情绪反应的中介效应检验结果

变量	情绪反应	
	m_1 积极情绪	m_2 消极情绪
控制变量		
性别	0.065*	−0.119*
教育水平	0.092	−0.091
年龄	−0.085	−0.031
工龄	−0.100	0.051
自变量		
被妒忌感知	0.278***	0.281***
AdjustR^2	0.086***	0.086***
ΔR^2	0.086	
F	6.326***	6.348***

3.情绪反应对员工被妒忌感知和工作绩效的中介作用

为了证明情绪反应对员工被妒忌感知和工作绩效的中介作用，这里进行了多元层级回归，如表9-5所示。积极情绪对工作绩效具有显著的正向影响作用（m_1：$\beta = 0.362$，$p < 0.001$）；消极情绪对工作绩效具有显著的负向影响作用（m_2：$\beta = -0.243$，$p < 0.001$）。m_3中，同时考察被妒忌感知、积极情绪对工作绩效的影响时，被妒忌感知、积极情绪的系数均显著（$\beta = 0.253$，$p < 0.001$；$\beta = 0.538$，$p < 0.001$）；m_4中，同时考察被妒忌感知、消极情绪对工作绩效的影响时，消极情绪的系数依然显著（$\beta = -0.264$，$p < 0.001$），被妒忌感知的系数也显著，只是有所下降（$\beta = 0.231$，$p < 0.05$）。这说明在被妒忌感知与工作绩效的关系

中，积极情绪、消极情绪均发挥部分中介作用。H1和H2两种假设得到验证，由此可得，积极情绪、消极情绪在员工被妒忌感知和工作绩效之间起到了部分中介作用，员工被妒忌感知通过积极情绪的中介作用正向影响工作绩效，假设1、假设2得到了验证。

表9-5　情绪反应对员工被妒忌感知和工作绩效的中介效应检验结果

变量	工作绩效			
	m_1	m_2	m_3	m_4
控制变量				
性别	0.055	0.063	0.070	0.070
教育水平	0.039	0.044	0.024	0.043
年龄	0.124	0.072	0.112	0.067
工龄	−0.105	−0.090	−0.043	−0.075
工作种类	0.139	0.034	0.044	0.053
自变量				
员工被妒忌感知			0.253**	0.231**
中介变量				
积极情绪	0.362**		0.538**	
消极情绪		−0.243**		−0.264
AdjustR^2	0.145***	0.072**	0.199***	0.073**
ΔR^2	0.145***	0.072***	0.056**	0.073**
F	10.609***	5.390***	12.761***	4.724***

注：*** 表示 $p < 0.001$，** 表示 $p < 0.01$，* 表示 $p < 0.05$，+ 表示 $p < 0.1$；双尾检验。

4.同事关系质量的调节作用

关于同事关系质量的调节作用,检验结果如表9-6所示。在控制了员工被妒忌感知和同事关系质量的主效应后,二者的交互项系数显著($\beta = 0.479$,$p < 0.001$)。同样地,检验结果显示,被妒忌感知和同事关系质量对消极情绪影响的交互项系数显著($\beta = -0.501$,$p < 0.001$)。

表9-6 同事关系质量的调节效应检验结果

变量	情绪反应	
	m_1 积极情绪	m_2 消极情绪
控制变量		
性别	0.055	0.070
教育水平	0.039	0.024
年龄	0.124	0.112
工龄	−0.105	−0.043
工作种类	0.055	0.070
自变量		
员工被妒忌感知	0.279***	0.179***
调节变量		
同事关系质量	−0.195***	0.088
交互项		
被妒忌感知 × 同事关系质量	0.479***	−0.501***
AdjustR^2	0.145***	0.199***
ΔR^2	0.145***	0.056
F	20.609***	12.761***

注:*** 表示 $p < 0.001$,** 表示 $p < 0.01$,* 表示 $p < 0.05$;双尾检验。

对于有调节的中介作用检验结果如表9-7所示，同事关系质量高的员工，其积极情绪的间接效应值为0.310，95%的置信区间为[0.185，0.476]，不包括0；同事关系质量低的员工，其积极情绪的间接效应值为-0.204，95%的置信区间为[-0.348，-0.094]，不包括0。由此可见，同事关系质量越高，积极情绪在被妒忌感知与工作投入之间的中介作用越强。同事关系质量越高的员工，员工被妒忌感知通过积极情感的链式中介作用对工作绩效产生的正向影响越强。假设3得到验证。同事关系质量高的员工，其消极情绪的间接效应值为0.037，95%的置信区间为[-0.013，0.133]，包括0；同事关系质量低的员工，其消极情绪的间接效应值为-0.115，95%的置信区间为[-0.153，0.033]，包括0。因此，假设未得到验证。

表9-7 有调节的中介模型检验

工作绩效	同事关系质量	效应系数	标准误差	95%的置信区间
积极情绪	同事关系质量高	0.310	0.032	[0.185，0.476]
	同事关系质量低	-0.204	0.026	[-0.348，-0.094]
消极情绪	同事关系质量高	0.037	0.043	[-0.013，0.133]
	同事关系质量低	-0.115	0.035	[-0.153，0.033]

9.5 结论与讨论

9.5.1 结论

本研究以我国独特的文化为背景,实证分析了不同的同事关系是如何影响员工被妒忌感知对情绪反应和工作绩效的影响作用的。研究发现,积极情绪部分中介了被妒忌感知与工作绩效之间的正向关系;消极情绪部分中介了被妒忌感知与工作绩效之间的负向关系。此外,从同事关系对工作绩效的影响来看,企业内部同事关系质量高,对企业高质量经营起正向作用。对同级同事关系的投入更多是追求心理安全感和团队和谐氛围,彼此是互帮互助、分工协作的平等关系,同事关系质量越高,越有利于表现高水平的工作绩效,而且越容易造就工作奉献型员工。同事关系质量调节员工被妒忌感知通过积极情绪影响工作绩效的链式中介作用,具体表现为同事关系质量越高的员工被妒忌感知通过积极情绪的链式中介作用对工作绩效产生的正向影响越强。

9.5.2 贡献

本研究的理论贡献主要表现在以下三个方面。

第一，本研究从被妒忌者视角出发，丰富了被妒忌者视角下职场中妒忌影响效果的理论基础。本研究结合我国文化背景对员工被妒忌感知进行研究，探讨被妒忌感知对员工情绪反应的影响作用，推进了社会比较理论和妒忌理论的研究。本研究促进了对中国文化背景下员工被妒忌感知影响效应机制更全面的理解，解释了职场中被妒忌对工作绩效的积极作用效果。以往研究大多聚焦于职场中被妒忌的消极影响，而忽视了其"光明面"，导致现有研究中关于如何将职场中被妒忌转化为提升个体工作绩效促进因素的相关研究不足（Kiyoung L. et al., 2019）。本研究发现被妒忌者可以积极采取各种方式来提高自身工作绩效，丰富和完善了职场中被妒忌积极效应的相关研究。

第二，本文基于资源保存理论，以被妒忌者视角下职场中妒忌的影响效果为切入点，通过整合积极情绪和消极情绪两种相对应的路径，促进了职场中被妒忌影响更整合的研究。本研究通过实证研究表明，员工感知到被妒忌后影响工作绩效的过程存在两种机制，即积极情绪和消极情绪。被妒忌感知与工作绩效之间的作用机制通过整合增益和损耗两种相对应的路径得到了合理的解释。

第三，引入同事关系质量调节变量，来解释被妒忌感知与工作绩效之间的差异性作用影响边界。同事关系质量的高低促进或阻碍其工作绩效表现，最终表现为自身工作绩效的高低。本研究验证了职场中同事关系对本研究中介模型的调节作用。个体在职场中无法避免地会与同事产生互动，同事关系能够有效刺激其职场中被妒忌后的积极反应，且基于对妒忌者的信任和了解，员工会更加愿意和有动力去完成工作任务。个体在组织中同事关系是否和谐，与自身工作意愿高低也有关联。本研究为员工感知到被妒忌后的差异性行为选择提供了合理解释。

9.5.3 管理启示

本研究检验了员工感知到被妒忌后的情绪反应和工作绩效间关系的实证研究，并得出相关结论。据此本研究提出以下几点管理启示，希望可以为企业管理者带来启发。

第一，本研究发现员工被妒忌感知的积极情绪反应可以促使个体提高工作绩效。管理者应认识到职场中被妒忌并非只会为公司和个人带来负面效益。一方面，企业应该重视职场中被妒忌对员工身心状态的负面影响。企业在聘用员工的时候，需要考察员工情绪调节能力，由于情绪调节能力会影响员工工作绩效，选择或任用能够更为理性地理解情绪事件的员工，或者是能够以更为积极的方式来理解可能产生负向情绪的事件或对情绪事件进行合理化的员工。另一方面，企业可以培养更积极向上的员工，使员工在感知到被妒忌时产生积极情绪，从而提高工作绩效。

第二，从管理者角度来思考，管理者应该以身作则，学会管理好自己的情绪，同时不断学习和提升自身的管理技巧，并且时刻关注职场生态环境，创造善意与和谐互助的企业文化，引导员工进行善意的向上社会比较，为员工创造一个和谐互助、积极友好的环境氛围。

第三，本研究表明，员工在感知到被妒忌后具有情绪差异表现，被妒忌感知与不同的情绪反应（积极情绪和消极情绪）之间的关系受到同事关系质量的影响，具体表现为同事关系质量越高的员工被妒忌感知通过积极情绪的链式中介作用对工作绩效产生的正向影响越强，企业应该通过人性化的管理方法提高同事关系质量，缓解被妒忌员工的消极情绪，提高员工的压力应对能力。企业管理者要使员工将他人对自身的妒忌视作对其能力的肯定，最小化或转化被妒忌感知带给他们的负面影响，如避免产生焦虑。员工应对被妒忌时的情绪反应在一定程度上是可变的，管理者需要采取适当的方式来帮助同事关系质量低的员工疏导不良情绪，比如举办茶话会、组织团建活动或集体运动。

9.5.4　研究不足与未来研究展望

虽然本研究对职场中被妒忌与工作绩效的关系进行的研讨具有一定的理论意义，但不可否认，本研究仍存在一些不足之处，未来需要深入拓展相关研究。

第一，对于所有变量我们仅做了一次测量，但员工被妒忌感知等变量较为敏感，员工的自我保护倾向会给变量测量带来误差，并且被妒忌感知会受到当时被调查者的主观情绪或基于某些主观因素的考虑的影响，被调查者在作答时将带来测量误差。因此，在后续研究中，应尽可能地扩大样本量或者同时测量几个相似构念，进行对比研究。

第二，本研究主要从个体层面展开探究，未来可以扩展探讨层面，如更多地关注团队、部门层面的职场中妒忌问题，基于团队或部门层面的被妒忌与妒忌氛围视角，探讨基于环境视角的被妒忌问题。

第三，本研究对变量的测量通过自评的方式来完成，不可避免地会存在同源误差。虽然本研究在调查程序上进行了严格把控，且通过同源误差检验发现其同源误差问题并不严重，但是为了使数据更加符合实际情况，后续研究中应该采取自评与他评等多数据来源的方式进一步减少同源误差问题。

第四，本研究只探讨了情绪的中介作用。事实上，已有研究发现职场中妒忌对亲社会动机、目标设定、道德行为等均可能有积极的一面，但其内在机制尚有待进一步探讨。因此后续研究中，可以对职场中妒忌的积极效应的内在作用机制进行进一步拓展。

第五，本研究只关注了同事关系质量的调节影响作用，未来还有必要进一步探讨其他可能边界条件，以促进更深入理解被妒忌的可能差异性影响的关键调节因素。本研究发现，同事关系质量会影响个体对妒忌事件的心理反应，从而对其工作绩效造成影响，后续也可以将其他变量纳入边界条件研究中，如个体特征或者环境氛围等因素。

第六，本研究仅探讨了情绪的正负价值，即积极情绪或消极情绪的中介传递机制。实际上，情绪除了总体上评价不同性质之外，还可以具体化探讨某种情绪的影响作用。现有研究较少对满意、感激、快乐等具体的积极情绪与悲伤、愤怒、恐惧等具体的消极情绪进行进一步的探讨（Ilies et al., 2013；Ferris et al., 2016）。未来研究可以选取具体的情绪体验作为重要变量，来探讨不同情绪在被妒忌的影响效应中的传递机制，为以后更好地从被妒忌者情绪反应的角度理解员工被妒忌后情绪反应选择的内在机制提供更丰富的理论与实践上的参考。

10 PART

工作场所被妒忌感知对员工行为的影响机制

组织中的妒忌与被妒忌及其管理

目前学术界关于妒忌情绪及其引发的行为的研究日益增加。基于情感事件理论和STTUC理论，本研究将消极情绪作为中介变量，将人际敏感性作为调节变量，构建被妒忌感知对逢迎行为的影响模型。基于该理论模型，本研究提出如下假设：员工被妒忌感知与人际敏感性交互影响消极情绪，而消极情绪进一步激发员工逢迎行为。据此，本研究采用问卷调查法，在不同时间段分别对来自各个地区的企业员工进行了问卷调查，回收230份有效调查问卷。通过数据分析得出员工被妒忌感知与人际敏感性发挥协同作用，交互影响员工的消极情绪，进一步激发员工的逢迎行为，同时揭示了消极情绪的中介作用。以上结果揭示了员工被妒忌感知与逢迎行为之间的作用机制，启示企业要更多地关注员工的情绪和心理状态，提升员工的工作安全感和幸福感。

10.1 引言

在职场中,妒忌是普遍存在的。因为团队所拥有的资源往往是有限的,正所谓"僧多粥少",员工为了能够争取到更多资源而提高自身的表现力以此吸引领导者的注意,以期获得更多的工作机会与更大的晋升空间。在这个过程中,个体若在团队中脱颖而出或拥有其他人求而不得的某些优势条件就容易引起他人的妒忌(Liu,2019),而且个体对于和自己水平相当的人取得好成绩更易产生妒忌(Keller et al.,1984)。过去,学者对妒忌进行了大量的理论探讨和实证研究。不过,关于工作场所中妒忌相关问题的研究,学者更多是基于妒忌者视角来探讨妒忌的影响作用。其实,妒忌作为一种社会情绪,与被妒忌是伴随而生的,有了妒忌即同时产生了妒忌对象的被妒忌。从妒忌对象的角度探讨工作场所中员工被妒忌感知可能的影响作用的研究目前还较少,只有少数研究从被妒忌者视角出发研究员工被妒忌感知引发的情绪反应及其后果,其中包括李方君等(2020)研究员工被妒忌感知引发积极情绪,对工作绩效产生积极影响,发现由于自我评价的不同以及人际交往需求的不同，员工会产生自满、高兴等积极情绪，使员工在工作中表现得更加突出。廖述芬（2019）研究员工被妒忌感知对亲社会行为的影响机制，发现员工被妒忌感知引发个体自我道德约束并导致亲社会行为。Ye等（2021）研究员工被妒忌感知对同事关系的影响，发现员工被妒忌感知会激发同事之间的竞争性目标，而竞争性目标的生成又会助长同事妒忌，进而形成一种恶性循环。

目前，个体产生被妒忌感知会引发什么样的情绪反应，这种情绪反应又会诱发什么样的行为等问题，对于员工在职场中的个人发展以及企业的长远发展来说仍值得深入研究和探索。因此，在工作场所中有了关于妒忌的丰富研究成果的基础上，进一步从被妒忌者的视角切入，研究员工被妒忌感知的影响结果及其内在机制有着极为重要的理论和实践意义。

被妒忌感知是感受到他人对自己的妒忌，包含了被妒忌者在被妒忌时产生的情绪和认知评价（Mosquera et al., 2010），妒忌一般是因向上社会比较产生的，所以被妒忌者是向上社会比较的对象，被妒忌感知是因被妒忌者被动向上社会比较产生的，是个体因他人和自己进行向上社会比较而产生的一种感知（Exline & Lobel, 1999）。工作环境中产生的被妒忌感知会影响员工的情绪，从而引发相应的行为。STTUC理论能合理地解释被妒忌者的情绪反应。STTUC理论认为，妒忌产生于上行社会比较，妒忌者一般会将自己与比自己优秀的人进行比较，被妒忌者是妒忌者上行社会比较的对象。该理论提出被妒忌者产生消极情绪的条件有3个：①被妒忌者察觉自己是妒忌者上行社会比较的对象；②被妒忌者认为妒忌者因为自己的优秀而产生焦虑；③被妒忌者非常在意妒忌者产生的情绪反应（Smith，2007；Van，2010）。当符合上述条件时，被妒忌者就会产生消极情绪。

感知到被妒忌之后，被妒忌者的情绪取决于其动机倾向（Weiss，1996）。由于不同的员工对人际关系和谐的敏感程度不同，对于同一不利环境的感知及反应也是不同的（Tedechi，1993）。人际关系和谐是个体与他人建立联系的基本需要，也是个体追求的主要目标之一（Baumeister，1995）。个体对人际交往和谐的敏感程度具有差异性，这种差异性来自员工人际敏感性的高低。高人际敏感性员工对同事间的人际关系更加敏感，他们更容易感知到同事之间的妒忌、信赖、赞扬、尊重、欺骗等；低人际敏感性的员工则对同事之间的人际互动反应较迟缓，对已经接收到的人际互动所做出的回应也较弱（Bunk et al.，2011）。因此，对于高人际敏感性的个体来说，他们更容易察觉到被妒忌，由被妒忌感知引发的消极情绪也更为明显，他们的心理安全感会大大降低，并会处在担忧、恐惧、焦虑的消极情绪之下。

个体产生消极情绪反应之后，会诱发相应的态度和行为（Weiss，1996）。这是情感事件理论的观点。情感事件理论普遍应用于诠释员工在职场人际互动过程中产生的情绪反应（Ilies et al.，2006）。例如，积极的工作事件以及和谐友好的人际关系会使员工产生积极情绪，而消极的工作事件以及不和谐的人际关系是个体产生负面情绪的主要原因（Dimotakis et al.，2011；Bono et al.，2013）。根据该理论的观点，个体产生的被妒忌感知将会引发某种特定类型的情绪，这种情绪会决定个体之后的行为表现。在职场中，员工为避免妒忌导致的负面结果以及缓解自己的不安、压力、沮丧和内疚等消极情绪，可能会采取一些应对策略使自己在团队中更好地"生存"下去，比如回避讨论成就或谦虚、故意表现出差错等逢迎行为，以降低妒忌者的妒忌程度，缓和人际关系。

综上所述，本研究拟依据STTUC理论、情感事件理论，将消极情绪作为中介变量，将人际敏感性作为调节变量，构建被妒忌感知对逢迎行为的影响模型，以此研究被妒忌感知引发的消极情绪对逢迎行为的影响作用。本研究的理论贡献主要有以下两点：第一，本研究依据STTUC理论和情感事件理论，发现了被妒忌感知引发消极情绪的作用机制，以及个体情绪反应对态度和行为的影响机制，并进一步揭示了上述作用的内在机制和作用边界，为探索被妒忌感知如何引发消极情绪以及员工如何正确看待消极情绪提供了重要且有价值的理论解释视角和实证支持。第二，本研究引入人际敏感性作为调节变量，提出高人际敏感性员工相较于低人际敏感性员工在被妒忌感知作用下更容易产生消极情绪。本研究为情感事件理论中员工在职场中的事件与其工作态度、行为之间的理论关系提供了实证支持。本研究也启发企业管理者在招聘员工的时候可以根据应聘者的性格特点进行人才筛选，并根据其人际敏感性赋予其合适的角色和工作岗位。

10.2
理论基础与研究假设

10.2.1 被妒忌感知与人际敏感性交互影响消极情绪

被妒忌感知是感受到他人对自己的妒忌，包含了被妒忌者在被妒忌时产生的情绪和认知评价（Rodriguez Mosquera et al., 2010）。个体可能产生高兴、愉快、沾沾自喜的情绪，也可能产生害怕、担忧、烦恼等情绪，而且妒忌者通常意识不到或不愿面对自己的妒忌情绪，这样一来，被妒忌者便没有足够的判断依据来判断自己对他人是否产生了威胁，也无法获得关于妒忌者情绪和想法方面的信息。因此，被妒忌者的判断会带有主观色彩。

当个体产生被妒忌感知时会有以下几种情况：其一，被妒忌者会认为自己拥有的东西是妒忌者所没有的，且妒忌者试图拥有这些东西，比如人脉资源、晋升空间、工作能力等（Parrott, 2017）。一旦被妒忌者认为妒忌者试图从自己手上抢走某种资源或者做出一些无礼行为，被妒忌者就会因为害怕自己受到身心伤害而产生恐惧、担忧的情绪。其二，因为妒忌往往产生于两个相似或者相关的个体之间，被妒忌者会认为妒忌者不是真的妒忌自己，只是因为双方在某些方面具有可比性（Yu & Duffy，2017）。

虽然被妒忌感知会使个体产生消极情绪，但并不是所有个体产生被妒忌感知时都会引发消极情绪，被妒忌感知和消极情绪之间存在一种重要的调节机制。由于不同员工处理工作场所中人际关系的方式不同，不同个体对同一不利环境的感知及反应具有差异性（Tedeschi，1993）。为深入探索被妒忌感知引发消极情绪的边界条件，本研究引入人际敏感性作为调节变量，以此探究其对上述关系的调节作用。

人际敏感是个体对外界负面评价和看法的过分担心心理，从而对组织中他人评价保持警觉心理，并采用一些防御性行为（比如拒绝社交等）来回避来自外界的评价的人格特征。个体的人际敏感程度越高，对来自外界不利因素的敏感程度就越高（Marin，2013），也更容易产生焦虑，是焦虑障碍的潜在人格特质（Kumar et al.，2012）。人际敏感性（interpersonal sensitivity）是一种对来自外界的评价和行为过于敏锐的人格（Rizzo et al.，2006）。高人际敏感性的个体会在和他人相处时感到不自在，回避社交，性格多疑，并伴有自卑心理，同时对他人评价和行为举止较为敏感，着重关注他人行为和言论，对他人的批评或拒绝异常敏感和担忧，有时其行为会被他人评价所影响甚至改变（Otani et al.，2008）。职场中的人际敏感性是指员工对人际关系互动的感知和情绪反应的强度。根据不同员工人际敏感性的差异可将员工分为高人际敏感性员工和低人际敏感性员工。高人际敏感性员工对同事的评价和行为更加敏感，他们更容易察觉到同事之间的信赖、赞扬、欺骗、尊重等各种人际互动；而低人际敏感性员工对他人的评价和行为举止反应比较弱，针对这些评价和行为所做出的反应也较为迟缓，他们的钝感力更强（Bunket et al.，2011）。

本研究认为，被妒忌感知与人际敏感性交互作用引发个体的消极情绪。个体所产生的被妒忌感知带有很强的主观色彩，不同人际敏感性的个体对于来自他人的妒忌情绪感知程度有所不同。相比人际敏感性水平低的员工，人际敏感性水平高的员工对同事间的人际关系更加敏感，外界的任何风吹草动在他们的眼中都会被放大，同事之间的言语评价以及各种人际互动细节会使他们非常在意（时昭等，2022）。社会认知理论认为，个体的主体特征（比如性格、社会角色等）可以产生不同的环境反应（Bandura，1986），个体行为会受到主体认知的影响。高人际敏感性的个体更容易觉察到组织中散播的关于自己的负面评价，更倾向于做出强烈的反应。因此，对于高人际敏感性的个体来说，当他们产生被妒忌感知时，由被妒忌感知引发的消极情绪也更为明显，他们的心理安全感会大大降低，并会处在担忧、恐惧、焦虑的消极情绪之下。

研究表明，目前被妒忌者的情绪反应及其引发的行为是相关领域中讨论热度最高的话题之一，也是深入研究被妒忌者心理活动的一个切入点（Exline，2012）。黄庆等（2019）研究被妒忌感知对员工积极情绪和消极情绪的影响，发现当个体把被妒忌感知看作是一种挑战和反馈时，员工会产生高兴、骄傲、自豪等积极情绪，这些积极情绪能激发员工的工作热情，增加员工工作投入；当被妒忌感知被员工看作是一种威胁、伤害时，员工会产生害怕、担忧的消极情绪，这些消极情绪会降低员工的工作效率，削减他们的工作热情，并对他们的心理产生影响。除此之外，Parrott和Rodriguez Mosquera（2008）还做过一组实验，他们选取了三组学生样本来进行关于被妒忌问题的研究，这三组学生来自三个不同的国家。研究发现，上述三组学生对来自身边亲近的人的妒忌情绪非常敏感，他们会非常关注此类问题。

情绪反应是个体对所发生事件的当下情绪反馈，带有主观性和感性认知。在这之前中西方学者都对被妒忌感知引发消极情绪进行了有益的探索。Exline等（1995）提出当个体产生被妒忌感知后会引发担忧、害怕等消极情绪。刘得格等（2018）提出，当员工将被妒忌看作一种潜在威胁时，往往会因为自己的优势而感到自责，或者担心妒忌者的敌意和破坏，进而产生焦虑、不安等消极情绪。Lee等（2018）从关系目标的角度进行考虑，员工将良好的人际关系看作工作目标之一，有非常高的归属需求，倘若他们受到来自妒忌者的排斥或者无礼行为，并对维护人际关系感到有心无力，他们将陷入无助和恐慌的消极情绪中。基于此，本研究提出以下假设。

H1：员工被妒忌感知与人际敏感性交互影响消极情绪，人际敏感性在被妒忌感知与消极情绪之间起到正向调节作用。当具有高人际敏感性的个体产生被妒忌感知时，更倾向于做出强烈的负面情绪反应。

10.2.2 消极情绪与逢迎行为

逢迎行为的概念最早出现在关于印象管理的研究中（刘超，2015）。为了研究在组织中印象管理的促进作用，Jones等（1982）开发了一种普遍的分类方法，他们概括出5种常用的印象管理策略，其中一种印象管理策略就是逢迎。逢迎（ingratiation）是指个人为了获得他人的认可和好感而给他人提供帮助或者恭维他人（李锡元，2018）。Kumar等（1991）认为逢迎行为包含以下4个维度：首先是奉承他人，对对方优点和美德进行称赞等；其次是遵从他人的观点，指将自己的意见或行为与对方的意见或行为表达一致；再次是施人以恩惠，指给对方提供帮助以此表现自己的友好和乐于助人，增强对方对自己的身份认同和好感度；最后是自我表现，指用行为来展示自己具备某种能力，以此暗示对方自己是有能力的。在职场中，逢迎行为可以用来维护同事关系。被妒忌者可以通过给予妒忌者帮助、主动向妒忌者示好等来降低对方的妒忌程度，提升其好感度，进而获得对方的认可。有研究表明，有效地实施逢迎行为能达到个人所预期的效果，能帮助个体形成良好的人际交互关系，同时有利于企业形成和谐友好的团队氛围（Judge et al.，1994；Harvey et al.，2007）。

为了更好地解释个体情绪对行为表现的影响，这里引入情感事件理论。情感事件理论被广泛用于解释员工在职场中的情绪反应（Ilies et al.，2006），尤其是应用于阐释职场中人际互动过程对个体情绪的影响机制。该理论指出，发生在员工身上的一些工作事件会诱发员工情绪反应，进而影响到员工行为举止（Weiss，1996）。当个体产生被妒忌感知时，会担心因他人妒忌影响自己的人际关系，担心妒忌者会做出伤害自己的行为，比如担心自己受到他人的漠视或遭受冷遇，甚至担心妒忌者会做出一些无礼行为（Avey et al.，2008），如此一来，被妒忌者会产生自我怀疑，进而反思自己，并开始考虑在品行、潜力或者为人处世等方面该如何呈现自己（Zell，2010）。

根据调查发现，引发妒忌的主要原因是被妒忌对象在一些工作事件中脱颖而出（Henniger，2015），而在被妒忌者成为优胜者并取得一定成绩之后，他们往往会出现相互矛盾的两个目标：一是保持这种状态，继续向上争取资源；二是不再使自己锋芒毕露，开始隐藏自己的优秀。在这两种选择面前，有着较高的人际目标且归属需求较强的人，极力想要维护良好的人际关系，害怕自身能力的发挥受到制约，建立或保持积极的人际关系的心理受到阻碍，他们会采取以上逢迎行为最大限度地降低妒忌者的妒忌程度，把妒忌者对自己的伤害降到最低，从而维护良好的人际关系。基于此，本研究提出以下假设。

H2：消极情绪对逢迎行为产生正向作用，进一步激发员工逢迎行为。

10.2.3　消极情绪的中介作用

根据本研究的观点，具有高人际敏感性的个体产生被妒忌感知后，为了提升他人对自己的好感度，降低他人对自己的妒忌程度，通常会做出一些逢迎行为来维护人际关系，但是被妒忌感知并不是引发逢迎行为的直接因素，个体的消极情绪才是引发逢迎行为的关键，消极情绪在被妒忌感知与逢迎行为之间起中介作用。

消极情绪是一种低落的情绪反应，是员工体验到的负向心理状态（Watson, Clark & Tellegen, 1988），会使员工产生沮丧、不安、担忧、压力、恐惧等负面情绪。在以往的研究中，学者认为消极情绪是工作以外产生的"副产品"，所有消极情绪都没有受到充分的重视。近年来有研究发现，职场中的一些环境因素正是通过员工的情绪对员工的行为产生影响的（Barsade & Gibson, 2007）。STTUC理论也能够很好地解释被妒忌者的消极情绪反应。STTUC理论认为，妒忌是将自己和更优秀的人进行比较而产生的。当被妒忌者认识到自己是对他人的一种威胁，并担忧他人受到威胁后的反应时，被妒忌者会因担心自己、妒忌者以及双方关系受到消极影响而感到焦虑和压力等（Exline & Lobel, 1999）。

当个体产生被妒忌感知时，会认为妒忌者之所以妒忌自己是因为资源不平等，自己拥有的东西是妒忌者所没有的，且妒忌者试图拥有这些东西，比如晋升机会、较强的工作能力、人脉资源等（Parrott, 2017）。一旦被妒忌者认为妒忌者试图从自己手上抢走资源，制约自己能力的发挥，对自己的人际关系圈产生不利影响，因为害怕自己受到伤害而产生恐惧、担忧的情绪。情感事件理论构建了"事件——情绪——行为"这一完整的逻辑链条，很好地解释了职场中员工的情绪作用机制。该理论的核心是情绪在组织环境与员工行为表现之间起到中介作用（Weiss & Cropanzano，1996）。学者研究证实，情绪能够在工作事件与员工行为之间起到中介作用，情绪是组织环境和员工行为之间的中介变量（Wegge, Dick & Fisher, et al., 2006）。如前所述，被妒忌者试图缓解妒忌者对自己的妒忌情绪，维护同事关系，因而会做出故意表现出差错、逃避讨论成就等逢迎行为。

刘得格等（2018）总结了西方学者对被妒忌所做的研究，发现被妒忌者倾向于通过曲意逢迎、自我菲薄等行为来维护人际关系。高旺（2014）发现，在职场中员工还会采用伪善的行为或者逃避成就等策略来降低妒忌者的妒忌程度。White等（2002）做过一项调查，向187名来自不同企业的员工询问是否曾察觉到或听说过职场中人们为了社交目的而故意表现得差。大约有86%的人表示他们遇到过这种情况，有65%的人表示有过这样的亲身经历。Henagan等（2009）的研究也进一步发现，由于过分在意他人的评价和感受或者对维持友好和谐的人际关系有着较高需求，个体会在完成工作任务或参与集体活动时故意表现得不佳。因此，本研究认为被妒忌感知不是引发逢迎行为的直接因素，消极情绪是被妒忌感知引发逢迎行为的关键内在因素。基于此，本研究提出以下假设。

H3：消极情绪在被妒忌感知与逢迎行为之间起中介作用。

10.2.4　有中介的调节模型

资源螺旋丧失观点指出，当员工视被妒忌为他人对自身的恶意时，他们害怕被妒忌带来的潜在威胁，因而会产生消极情绪（张兰霞，2021）。情感事件理论指出，个体在职场环境中经历的一些工作事件会引发其情绪反应，进而影响个体产生相应的行为（Weiss，1996）。STTUC理论也表明，个体产生被妒忌感知后发现自己是上行比较的对象，认为妒忌者会因为自身优势而产生焦虑，认为自己的地位和资源受到威胁，并且当被妒忌者非常在意妒忌者产生的情绪反应时（Smith，2007；Van，2010），会产生消极情绪。因此，当有着高人际敏感性的个体产生被妒忌感知时，会由被妒忌感知引发消极情绪，且这种消极情绪更为明显，他们的心理安全感会大大降低，并会处于担忧、恐惧、焦虑的消极情绪中。因为妒忌情绪中包含着敌意、厌恶、自卑、羡慕等情绪，当被妒忌者感知到被妒忌时，不再积极主动地表现自己，会隐去自身锋芒，有意让妒忌者感受到团队资源是公平竞争的，同时让妒忌者感受到自己有意做出回避、示好等逢迎行为。

将以上内容进行整合，本研究认为，员工的被妒忌感知与人际敏感性交互影响消极情绪，而消极情绪进一步激发员工逢迎行为，如图10-1所示。本模型将消极情绪作为中介变量，将人际敏感性作为调节变量，着重研究被妒忌感知对逢迎行为的影响作用，同时结合假设1、假设2和假设3，提出了一个有中介的调节模型，如图10-1所示。当一些团队内部成员产生被妒忌感知时，人际敏感性更高的个体在情感反应上更为明显，他们更容易察觉到来自与同事交往过程的敌意、妒忌、欣赏、尊重等人际互动，而对于人际目标有着高需求的他们，更容易产生不安、压力、担忧等消极情绪，从而产生故意表现出差错、谦虚或回避讨论成绩等逢迎行为，以达到在一定程度上减轻其他同事对自己的妒忌和厌恶的目的。基于此，本研究提出以下假设。

H4：员工的被妒忌感知与人际敏感性的交互效应通过消极情绪正向影响逢迎行为。

本研究构建的理论模型如图10-1所示。

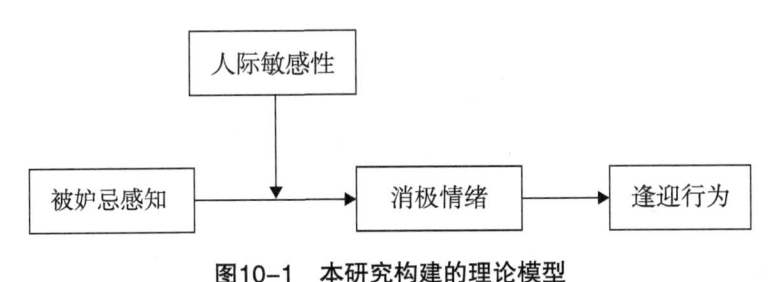

图10-1　本研究构建的理论模型

10.3 研究设计

10.3.1 研究对象与程序

本研究采取问卷调查法收集数据，为确保问卷的信度与效度，选择的量表均为高质量期刊中发布的成熟量表。研究对象为各个地区的企业员工。采取多数据来源的调查方法降低共同方法偏差的影响。鉴于本研究采用的测量量表均来自国外文献，在正式发放问卷之前进行了小规模的预测试，以避免语义含糊对调查结果产生影响。正式问卷的调查内容包括员工被妒忌感知、消极情绪、人际敏感性、逢迎行为及其基本信息。为了保证问卷的有效性和真实性，本研究在卷首语的温馨提示中对问卷调查的内容及目的加以说明，并告知被调查者此问卷为匿名调研以便获取真实信息，问卷中所有题项都是由员工个人完成。因为电子问卷可以避免漏填这一问题的出现，所以在数据收集完成后只需要对明显填写不认真的问卷进行剔除即可。剔除无效问卷的原则如下：①提前进行预测试得到填写问卷的正常时间范围，在正式问卷中剔除少于最短填写时间的问卷;②剔除有明显规律性作答的问卷;③剔除因问卷泄露导致不符合调研条件的问卷。

结合以上条件,本次共收集问卷250份,剔除无效问卷后获得有效问卷230份,有效回收率为92%。其中男性129人(56.09%),专科及以上学历213人(92.61%),普通员工171人(74.35%)。

10.3.2 变量测量

本研究使用的测量量表包括被妒忌感知、消极情绪、逢迎行为和人际敏感性,其中被妒忌感知为自变量,消极情绪为中介变量,逢迎行为为因变量,人际敏感性为调节变量,以上变量采取以下测量方法。

(1)被妒忌感知。采用Vecchio(2005)开发的包含3个题项的单维量表。代表性题项如"我的同事有时会因为我在工作中获得的成功而感到不满"等,采用Likert五点评分法从"从不"到"总是"依次记1分、2分、3分、4分、5分。在本研究中被妒忌感知量表的Cronbach's α值为0.81。具体测量量表题项如表10-1所示。

表10-1 被妒忌感知量表

序号	题项
1	我的同事有时会因为我在工作中获得的成功而感到不满
2	我的同事有时会因为我和领导的关系很好而感到不满
3	有些同事妒忌我的成绩

（2）消极情绪。采用Watson等（1999）开发的情绪量表。该量表中消极情绪有9个情绪体验描述词，如"羞愧的""害怕的""紧张的"等，采用Likert五点评分法，从"非常轻微或根本没有"到"非常强烈"依次记1分、2分、3分、4分、5分，如表10-2所示。本研究中消极情绪量表的Cronbach's α 值为0.926。

表10-2 消极情绪量表

序号	项目
1	羞愧的
2	难过的
3	害怕的
4	紧张的
5	惊恐的
6	内疚的
7	易怒的
8	战战兢兢的
9	恼怒的

（3）逢迎行为。采用Bolino等（1999）开发的测量量表，共包含4个题项，具体题项如"赞美你的同事的成就，让他/她认为你是可靠的"，采用Likert五点评分法，从"从不"到"总是"依次记1分、2分、3分、4分、5分，本研究中逢迎行为量表的Cronbach's α 值为0.846。具体测量量表题项如表10-3所示。

表10-3 逢迎行为量表

序号	题项
1	赞美你的同事,让他/她觉得你很讨人喜欢
2	对同事的个人生活表达友好的关心以表明你的友善
3	赞美你的同事的成就,让他/她认为你是可靠的
4	对你的同事提供个人帮助,向他/她表明你的友善

（4）人际敏感性。由Bunk和Magley（2011）编制的人际敏感性量表,共包含8个题项,如"我会记得我的同事对我撒谎",采用Likert五点评分法,从"从不"到"总是"依次记1分、2分、3分、4分、5分,本研究中人际敏感性量表的Cronbach's α值为0.364。具体测量量表题项如表10-4所示。

表10-4 人际敏感性量表

序号	题项
1	当我的同事尊重我,我会记得
2	如果我的同事对我撒谎,我就会很生气
3	我能回忆起我的同事相信我
4	我会记得我的同事对我撒谎
5	我能回忆起我上司表扬我同事工作
6	如果我的同事对我大喊大叫,我就会很难过
7	对我来说,信任我的同事们也很重要
8	我能回忆起我的同事对我的不尊重

（5）控制变量。为了避免人口统计学变量对相关变量的影

响，本研究将性别、年龄、教育水平、工作种类等6个变量作为控制变量，如表10-5所示。

表10-5 控制变量各区间比率

控制变量	区间	比率（%）
性别	男	56.09
	女	43.91
年龄	25岁及以下	13.48
	26~35岁	49.57
	36~45岁	30.87
	46~55岁	5.09
	55岁以上	0
教育水平	高中及以下	7.39
	大专学历	45.22
	本科学历	36.96
	研究生及以上	10.43
工作时间	1~5年	35.22
	6~10年	59.13
	11~15年	5.65
	15年以上	0
工作种类	普通员工	74.35
	基层管理者	21.3
	中层管理者	4.35

续表

控制变量	区间	比率（%）
企业性质	国有企业	14.35
	民营企业	26.09
	外资企业	20.87
	机关事业单位	29.57
	其他	9.13

10.4 数据统计结果

10.4.1 共同方法偏差检验

由于被妒忌感知、消极情绪等数据是同时收集的，被妒忌感知、消极情绪、逢迎行为和人际敏感性具有相同的数据来源，数据仍有可能存在共同方法偏差的问题，数据分析结果仍有可能受到共同方法偏差的影响，导致各变量之间呈现虚假相关关系。因此，本研究通过对调研过程和数据处理方法的控制来降低和检验共同方法偏差以及追踪调研中可能出现的特殊方差。首先，对员工采取自愿参与、不记名、密封的保密调研方式，并请人力资源经理对研究目的进行说明，在介绍完成之后请其离开调研现场，这有助于降低调研对象填答问卷时的戒备心理；同时，填答完的问卷由调研对象密封并亲自交给调研人员，这有助于降低调研的作答偏差。其次，在设计问卷时将不同量表题项交叉排列，以免被调查者在主观上猜测研究问题，进而导致调研对象按照其猜测的目的来填答。

本研究采用 Harman 单因子法检验可能存在的共同方法偏差的

影响（Podsakoff et al., 2013）。检验结果显示，未旋转的最大的因子方差低于40%，表明本研究的共同方法偏差问题在可控范围内。

10.4.2 信效度分析

1. 信度分析

信度系数反映了测量数据的一致性、可靠性和稳定性，通常以内部一致性来表示该测验信度的高低。信度系数越高表示测量结果的一致性、可靠性和稳定性越高。本研究通过 SPSS 进行信度检验，当 Cronbach's α > 0.7 时，表示内部一致性在可接受的范围内。测量结果显示，被妒忌感知、消极情绪、逢迎行为、人际敏感性等量表的 Cronbach's α 分别为 0.810、0.926、0.846、0.864，表明该研究数据信度良好。此外，各主要变量的平均方差提取值（AVE）的算术平方根均大于该变量与其他变量的相关系数，表明本研究的主要变量具有良好的判别效度。具体结果如表 10-6 所示。

表10-6 各量表Cronbach's α 系数

维度	Cronbach's α 系数	项数
被妒忌感知	0.810	3
消极情绪	0.926	9
逢迎行为	0.846	4
人际敏感性	0.864	8

2. 效度分析

效度反映了测量得到的结果与想要考察的内容之间的吻合程

度。本研究运用Mplus软件对样本进行区分效度检验来验证各个变量是否独立。根据表10-7中验证性因子分析结果可知，四因子模型的拟合指数明显优于其他因子模型，四因子模型的拟合指数为X^2/df = 2.20，RMSEA= 0.10，CFI= 0.94，TLI= 0.93，SRMR= 0.06，当X^2/df的绝对值较小，RMSEA < 0.80，SRMR < 0.50，CFI < 0.90，TLI > 0.90时，说明模型具有合适的拟合程度，各变量间区分效度较好，可以进行假设检验。具体结果如表10-7所示。

表10-7 验证性因子分析结果

模型	X^2/df	RMSEA	CFI	TLI	SRMR
四因子模型	2.20	0.10	0.94	0.93	0.06
三因子模型	2.82	0.12	0.84	0.88	0.07
二因子模型	3.46	0.16	0.65	0.61	0.19
单因子模型	4.90	0.20	0.52	0.40	0.20

10.4.3 描述性统计分析

本研究中控制变量和关键变量的均值、标准差及相关系数与已有研究较一致，未出现异常值，如表10-8所示。通过相关分析可知，各变量间统计关系较强，为后续的研究提供了初步证据支持。被妒忌感知与消极情绪（r = 0.837，$p<0.01$）存在显著的正相关关系，人际敏感性与消极情绪（r = 0.815，$p < 0.01$）存在显著的正相关关系，消极情绪与逢迎行为（r = 0.858，$p < 0.01$）存在显著的正相关关系。

表10-8 变量描述性统计与相关分析结果

变量	M	SD	1	2	3	4	5	6	7	8	9	10
1. 性别	1.44	0.497	1									
2. 年龄	2.3	0.776	0.024	1								
3. 教育水平	2.5	0.78	0.023	0.005	1							
4. 工作时间	1.7	0.568	0.029	−0.009	−0.076	1						
5. 工作种类	1.3	0.546	0.011	−0.097	−0.152*	−0.093	1					
6. 企业性质	2.93	1.224	−0.086	−0.089	−0.041	−0.023	−0.106	1				
7. 被妒忌感知	3.912	0.974	0.038	0.035	−0.022	0.042	0.067	0.057	1			
8. 消极情绪	3.962	0.9437	0.997	0.036	−0.004	0.042	0.08	0.028	0.837**	1		
9. 逢迎行为	3.903	0.9534	−0.025	0.052	0.028	−0.005	0.138*	0.043	0.798**	0.858**	1	
10. 人际敏感性	3.449	0.4788	0.009	0.052	−0.022	0.023	0.133*	0.032	0.708**	0.815**	0.782**	1

注：* 表示 $p<0.05$，** 表示 $p<0.01$。

10.4.4 假设检验分析结果

1. 主效应与中介效应检验

消极情绪对逢迎行为的检验结果如表10-9所示，在模型3中，将逢迎行为作为因变量，消极情绪对逢迎行为有正向影响作用（模型3：$\beta = 0.63$，$p < 0.01$；$\Delta R^2 = 0.769$，$p < 0.01$），假设2得到验证。如表10-10所示，在控制了人口学变量后，员工的被妒忌感知对逢迎行为（模型7：$\beta = 0.778$，$p < 0.01$；$\Delta R^2 = 0.653$，$p < 0.01$）有显著的正向预测作用。当引入消极情绪这一中介变量之后，被妒忌感知对逢迎行为的效应不再显著（模型8：$\beta = 0.267$，$p > 0.05$）。消极情绪在被妒忌感知与逢迎行为之间起中介作用，假设3得到验证。

表10-9 消极情绪对逢迎行为的检验结果

变量	逢迎行为		
	模型1	模型2	模型3
常数项	3.016	0.564	0.096
性别	−0.048	−0.111	−0.069
年龄	0.091	0.044	0.037
教育水平	0.069	0.072	0.058
工作时间	0.03	−0.038	−0.05
工作种类	0.284	0.169	0.138
企业性质	0.052	0.006	0.015

续表

变量	逢迎行为		
被妒忌感知		0.778**	0.267*
消极情绪			0.63**
R^2	0.177	0.808	0.877
ΔR^2	0.031	0.653**	0.769**

表10-10 消极情绪的中介效应检验结果

变量	消极情绪		逢迎行为		
	模型4	模型5	模型6	模型7	模型8
常数项	3.298	0.744	3.016	0.564	0.096
性别	0	−0.066	−0.048	−0.111	−0.069
年龄	0.06	0.011	0.091	0.044	0.037
教育水平	0.02	0.024	0.069	0.072	0.058
工作时间	0.09	0.02	0.03	−0.038	−0.05
工作种类	0.169	0.049	0.284	0.169	0.138
企业性质	0.035	−0.014	0.052	0.006	0.015
被妒忌感知		0.811**		0.778**	0.267*
消极情绪					0.63**
R^2	0.115	0.838	0.177	0.808	0.877
ΔR^2	0.013	0.703**	0.031	0.653**	0.769**

2.调节效应检验

为检验人际敏感性的调节作用，首先，将逢迎行为作为因变量,并引入控制变量得到基准模型6;其次,在模型6和模型7的基础上引入自变量即被妒忌感知得到模型7。在模型7的基础上,同时加入人际敏感性、被妒忌感知与人际敏感性的交互项,得到模型8。如表10-11所示,被妒忌感知与人际敏感性交互项对消极情绪具有显著负向影响作用($\beta = -0.617$, $p < 0.01$),假设1得到验证。

表10-11 人际敏感性的调节效应检验结果

变量	消极情绪		
	模型9	模型10	模型11
常数项	3.298	−0.976	1.859
性别	0	−0.049	−0.073
年龄	0.02	−0.01	−0.025
教育水平	0.06	0.019	−0.003
工作时间	0.09	0.017	−0.03
工作种类	0.169	−0.023	−0.054
企业性质	0.035	−0.015	−0.004
被妒忌感知		0.506	0.243
人际敏感性		0.883	0.48
被妒忌感知与人际敏感性			−0.617**
R^2	0.115	0.895	0.935
ΔR^2	0.013	0.801*	0.874**

3.有中介的调节模型检验

表10-11中模型11的检验结果显示,被妒忌感知与人际敏感

性的交互项负向作用于消极情绪（$\beta = -0.617$，$p < 0.01$）；表10-9中的模型3的检验结果显示，消极情绪正向预测逢迎行为（模型3：$\beta = 0.63$，$p < 0.01$；$\Delta R^2 = 0.769$，$p < 0.01$）。如表10-12所示，对于具有高人际敏感性的个体，被妒忌感知对逢迎行为的间接效应显著[$\beta = 0.18$，$p < 0.01$，偏差矫正95% CI =（0.077，0.364），不包含0]；对于具有低人际敏感性的个体，被妒忌感知对逢迎行为的间接效应显著[$\beta = 0.44$，$p < 0.01$，偏差矫正95% CI =（0.248，0.930），不包含0]。两群组之间的间接效应的差异显著[$\beta = 0.24$，$p < 0.05$，偏差矫正 95% CI =（0.002，0.741），不包含0]，且相对于低人际敏感性的估计值，高人际敏感性的间接效应估计值的绝对值更小，说明人际敏感性对消极情绪在被妒忌感知和逢迎行为之间的中介作用的正向调节作用显著。因此，假设4得到验证。

为了更清晰、直观地表明人际敏感性在被妒忌感知和消极情绪之间的调节效应，本研究以高/低于均值的一个标准差为基础，绘制了在不同的人际敏感性水平下，被妒忌感知与消极情绪之间的关系，如图10-2所示。在高人际敏感性水平下，被妒忌感知对消极情绪的影响作用更强，反之则更弱。

表10-12 有中介的调节效应检验结果

路径	估计值	95% 置信区间
（高人际敏感性）被妒忌感知→消极情绪→逢迎行为	0.18**	（0.077, 0.364）
（低人际敏感性）被妒忌感知→消极情绪→逢迎行为	0.44**	（0.248, 0.930）

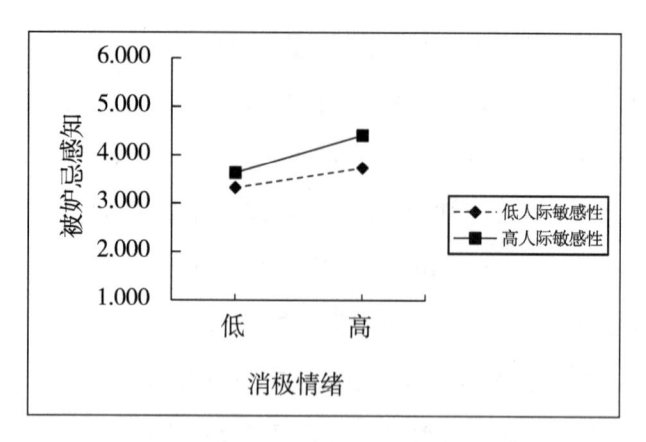

图10-2 人际敏感性对被妒忌感知和消极情绪的调节效应

10.5 结论、讨论与展望

10.5.1 研究结论

被妒忌感知会引发哪些情绪，这些情绪会产生什么样的行为表现，对团队和组织都会产生重要影响，是值得研究者和实践者关注的重要问题。因此，本研究从被妒忌者视角出发，探究员工感知到被妒忌后，在人际敏感性的作用下产生消极的情绪反应，从而引发逢迎行为的作用机制。研究发现：①被妒忌感知对员工逢迎行为具有显著的负向预测效果；②消极情绪在被妒忌感知与逢迎行为之间发挥中介作用；③员工人际敏感性对被妒忌感知与消极情绪之间的关系具有正向调节作用，员工人际敏感性越高，二者间的负向关系越强；④人际敏感性对被妒忌感知与逢迎行为之间通过消极情绪的中介关系具有显著的正向调节作用，员工人际敏感性越高，这种负向的间接关系就越强。

10.5.2 理论贡献

本研究对被妒忌感知和逢迎行为等方面的研究以及STTUC理论、情感事件理论、社会比较理论等具有重要的理论意义。

首先,本研究从被妒忌者视角出发,探索了被妒忌感知对逢迎行为的影响机制。总结以往的研究发现,其主要聚焦于被妒忌感知引发员工相应的情绪反应(Exline,1995;刘得格,2018;黄庆等,2019;李方杰,2020)以及被妒忌感知的产生机制(Tai,2012;刘得格,2018;Liu,2019),少数研究探索被妒忌感知对个体行为的影响机制(廖述芬,2019;张紫琪,2020;张清桃,2022),鲜少有研究探究被妒忌感知对逢迎行为的影响机制。本研究从被妒忌者视角出发,探索员工感知到被妒忌后产生消极情绪,进而引发逢迎行为的作用机制,弥补了以往被妒忌研究在逢迎行为上的缺失,为理解职场被妒忌、被妒忌引发的消极情绪和职场逢迎行为提供了更全面的视角,为员工正确看待被妒忌以及正确处理由被妒忌感知引发的消极情绪提供了新的思路。本研究基于STTUC理论,能够很好地解释被妒忌者的消极情绪反应,该理论提出了被妒忌者产生消极情绪的三个条件,当满足这三个条件时,被妒忌者就会产生不安、担忧与懊恼等消极情绪(Smith,2007;Van,2010)。情感事件理论指出,个体在工作中所经历的一些事情会引发其情绪反应,进而影响到个体的态度和行为(Weiss,1996)。综上所述,本研究对被妒忌感知与逢迎行为的内在作用机制及其边界条件进行了深入探索,发现了消极情绪的中介作用以及人际敏感性的调节作用。

其次,目前越来越多的基于员工行为的研究发现,像亲社会行为、逢迎行为、反生产行为等对员工自身的工作状态和周围人际关系的维护都具有积极意义,比如面对妒忌者时采取谦虚、回避成就、故意出差错等逢迎行为会降低妒忌者的妒忌程度,或者使妒忌者转移妒忌目标,有利于缓解被妒忌者的消极情绪,增加其工作投入。本研究在一定程度上解释了个体采取这些行为的内在动因,探索了被妒忌感知对员工自身的消极影响,即会使员工产生不安、焦虑、担忧等消极情绪,激发了员工的人际敏感性,而由消极情绪引发的逢迎行为对员工自身并非负面影响,也可能给其带来一定的益处。通过探索其中的作用机制,能够为被妒忌相关的研究提供更完善、更辩证的理论视角。

最后,本研究丰富了情感事件理论并对该理论的理论边界做出了贡献。一方面,本研究从行为实施方视角拓展了情感事件理论的应用。作为研究组织中员工情绪、态度与行为关系的情感事件理论,已被应用于当前一些新理论的开发和实证研究中(Dencker et al.,2008;Walter et al.,2009)。在此基础之上,本研究基于情感事件理论的核心观点构建了被妒忌感知与员工逢迎行为的理论模型,将员工的消极情绪作为两者关系的中介变量,将人际敏感性作为调节变量,为情感事件理论中员工在职场中经历的事件与其工作态度、行为之间的理论关系提供了实证支持。另外,这种从被妒忌者视角出发探讨被妒忌事件对员工自身情感与职场行为的影响的研究,在以往被妒忌和妒忌的实证研究基础之上，拓展了被妒忌的研究范围。基于人际敏感性的调节作用，本研究发现被妒忌感知与人际敏感性交互影响消极情绪，具体而言，具有高人际敏感性的员工更容易产生消极情绪。

10.5.3　管理启示

研究结果显示，被妒忌感知会给被妒忌者心理上带来不可忽视的伤害，给企业的经营绩效和长远发展带来不利影响。被妒忌感知作为个体对他人妒忌自己的一种感知，包含了被妒忌者对自己被他人妒忌的认知评价（Mosquera et al., 2010），当员工将被妒忌看作一种潜在威胁时，往往会因为自己的优势而自责，或者担心妒忌者的敌意和破坏，进而产生焦虑、不安等消极情绪（刘得格，2018），这会给员工的心理带来不可忽视的伤害，给员工造成一定的人际交往压力，从宏观层面来看，会给企业的长远发展带来不利影响。因此，企业应该重视员工的心理健康状态，创造良好的工作环境，减少被妒忌情绪的传播；应从源头上采取措施，比如建立公平、公正、透明的晋升机制，主动预防被妒忌情绪给员工带来的伤害；同时，应加强员工之间的沟通交流，设置多种交流形式，营造良好和谐的团队氛围（时昭，2022）。另外，企业应创造出轻松良好的团队氛围，比如适当开展多样化的团建活动，增强团队成员之间的交流，营造和谐包容的工作氛围，增强团队的凝聚力。

研究表明，消极情绪在被妒忌感知与员工逢迎行为之间发挥着中介作用。这揭示了通过关注员工心理健康状态，营造和谐良好的团队氛围，可以缓解员工由被妒忌感知引发的消极情绪。组织中的管理者不仅需要发挥团队领导的作用，也要充当好沟通者和协调者的角色，创造与下属交流沟通的机会，了解员工的心理情况并确保员工的心理健康，减少工作中的误解与歪曲所带来的负面影响（李召敏，2017）。有研究表明，增强团队氛围的和谐性，提升员工的职场地位，等等（Liu et al.，2015；Carmemi et al.，2017），对提升员工的工作积极性有显著作用。因此，对企业来说，可通过实行合理的雇佣制度、实施公平公正公开的晋升机制、加强对员工的企业文化培训等措施，提升员工的工作幸福感，进而增加员工的工作投入。

研究发现，高人际敏感性员工相较于低人际敏感性员工在被妒忌感知作用下更容易产生消极情绪。鉴于此，组织管理者在招聘时应根据应聘者的性格特点进行筛选，并根据员工不同的性格特点和感知能力给其安排合适的工作岗位（时昭，2022）。首先，在招聘的过程中，招聘一些在处理同事关系尤其是负面人际关系上人际敏感性低的员工，以减少工作中可能出现的被妒忌感知对其情绪的影响。其次，企业应增加员工培训，有意识地引导员工，当员工处于不利的人际互动处境中时，要先调整自己的心态，以融合的心态来与同事合作，共同实现企业的发展目标。在新冠疫情发生后，企业迎来了诸多挑战，管理者更需要培养一批人际敏感性高的员工，重点加强他们对工作环境事件的感知能力，以便针对日常工作问题提出有效的解决办法（郭晓琳，2020）。

10.5.4　研究局限性与未来研究展望

本研究基于STTUC理论、情感事件理论，选取消极情绪作为中介变量，人际敏感性作为调节变量，构建被妒忌感知对团队成员关系的影响模型，以此研究被妒忌感知引发的消极情绪对逢迎行为的影响，同时揭示了上述作用的内在机制和作用边界，为探索被妒忌感知如何引发消极情绪及员工如何正确看待消极情绪提供了重要且有价值的理论解释视角和实证支持，也对企业未来的管理和发展有着深远的意义。包括关注员工心理健康状态，营造和谐良好的团队氛围；组织中的管理者不仅需要发挥团队领导作用，也要充当好沟通者和协调者的角色；实行合理的雇佣制度，实施公平、公正、公开的晋升机制；加强对员工的企业文化培训，以提升员工在工作环境中的幸福感。不可否认本研究仍存在以下不足，需要未来予以关注。

（1）样本范围仅包含部分地区，这不可避免地削弱了研究结果的普适性。未来研究可以适当扩大样本范围，尝试收集更多地区和更多行业的数据和其他国家的数据，以使得研究结果更具有普适性。

（2）尽管本研究证实了消极情绪在被妒忌感知与逢迎行为之间发挥部分中介作用，但还存在其他可能的机制，下一步可以探究其他变量如积极情绪可能起到的中介作用。

（3）本研究仅检验了人际敏感性的调节作用，未来研究可以探究组织层面的情境因素如组织氛围等对被妒忌感知引发消极情绪的影响。

（4）本研究虽然不存在严重的共同方法偏差问题，但未来研究仍可以考虑采用其他更为有效的方法来控制这一问题。此外，本研究中变量的测量采用的是问卷调查法，需要员工自己根据近期的情况如实填写，虽然这种方式能保证一定的准确性，但这一测量方式也可能存在真实性问题，未来研究可以考虑结合实验方法来减少这一问题产生的影响。

11
PART

职场地位与员工工作行为：被妒忌感知与内在动机的影响

组织中的妒忌与被妒忌及其管理

职场地位对组织的运行发展起着至关重要的作用，却并未受到足够重视。因此，本研究在前人研究成果的基础上，根据资源保存理论，构建了一个职场地位的双路径模型，以主动性行为和工作退缩行为（work withdrawal behavior）为结果，检验被妒忌感知的中介作用，同时引入内在动机（intrinsic motivation）这一调节变量分析其在双路径过程中发挥的边界作用。基于351份调查数据运用多层回归的分析方法发现，职场地位正向影响被妒忌感知；被妒忌感知与主动性行为、工作退缩行为呈正相关关系；被妒忌感知中介职场地位与主动性行为、工作退缩行为之间的关系；此外，内在动机正向调节被妒忌感知与主动性行为之间的关系，负向调节被妒忌感知与工作退缩行为之间的关系；同时，内在动机也调节了被妒忌感知在职场地位与主动性行为、工作退缩行为之间的中介效应。

11.1 引言

俗话说，"人是追求地位的猴子"，对地位的渴望是人类的基本动机。在我国古代"人分三六九等"的官本位思想的渗透之下，地位对人们的意义更是举足轻重。令人唏嘘的是，在组织管理领域之中，地位并未得到应有的"地位"（王碧英，2020）。值得庆幸的是，在职场中，由于基于声望的地位也即职场地位（workplace status）对组织目标的实现发挥着重要的作用，逐渐受到了广泛关注（杨征，2020）。职场地位是指组织中其他成员因个体贡献、能力和影响力而对其产生的钦佩与尊重（Djurdjevic，2017）。职场地位具备群体中心化特点，是个体与组织其他成员达成高度共识的一种主观认知（曹元坤，2017；杨征，2019）。研究表明，高的职场地位具有积极的一面，如能产生更好的绩效（Bendersky & Shah，2012；Djurdjevic et al.，2017）和更多的亲社会行为（Anderson & Kennedy，2012），提升员工创造力（杨征，2019）并激发工匠精神（钱欣，2021）。不过，随着对职场地位研究的不断深入，学者发现，高的职场地位也具有阴暗的一面，如导致知识隐藏（Liu，2020），诱发职场偏差行为（曹元坤，2021）等。这不禁引人深思，究竟"众星捧月"是好还是坏？为了解答这个问题，本研究通过梳理文献发现，职场地位具有两面性（Liu，2020；王碧英，2020）。正因如此，学者呼吁应当同时关注职场地位的积极面与消极面，辩证地看待职场地位（Liu，2020；王碧英，2020）。为响应学者的号召并顺应发展趋势，本研究尝试从正反两个方面同时探讨职场地位的影响作用，以便更好地扬长避短，最大化职场地位的积极作用。

通过梳理职场地位的影响作用研究发现，职场地位被视作一种重要资源与无形资产，具有高职场地位的员工通常享有更高的自尊、更多的控制权与自主权以及更好的精神状态（Piazza & Castellucci，2014）。职场地位主要来源于职场中组织成员的人际互动（曹元坤，2017）。基于社会比较理论，在互动过程中，鹤立鸡群的高职场地位者由于拥有有价值的资源，难免会被同事进行上行比较。当个体向上进行社会比较时，发现他人拥有自己所没有的能力、资源或者优势（如职场地位）时，妒忌感油然而生（詹小慧，2018）。妒忌涉及妒忌者、被妒忌者和妒忌物（Liu，2019）。妒忌情绪不仅影响妒忌者本人，也会影响拥有妒忌物的被妒忌者（刘得格，2018）。由此可见，具有高职场地位的个体常常会引起周围他人的妒忌，而这种妒忌被高职场地位者感知后即为被妒忌感知。同时，地位作为一种稀缺资源，诞生于社会比较的基础之上（王碧英，2020），可通过竞争获得（Liu，2020）。在这种竞争性比较强的组织氛围中，他人在进行上行社会比较时更可能产生负面情绪进而诱发针对拥有高职场地位者的破坏行为

（刘得格，2018），这种带有敌意的妒忌情绪及行为会被高职场地位的员工所感知进而表现为被妒忌感知。因此，职场地位很可能影响个体的被妒忌感知。

被妒忌感知对个体的影响是不确定的。有研究表明，被妒忌感知具有两面性（刘得格，2018；Lee，2018；张兰霞，2021；Ye，2021）。个体在感知到被妒忌后，可能会产生矛盾性体验，进而实施强化与弱化策略加以应对（刘得格，2018；张兰霞，2021）。具体来说，一是强化自身优越感，增加自身积极评价；二是削弱妒忌者所带来的消极影响，降低忧虑。这两种应对策略与资源保存理论的螺旋效应有着异曲同工之妙。Hobfoll（2001）在研究资源保存理论时提出了两个相对的概念，也即损失螺旋与获得螺旋，既能够解释积极结果也能够解释消极结果。同时，资源保存理论在剖析员工工作态度以及行为的驱动机制方面发挥着至关重要的解释作用（Westman et al.，2004；廖化化，2022）。研究表明，被妒忌与结果之间可能同时存在资源损耗与产生过程，将两者纳入研究可能更全面并更具有理论意义（刘得格，2018）。此外，已有研究同时探讨被妒忌对工作情绪的双重影响（张兰霞，2021；Lee，2018），而对被妒忌对工作行为的双重影响作用的相关探究略显匮乏，因此本研究以资源保存理论为基础，引入主动性行为与工作退缩行为作为员工积极与消极工作行为结果的反映，更加深入剖析职场地位通过被妒忌诱发的双面作用结果。

另外，在面临被妒忌情境时，并不是所有个体都会产生同等程度的主动性行为或是工作退缩行为，其中可能存在一定的边界条件。根据资源保存理论，特定情境下（如被妒忌）个人的身心资源变化进程可能会受到个人所拥有资源水平的影响（李锡元，2022）。与此同时，个体在面对被妒忌情境时采取何种应对策略可能会受到被妒忌者的动机因素的影响（刘得格，2018）。动机分为内在动机与外在动机，外在动机侧重于外界刺激，内在动机更注重内部动力。内在动机可以为个体的某些行为反应倾向做出解释（许超，2019）。拥有强内在动机的员工意味着拥有更加积极的动机资源，可能会实施更加积极的行为结果（Deci，1999；贾良定，2022）。因此，本研究将检验被妒忌与员工工作行为结果的边界条件——内在动机，即个体的内在动机很有可能在被妒忌与员工工作行为关系间发挥着调节作用。

综上所述，本研究基于社会比较理论与资源保存理论，综合探讨了职场地位对于员工工作相关行为的双面性作用，包括被妒忌感知的中介影响以及个体内在动机的调节作用。本研究的理论贡献如下：第一，本研究同时探讨了职场地位的双重影响作用，有助于更加全面地理解职场地位对个体行为的可能差异性影响。刘得格（2018）指出，职场地位的双面性会给组织和员工个体造成正面或者负面的影响。Liu（2020）亦呼吁以辩证思维审视职场地位的阴暗面与积极面。本研究引入主动性行为与工作退缩行为，通过实证对比检验职场地位对员工不同性质工作相关行为的影响，丰富了职场地位作为一把"双刃剑"的影响效应研究。第二，本研究从被妒忌者视角出发，探讨被妒忌者的心理作用机制。以往关于妒忌的研究主要关注妒忌者的心理作用机制，而被妒忌者也是妒忌研究中必不可少的一部分，应当引起重视（张宝山，2018；刘得格，2018；Ye，2021）。不少学者在探究个体层面的职场地位与员工行为之间的关系时，聚焦于职场地位的工具性社会价值也即利他性（杨征，2019；王碧英，2020）。Liu（2020）从利他角度研究职场地位时发现，被妒忌是连接职场地位与员工行为的相关因素。因此，本研究在前人研究成果的基础上从资源视角也即内在行为动机切入，基于资源保存理论，探究被妒忌感知在职场地位与员工工作行为之间所起的作用。本研究有助于拓展被妒忌的前因与后效，剖析被妒忌发挥传导作用的机制，推动被妒忌实证研究的发展进而便于管理者对其进行干预。第三，引入内在动机这一个体特征作为边界条件，拓展了个人内在动机对职场地位在行为结果形成过程中的情境因素。有研究指出，资源与动机可能会对职场地位起到交互作用（胡琼晶，2015），因此本研究尝试将个人特质差异的内在动机作为调节作用，为强化职场地位的优势与弱化劣势开辟了一条新路径，推动了职场地位发挥积极作用与消极作用的情境研究。

11.2 文献回顾与假设提出

11.2.1 职场地位与被妒忌感知

按照Djurdjevic（2017）对职场地位的界定，职场地位是组织中他人赋予员工的一种主观认知评价，包含尊重、钦佩和声望三种核心成分。职场地位是组织成员所认可与支持的，具有他人自愿赠予的特点，促使员工获得更多的资源与信息（Bendersky & Pai，2018）。职场地位是属于特定情境下的地位，因而与地位具有某些共同点：首先，地位伴随着各种有形或者无形的资源，处于高地位意味着享有许多社会、心理和经济资本（王碧英，2020）；其次，地位获得本质上是一个互动过程（刘德鹏，2019），由于个人的优势意味着他人的劣势（Bendersky & Hays，2012），地位可通过竞争获得（Ye，2021）；此外，地位作为一种稀缺资源，在社会比较的基础之上形成（王碧英，2020）。社会比较是指人们通过与周围他人的比较而定义自身诸如能力、智力等社会特征，也即人们习惯性地采取比较性环境并非按照单纯的客观事实标准界定自身（Festinger，1954）。社会比较是一种普遍存在的社会现象，又被称为人际比较，高发于人类相互作用的过程中（邢淑芬，2005）。Festinger于1954年首先提出社会比较理论与概念，该理论指出，人类具有评价自身能力与观点的内驱力，这种将自身能力与观点同他人进行比较的过程即称为社会比较（Festinger，1954）。社会比较包含上行比较、平行比较与下行比较（邢淑芬，2005），上行比较有助于个体进行自我评价（Collins，1996）。上行比较是指个体倾向于与比自己级别高的他人进行比较，该比较是为了寻找与他人的差距进而提升自我（邢淑芬，2005）。上行比较易产生对比效应与同化效应。同化效应是指个体在进行社会比较时自我评价目标向上的现象，也即选择优秀的人进行上行比较旨在激励并完善自我（Taylor，1989）。对比效应是指个体在进行上行比较时倾向于降低自我评价程度（魏巍，2022）。

研究表明，与优秀的人进行上行比较会诱发不良社会情绪——妒忌，妒忌的核心要素是敌意。当同事针对优势员工进行不利上行比较时会产生妒忌的痛苦情绪，这种带有敌意的妒忌情绪会被妒忌对象感知而形成被妒忌感知（刘得格，2018）。被妒忌感知是指个人感知到他人妒忌自己拥有他人所没有并渴望得到的东西（李方君，2020）。被妒忌感知包含他人妒忌自己的感知以及自己对被妒忌的认知评价（Yu & Duffy，2017）。当感到被妒忌时，个体会意识到自身拥有他人所艳羡的优势，如晋升机会、优越地位和较强的能力等（Parrott，2017）。同时，个人感到被妒忌不等同于他人真的妒忌自己，而是个体感知到自身拥有他人艳羡的优势以及可能会因对他人造成威胁而受到伤害的一种担忧（刘得格，2018）。

具体而言，首先，职场地位是一种经过比较产生的相对地位，这种他人所不具有却又渴望得到的稀缺资源很容易成为妒忌物，为被妒忌埋下祸根。根据社会比较理论，同事倾向于与高职场地位的员工进行上行比较，这种向上社会比较容易使其产生痛苦的情绪也即妒忌（Smith，2000），产生妒忌情绪的同事可能会通过实施破坏行为拉踩被妒忌者以获得心理平衡，并导致同事以敌意方式对待被妒忌者进而恶化同事之间的关系（刘得格，2017）。在社会互动过程中，被妒忌者也即员工可以根据妒忌者的肢体动作、语言及行为等线索判断自己是否被妒忌（张宝山，2018）。同事的不良情绪以及不佳同事关系质量会被拥有高职场地位的员工所感知，进而使其产生被妒忌感知。其次，组织中有限的资源能够引发员工激烈的竞争，为妒忌心理的滋生提供了温床（Dogan，2001）。根据恶意妒忌相关文献，在竞争环境下更容易诱发个人之间的敌意（刘得格，2017）。这意味着拥有高职场地位的员工由于拥有令他人艳羡的稀缺资源，可能会引发同事的欲望，使其想通过竞争取而代之。在这种竞争氛围下，同事在进行上行不利社会比较时更易诱发消极情绪进而导致一系列针对被妒忌者的伤害和破坏行为（刘得格，2018），因而员工更容易感受到来自同事的妒忌情绪。再次，当员工因拥有高职场地位这种稀缺资源而获得有价值的其他资源时也倾向于俯瞰同事进行下行比较（Wills，1981），同样会产生这种自己拥有他人所没有的资源的"优越感"。员工会意识到自己拥有"妒忌物"，并担忧同事会因同自己进行不利上行比较而受到伤害，表现为感知到被妒忌。因此，本研究提出以下假设。

H1：职场地位与被妒忌感知显著正相关。

11.2.2 被妒忌感知引发的矛盾反应：主动性行为与工作退缩行为

研究表明，被妒忌者在面对被妒忌情境时会产生矛盾反应，可能会对员工同时产生资源损耗或者资源增益效果（张兰霞，2020）。资源保存理论能够同时解释资源损耗与增益作用，为员工在不同资源变化情境下的行为反应做出解释（向姝婷，2020）。根据资源保存理论，被妒忌感知既可能会产生积极的自我评价，通过增加员工资源促使员工实施积极的主动性行为；也可能会带给员工人际压力，通过消耗员工资源诱发员工的工作退缩行为。

从积极的一面来分析，被妒忌意味着自己在某方面优于他人，拥有他人所没有的优势与地位（Parrott，2017），能够满足员工的基本需求（如胜任）进而增加资源（Halbesleben，2014）。根据资源保存理论，首先，在工作和生活事件面前（如被妒忌），个体会开启认知评价进程来了解工作与生活事件对个人资源的生成以及消耗情况（Hobfoll，1989）。其次，资源得失影响着个体采取何种资源策略进而做出不同的行为表现，大致可以分为保存资源、获取资源和创造资源富余（张兰霞，2020）。其次，根据资源保存理论的螺旋增益法则，资源含有量较多的个体会为了获得并累积更多的资源而实施更多的资源投资行为（Hobfoll，2001），激发个体积极心理状态与工作行为（Halbesleben，2008）。作为一种典型的积极工作行为，主动性行为是指个体主动、利于改善工作结果和环境的一系列自发行为（Frese，1997）。主动性行为本质上是一个自发、主动的过程（胡青，2011），具有自我启动、变革取向和未来导向的特征（Parker et al.，2010）。主动性行为需要员工自发投入个人资源进而发挥主观能动性，资源保有量会对员工的主动性行为产生影响（朱千林，2020）。此外，积极的情感以及心理状态更有助于激发员工的主动性行为，使员工更愿意实施主动性行为并承担风险（Avey，2010）

具体而言，当感到被他人妒忌，被妒忌者可能会产生诸如自我优越感、满意感、成就感与自信等积极的自我评价（Mosquera，2010；刘得格，2018）。这在一定程度上能够满足员工的胜任需求并使其产生积极情绪，增加员工的个人资源。同时，被妒忌者会体验到胜任感，这种胜任需求的满足会使员工感受到工作的意义；当员工产生这种工作富有意义的价值判断时会促进其心理资本的生成，为员工实施积极行为提供认知与心理资源（张昊民，2021）。根据资源保存理论的螺旋增益法则，当个人获得资源后会更有助于进行资源投资与盈余创造（Hobfoll，2001）。首先，员工产生被妒忌感知能够给员工"赋能"，"赋能"后的员工会将资源投入工作中，进而做出积极的工作行为（如主动性行为）。其次，当员工视被妒忌为他人对自己的能力认可时，会采取资源获取策略，也即为争取表现以及获得更多资源而实施更多的主动性行为（张兰霞，2020）。最后，在工作场所中个人的资源情况会对主动性行为产生重要影响，因为丰富的能量和资源能够帮助员工拓展思维、增强认知灵活性并应对压力，是激发员工主动性行为的助推器（Wu & Parker，2011）。

从消极的一面来分析，被妒忌者在感到被妒忌时可能会产生资源损耗进而诱发工作退缩行为。当员工产生被妒忌感知时可能会引发员工的人际压力，这种压力会被员工视为一种工作要求（张兰霞，2020）。工作要求需要个体付出时间与精力，本质上是一种资源损失威胁（Hobfoll，2001）。根据资源保存理论，个体面临资源损耗的威胁，投入大量的资源却未能得到补充或者发生资源损耗时，倾向于停止资源投入或是从外界获取资源补偿自身的资源消耗。该理论的丧失螺旋法则还指出，当个体损失资源后，为防止资源的进一步损失，个体倾向于采取资源保存策略（张兰霞，2020）。此外，Hobfoll（2001）还表明，为防止资源损失，个体会采取防御措施与工作退缩行为来进行自我资源保护并争取时间恢复，规避压力源。作为一种自我资源保护行为，工作退缩行为是由个体资源损耗与获取的失衡导致的（董进财，2018）。在组织情境下，员工为躲避工作任务或者工作情境而采取的各种消极工作行为被称为工作退缩行为（Taris，Schreurs & Van，2001）。工作退缩行为是组织成员的角色外行为（Walumbwa & John，2003），包含心理退缩与行为退缩两部分（Lehman & Simpson，1992），前者强调回避情境，后者强调减少工作投入（李新田，2018）。早期研究指出工作退缩行为源于对工作的不满，而后随着研究的不断深入，学者发现，工作退缩行为是员工逃避压力的反应结果（陈景秋，2022）。工作退缩行为能够使个体回避压力情境并给予个体一定的恢复时间，有助于补充个体资源（董进才，2018）。实证研究亦表明，工作情境变量与个体特征变量是工作退缩行为的前因影响因素（李新田，2018），且在消极情绪状态下的个体更倾向于逃避问题，进而诱发工作退缩行为（Elfenbein，2008）

具体而言，当员工感到被妒忌时，处理被妒忌问题可能会消耗其情感、关系和认知资源，员工会害怕由此产生自我调节资源的损耗（Yu & Duffy，2017）。同时，由于"赢家"夺走了宝贵资源，妒忌的同事可能会以不友好的方式或敌意对待妒忌对象，这会使妒忌与被妒忌者之间产生不和谐的同事关系，因而被妒忌者可能会感到沮丧与孤独（Mosquera，2010）。此时员工处于充斥着消极情绪与人际压力的情境中（刘得格，2018；Lee，2018；张兰霞，2020）。首先，工作退缩行为能够使员工获得资源恢复时间并保护员工的身心健康（Hobfoll，2018）。其次，防守、躲避和退缩等行为是应对压力、保护资源的有效方法之一（叶晓倩，2021）。再次，当员工感到被妒忌时，可能会造成妒忌的同事与被妒忌员工之间关系紧张（Ye，2021），为避免关系更进一步恶化，员工更倾向于实施工作退缩行为（王莹，2020）。相关实证研究也发现，在工作场所经历更多的消极体验可能会诱发更明显的工作退缩行为（Podsakoff，LePine & LePine，2007）。因此，本研究提出如下假设。

H2a：被妒忌感知与主动性行为显著正相关。

H2b：被妒忌感知与工作退缩行为显著正相关。

11.2.3 被妒忌感知的中介作用

根据社会比较理论，高职场地位的员工由于具有优势，更容易成为员工上行比较的对象而被同事妒忌（Liu，2020），这种妒忌情绪会被高职场地位员工感知到进而形成被妒忌感知（刘得格，2018）。当员工产生被妒忌感知时，被妒忌感知可以划分为工作要求与工作资源两大类（张兰霞，2020）。一方面，根据资源保存理论的螺旋增益法则，当被妒忌被视为工作资源时，高职场地位的员工更倾向于将被妒忌视为自身能力的胜任与认可，形成积极的自我评价进而激发高职场地位的员工实施主动性行为。另一方面，根据资源保存理论的丧失螺旋法则，当被妒忌被视为工作要求时，高职场地位的员工由于惧怕同事的报复与伤害行为，可能会产生人际压力与消极情绪进而诱发工作退缩行为。也即，高职场地位通过引起被妒忌感知进而引发员工实施主动性行为或工作退缩行为。实证研究亦证明，被妒忌感知可能是职场地位与员工行为之间的传导器（Liu，2020）。基于此，提出如下假设。

H3a：被妒忌感知在职场地位与主动性行为之间起到中介作用。

H3b：被妒忌感知在职场地位与工作退缩行为之间起到中介作用。

11.2.4　内在动机的调节作用

内在动机是指个体因为工作本身带有趣味性、挑战性等而产生工作的欲望（廖建桥，2015），是一种内在认知。与外在动机不同，内在动机更加注重在自发主动从事工作活动中获取工作本身所带来的满足感和乐趣（Thatcher et al.，2006）。内在动机在个人的工作进程中发挥着举足轻重的作用，因为高水平内在动机的员工拥有更加灵活和更加复杂的思想，因而对工作中的问题思考得更为深入，进而对工作结果产生影响（Mikkelsen et al.，2017）；同时，高水平内在动机的员工倾向于运用更加积极的方式应对不确定的情境或工作困境，并会运用新思维、新方法来解决工作中遇到的实际问题（马璐，2021）。此外，内在动机作为一种自主动机，其水平越高的员工越易被工作本身的价值所吸引，进而表现出更浓厚的兴趣并愿意增加投入（张正堂，2020）；高水平内在动机的员工更加关注自身内在成就需要，更愿意付出更多努力（Vansteenkiste，2004）。按照资源保存理论对资源的分类，内在动机是一种积极的动机资源（赵修文，2021），属于个体所特有的内部资源。内部资源更多的个体在利用其他资源储备时会表现得更为积极（李朋波，2022）。根据资源保存理论，个人拥有资源的多寡会影响员工被妒忌情境下的身心资源变化过程。一方面，当员工内在资源更丰富时会实施更多的主动性行为（Wu & Parker，2011）；另一方面，内部资源也能够对资源损耗起到一定的补充作用（Hobfoll，2018；李朋波，2022）因此，本研究认为内在动机在被妒忌感知与员工行为（主动性行为和工作退缩行为）之间起调节作用。

具体而言，一方面，当被妒忌感知满足自身胜任需求，被视为一种工作资源时，拥有高水平内在动机的员工拥有更多的心理资源。根据资源保存理论，持有更多资源的个体相应地会更有能力获得新资源，进而实施更多的积极行为，并且不易受到资源损失的影响（Hobfoll，2011）。同时，在高水平内在动机的高心理资源的加持下，根据资源螺旋效应，拥有更多资源的个体更容易积累资源，可能会实施更多的主动性行为。此外，高水平内在动机的个体容易受到工作活动本身的强烈鼓舞，不但会更加投入工作之中，而且更可能实施主动性行为（Parker，2010）。相反，拥有低水平内在动机的员工在感知到被妒忌时，心理资源相比较为匮乏。根据资源保存理论，个体自身的资源拥有情况会影响资源获取以及其对资源损失的敏感程度，当员工感知到被妒忌时，相比高水平内在动机的员工，低水平内在动机的员工获取资源的能力较弱，由于"基础资源含有量"较低，其螺旋递增速度也相对较慢，因而可能实施较少的主动性行为。再者，低水平内在动机的员工较不容易受到工作鼓舞，因而较少表现出主动性行为。

另一方面，根据资源保存理论，个体能够通过内部资源或者外部资源补充资源损耗来防止资源的进一步损耗（Hobfoll，2018；李朋波，2022）。在被妒忌被视为一种工作要求的情况下，高水平内在动机的员工由于拥有高水平的心理资源，一定程度上能够补充因被妒忌而产生的资源消耗。内部动机作为一种资源补充要素，能够缓解员工的情绪资源消耗（如因被妒忌而产生恐惧、担忧）进而改善其工作行为（Lee，2018；李新田，2018）。由于拥有较高水平的心理资源，高水平内在动机能够一定程度上减缓员工的资源丧失螺旋效应。此外，当员工处于压力情境中，拥有高水平内在动机的员工会更多关注内在提升而非外界刺激，因而不太容易受到因妒忌造成的较差同事关系的影响，即使在面临被妒忌的压力情境时，高水平内在动机的员工也能更加充满动力、干劲地投入工作中，较少表现出工作退缩行为。相反，拥有较低水平内在动机的员工在感受到被妒忌而产生担忧恐惧时，无疑是雪上加霜。根据资源保存理论，资源损失占主导性，当资源损失进程开启后，压力会进行迭代进而形成螺旋旋涡（Hobfoll，2001）。当员工拥有低水平内在动机时，意味着员工拥有较少的个人心理资源，这会加剧因被妒忌而产生的资源消耗，使员工陷入资源丧失螺旋效应，因而可能实施更多的工作退缩行为。同时，当员工内在动机水平较低时会更加关注外在刺激，也即更加担忧较差的同事关系，会更加惧怕同事实施伤害和攻击行为进而产生更多消极情绪。为防止资源进一步损耗，感知到被妒忌的员工更倾向于采取资源保存战略，采取更多工作退缩行为以避免伤害与陷入压力情境，进而保护自身资源防止其进一步损耗。据此，本研究提出如下假设。

H4a：内在动机在被妒忌感知与主动性行为之间起到正向调节作用。高水平内在动机情况下，被妒忌感知对主动性行为的影响作用更强，而在低水平内在动机情况下，被妒忌感知对主动性行为的影响作用更弱。

H4b：内在动机在被妒忌感知与工作退缩行为之间起到负向调节作用。在高水平内在动机情况下，被妒忌感知对工作退缩行为的影响作用更弱；而在低水平内在动机情况下，被妒忌感知对工作退缩行为的影响作用更强。

11.2.5　有调节的中介模型

基于假设3a、假设3b、假设4a和假设4b，我们提出有调节的中介模型，也即被妒忌感知传导了职场地位对员工行为的影响，但这种影响的大小会受到员工内在动机的调节。高职场地位的员工会被同事进行向上社会比较而诱发同事的妒忌情绪，这种妒忌情绪会被高职场地位的员工感知而形成被妒忌感知。根据资源保存理论，被妒忌感知既可以使员工产生资源增益，也可以使员工产生资源损耗。一方面，当被妒忌被视为一种工作资源时，内在动机水平高的员工心理资源更多且更加关注个人内部提升，因而会做出更多资源投资行为，表现出更多的主动性行为。相比内在动机水平低的员工，内在动机水平高的员工在享有高职场地位而引发被妒忌感知（工作资源）时更容易实施更多的主动性行为。

另一方面，当被妒忌被视为一种工作要求时，内在动机水平低的员工心理资源更少且更加关注外部刺激，为避免资源进一步损失和回避压力源，员工可能会表现出更多的工作退缩行为。相比内在动机水平高的员工，内在动机水平低的员工在面临高职场地位引发被妒忌感知（工作要求）时更容易诱发更多的工作退缩行为。因此，本研究提出如下假设。

H5a：被妒忌对职场地位与员工主动性行为之间关系的中介作用受到员工内在动机的调节，员工内在动机水平越高，被妒忌对职场地位—员工主动性行为之间关系的中介作用就越强。

H5b：被妒忌对职场地位与员工工作退缩行为之间关系的中介作用受到员工内在动机的调节，员工内在动机水平越低，被妒忌对职场地位—员工工作退缩行为之间关系的中介作用就越强。

综上所述，本研究探讨职场地位对员工行为结果的影响作用。具体分析了职场地位对被妒忌感知的影响作用，被妒忌感知对主动性行为与工作退缩行为的影响作用，被妒忌对职场地位与主动性行为、工作退缩行为之间关系的中介作用，并检验内在动机在被妒忌与员工行为（主动性行为和工作退缩行为）关系间的调节作用。本研究构建的理论模型如图11-1所示。

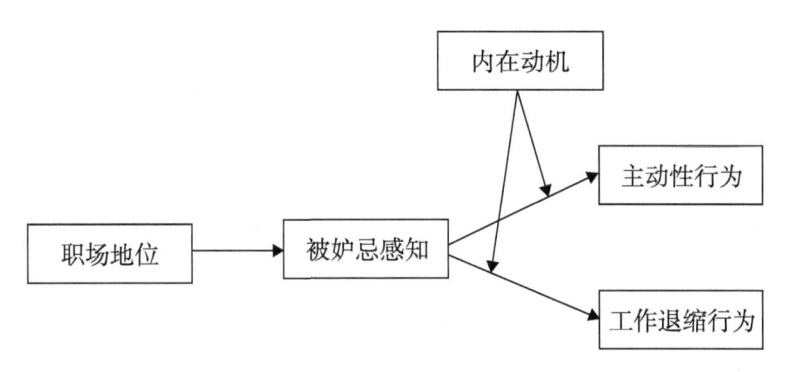

图11-1 本研究构建的理论模型

11.3 研究设计

11.3.1 研究样本与程序

本研究采取问卷调查法收集数据，对有工作经验的员工进行调查，利用问卷星软件线上发放和回收问卷。在收集数据的过程中，选用滚雪球的方法，请各行各业的朋友参与问卷调查，随后让他们邀请身边符合条件的朋友填写问卷。本研究所有题项皆为员工自评，通过匿名填写的方式来获取能够反映员工真实状态的数据。同时，为了减少员工的心理顾虑，本问卷在指导语处保证说明该信息仅用于学术研究。最后为表感谢，给予所有参与问卷填写的人员一定的报酬。

本研究共回收问卷380份，剔除空白过多、规律性作答等的无效问卷，共得到有效问卷351份，问卷有效回收率为92%。调查样本构成如表11-1所示。

表11-1 本研究的样本信息

变量	变量取值	人数（人）	占比（%）
性别	男	196	55.8
	女	155	44.2
年龄	25岁以下	39	11.1
	26~35岁	92	26.2
	36~45岁	128	36.5
	46~55岁	67	19.1
	55岁以上	25	7.1
教育水平	高中以下	31	8.8
	高中/中专/大专	68	19.4
	本科	183	52.1
	硕士及以上	69	19.7
工作种类	普通员工	163	46.4
	基层管理者	95	27.1
	中高层管理者	93	26.5
工作年限	1年以下	17	4.8
	1~3年	60	17.1
	4~6年	161	45.9
	7~11年	86	24.5
	11年以上	27	7.7
企业性质	国有企业	63	17.9
	民营企业	126	35.9
	外资企业	69	19.7
	机关事业单位	45	12.8
	其他	48	13.7

11.3.2 测量量表

本研究中所使用的测量量表包括职场地位、被妒忌感知、主动性行为、工作退缩行为和内在动机,由于国内的相关研究比较少,本研究借鉴了国外相关量表(Djurdjevic,2017;Veccio,2005;Frese,1997;Lehman,1992;Zhang,2010),经过标准的翻译和回译程序,按照中文行文表达习惯,设计了调查问卷。本研究具体的变量测量题项如表11-2所示。

(1)职场地位。采用Djurdjevic(2017)开发的量表进行测量,共包含5个题项,如"我在公司里有很高的地位"。本研究中Cronbach's α为0.834。

(2)被妒忌感知。采用Veccio(2005)所开发的量表进行测量,共包含3个题项,如"由于我与上司的工作关系密切,我有时会受到同事的怨恨",本研究中Cronbach's α为0.707。

(3)主动性行为。采用Frese(1997)所开发的量表进行测量,共包含7个题项,如"每当出现问题,我都会立即寻找解决方案",本研究中Cronbach's α为0.891。

(4)工作退缩行为。采用Lehman(1992)编制的工作退缩行为量表,共包含12个题项,如"把工作时间花在个人事务上",本研究中Cronbach's α为0.912。

(5)内在动机。采用Zhang(2010)所开发的量表进行测量,共包含3个题项,如"我喜欢改进现有的流程或产品",本研究中 Cronbach's α 为 0.724。

（6）控制变量。研究表明，员工的年龄、性别、工作种类、教育水平可能会对员工行为产生影响（Porath & Pearson，2012）。因此，本研究选取年龄、性别、工作种类、教育水平作为控制变量。

表11-2 本研究变量的测量量表

研究变量	测量题项
职场地位	我在公司有很高的声誉
	我在公司中有很高的地位
	我在公司中占据着一个受人尊敬的职位
	我在公司里有一个有声望的职位
	我在组织中有很高的知名度
被妒忌感知	由于我在工作中取得的成功，我有时会被同事怨恨
	由于我与上司的工作关系密切，我有时会被同事怨恨
	我的一些同事羡慕我的成就
主动性行为	我积极地解决问题
	每当出现问题，我都会立即寻找解决方案
	只要有机会积极参与，我就会抓住
	即使别人没有主动，我也会采取主动
	我迅速利用机会来实现目标
	通常我做的事情比别人要求我做的事情要多
	我特别擅长实施想法

续表

研究变量	测量题项
工作退缩行为	缺席的想法
	与同事谈论非工作话题
	由于不必要的原因离开了工作场所
	做白日梦
	把工作时间花在个人事务上
	在这项工作上投入的精力比应该投入的少
	关于离职的思考
	让别人做你的工作
	未经允许提早下班
	午餐或休息时间比允许的时间长
	未经允许拿走供应品或设备
	上班时睡着了
内在动机	我喜欢寻找复杂问题的解决方案
	我喜欢为工作任务创建新的程序
	我喜欢改进现有的流程或产品
主动型人格	不管概率有多少，如果我相信一件事，我就会把它变成现实
	不管任何人反对，我都会坚守自己的观点
	我非常擅长识别机会
	只要我认为一件事是正确的，没有任何困难能够阻止我实现它

11.3.3 统计分析

本研究采用SPSS 21.0和AMOS 23.0进行统计分析。运用AMOS 23.0进行验证性因子分析对各变量进行区分效度的检验；再利用SPSS 21.0和SPSS中的Process插件将层级回归与Bootstrap进行结合，以此来验证假设（Baron & Kenny，1986；Hayes，2015）。

11.4 数据分析结果

11.4.1 验证性因子分析

验证性因子分析结果如表11-3所示。由表11-3可知，五因子模型的各项拟合指标最好（SRMR=0.045，RMSEA=0.018，CFI=0.990，TLI=0.989，IFI=0.990），而四因子模型、三因子模型、二因子模型、单因子模型的拟合指数比较差。这说明职场地位、被妒忌感知、主动性行为、工作退缩行为和内在动机5个变量具有良好的区分效度。

表11-3 变量的区分效度

模型	χ^2/df	RMSEA	IFI	TLI	CFI	SRMR
五因子：$X_1/X_2/X_3/X_4/X_5$	1.107	0.018	0.990	0.989	0.990	0.045
四因子：$X_1+X_2/X_3/X_4/X_5$	1.657	0.043	0.939	0.933	0.939	0.078

续表

模型	X^2/df	RMSEA	IFI	TLI	CFI	SRMR
三因子：$X_1+X_2/X_3/X_4+X_5$	2.098	0.056	0.898	0.889	0.897	0.095
二因子：$X_1+X_2+X_3/X_4+X_5$	3.096	0.077	0.804	0.788	0.803	0.130
单因子：$X_1+X_2+X_3+X_4+X_5$	4.948	0.106	0.630	0.600	0.627	0.147

注：X_1表示职场地位，X_2表示被妒忌感，X_3表示主动性行为，X_4表示工作退缩行为，X_5表示内在动机。

11.4.2 共同方法偏差检验

本研究所用调查数据均是采用员工自评量表获取的，因而需要考虑共同方法偏差问题。首先本研究运用Harman单因子检验法，将调查问卷中职场地位、被妒忌感知、主动性行为、工作退缩行为和内在动机5个量表的所有题项放在一起进行探索性因子分析的检验。结果表明，在未旋情况下单因子解释了29.865%的方差，也即并未存在严重的同源偏差问题。此外，运用不可测量潜在方法因子效应控制法继续进行共同方法偏差的检验。在五因子模型的基础上加入共同方法因子，得出的模型拟和指标（SRMR=0.045，RMSEA=0.018，CFI=0.990，TLI=0.989，IFI=0.990）并没有发生较大的改变，再次证明共同方法偏差问题对于本研究的数据影响较小，可以忽略。

11.4.3 描述性统计分析

本研究所涉及变量的均值、标准差和相关系数如表11-4所示。由表11-4可知，职场地位与主动性行为正相关（$r = 0.456$，$p < 0.01$），与工作退缩行为正相关（$r = 0.442$，$p < 0.01$），与被妒忌感知正相关（$r = 0.356$，$p < 0.01$）；被妒忌感知与主动性行为正相关（$r = 0.372$，$p < 0.01$），与工作退缩行为正相关（$r = 0.603$，$p < 0.01$）；内在动机与主动性行为显著负相关（$r = -0.244$，$p < 0.01$），与工作退缩行为显著负相关（$r = -0.318$，$p < 0.01$），上述结果为本研究后续的假设检验提供了初步支持。

11.4.4 被妒忌感知的中介作用检验

以性别、年龄、教育水平、工作种类、工龄和企业性质为控制变量，通过层级回归法对研究假设进行验证，验证结果如表11-5所示。由表11-5中的M_2可知，职场地位对被妒忌感知有显著的正向影响作用（$\beta = 0.354$，$p < 0.001$），假设1得到验证；由M_5可知，被妒忌感知对主动性行为有显著的正向影响作用（$\beta = 0.376$，$p < 0.001$），假设2a得到验证；由M_9可知，被妒忌感知对工作退缩行为有显著正向影响作用（$\beta = 0.513$，$p < 0.001$），

表 11-4 变量均值、标准差和相关系数矩阵

变量	1	2	3	4	5	6	7	8	9
1. 性别									
2. 年龄	0.003								
3. 教育水平	-0.033	0.015							
4. 工作种类	0.002	0.037	0.620**						
5. 职场地位	-0.007	0.059	0.026	0.008					
6. 被妒忌感知	-0.014	0.100	-0.017	0.027	0.356**				
7. 主动性行为	0.099	0.045	-0.030	-0.089	0.456**	0.372**			
8. 工作退缩行为	-0.075	0.055	-0.002	0.034	0.442**	0.603**	0.280**		
9. 内在动机	-0.015	-0.026	-0.037	-0.047	-0.298**	-0.278**	-0.244**	-0.318**	
平均值 M	1.440	2.850	2.830	1.810	3.698	3.741	3.737	3.430	2.490
标准差 SD	0.498	1.078	0.846	0.830	0.883	0.885	0.884	0.761	0.954

注：* 表示 $p<0.05$，** 表示 $p<0.01$。

假设2b得到验证。

为检验被妒忌感知的中介效应，本文按照Baron和Kenny（1986）提出的逐步回归法进行检验。用该方法验证中介效应的存在需要满足三个条件：一是自变量对中介变量的影响作用显著，二是自变量对因变量的影响作用显著，三是自变量对因变量的影响的显著水平会随着中介变量的加入而消失或者降低。假设以上三个条件均满足则可证明中介作用存在。将该方法应用到本研究中，可检验被妒忌感知的中介作用。

在职场地位——被妒忌感知——主动性行为的路径研究中，首先，根据M_2可知，职场地位对被妒忌感知起到正向影响作用（$\beta = 0.354$，$p < 0.001$），满足第一个条件；其次，根据M_4，职场地位对主动性行为有显著的正向影响作用（$\beta = 0.455$，$p < 0.001$），满足第二个条件；最后，在M_6中，职场地位和被妒忌感知被一起引入回归模型，对主动性行为进行回归，结果表明被妒忌感知对主动性行为回归系数显著（$\beta = 0.308$，$p < 0.001$），职场地位对主动性行为回归系数因被妒忌感知的加入而显著降低（$\beta = 0.246$，$p < 0.001$），说明被妒忌感知在职场地位与主动性行为之间起到部分中介作用，假设3a得到验证。

在职场地位——被妒忌感知——工作退缩行为路径研究中，首先，根据M_2可知，职场地位对被妒忌感知起到正向影响作用（$\beta = 0.354$，$p < 0.001$），满足第一个条件；其次，根据M_8，职场地位对工作退缩行为有显著的正向影响作用（$\beta = 0.376$，$p < 0.001$），满足第二个条件；最后，由M_{10}可知，职场地位和被妒忌感知一起被引入回归模型，对工作退缩行为进行回归，结果

表明被妒忌感知对工作退缩行为回归系数显著（$\beta = 0.434$，$p < 0.001$），职场地位对工作退缩行为回归系数因被妒忌感知的加入而显著降低（$\beta = 0.223$，$p < 0.001$），说明被妒忌感知在职场地位与工作退缩行为之间起到部分中介作用，假设3b得到验证。

为了进一步验证假设3a和假设3b，本研究利用Bootstrap对被妒忌感知的中介效应进行检验，以主动性行为和工作退缩行为作为因变量，以职场地位为自变量，以被妒忌感知为中介变量，以性别、年龄、教育水平、工作种类、工龄和企业性质为控制变量建立中介模型。在职场地位——被妒忌感知——主动性行为的路径研究中，Bootstrap运行结果显示，被妒忌感知的中介效应显著，95%的置信区间为[0.035，0.143]，不包含0，且中介效应值为0.085。此外，在控制了被妒忌感知后，职场地位对员工主动性行为的直接效应由0.456降至0.371，95%的置信区间为[0.273，0.468]，不包含0，也即显著，因此可以证明被妒忌感知在职场地位与主动性行为之间发挥着部分中介作用，支持了假设3a。

在职场地位——被妒忌感知——工作退缩行为路径研究中，Bootstrap运行结果显示，被妒忌感知的中介效应显著，95%的置信区间为[0.106，0.265]，不包含0，且中介效应值为0.182。此外，在控制了被妒忌感知后，职场地位对员工主动性行为的直接效应由0.377降至0.222，95%的置信区间为[0.149，0.295]，不包含0，也即显著，因此可以证明被妒忌感知在职场地位与工作退缩行为之间发挥着部分中介作用，支持了假设3b。

表 11-5 被妒忌感知的中介效应检验

变量	被妒忌感知			主动性行为				工作退缩行为			
	M_1	M_2	M_3	M_4	M_5	M_6	M_7	M_8	M_9	M_{10}
常数项	3.605	2.366	3.458	1.862	2.101	1.281	3.499	2.180	1.650	1.154
控制变量										
性别	-0.030	-0.026	0.179	0.183*	0.190*	0.190*	-0.116	-0.112	-0.101	-0.101
年龄	0.081	0.063	0.039	0.017	0.009	0.002	0.038	0.019	-0.004	-0.008
教育水平	-0.057	-0.070	0.050	0.034	0.072	0.051	-0.036	-0.049	-0.006	-0.019
工作种类	0.062	0.067	-0.129	-0.121	-0.152*	-0.138*	0.052	0.058	0.020	0.029
自变量										
职场地位		0.354***		0.455***		0.369***		0.376***		0.223***
中介变量										
被妒忌感知					0.376***	0.246***			0.513***	0.434***
R^2	0.013	0.136	0.021	0.228	0.162	0.280	0.011	0.204	0.369	0.428
ΔR^2	0.013	0.124	0.021	0.206	0.141	0.052	0.011	0.193	0.358	0.224
F	1.099	10.898**	1.900	20.376***	1.900***	22.329***	0.935	17.697***	40.296***	42.913***
ΔF		49.479***		92.273***	57.845***	25.007***		83.847***	195.635***	134.703***

注: * 表示 $p < 0.05$, ** 表示 $p < 0.01$, *** 表示 $p < 0.001$; M 表示模型, 表中回归系数均表示标准化回归系数。

11.4.5　内在动机的调节作用检验

为验证内在动机调节了被妒忌感知与主动性行为/工作退缩行为的关系，运用层级回归分析方法，首先把主动性行为设为因变量，依次引入控制变量、被妒忌感知、内在动机、被妒忌感知和内在动机的交互项，以对员工主动性行为进行预测。内在动机的调节效应检验结果如表11-6所示。由表11-6的M4可以看出，被妒忌感知和内在动机的交互项对主动性行为具有显著的正向影响作用（$\beta = 0.120$，$p < 0.001$），这说明内在动机在被妒忌感知和员工主动性行为之间的正向调节作用显著，假设4a得到验证。另外，根据表11-6的M8可以看出，被妒忌感知和内在动机的交互项对工作退缩行为有显著的负向影响作用（$\beta = -0.090$，$p < 0.01$），这说明内在动机在被妒忌感知和员工工作退缩行为之间的负向调节作用显著，假设4b得到验证。

为了更直观地展示内在动机的调节作用，本研究绘制了内在动机的调节效应图，即将内在动机的均值加减一个标准差作为分组标准代入回归模型。如图11-2所示，在低水平内在动机情境下，被妒忌感知对主动性行为的正向影响作用较弱，而在高水平内在动机情境下，被妒忌感知对员工主动性行为的正向影响作用明显增强，内在动机在被妒忌感知与主动性行为之间起正向调节作用。由图11-3可知，在低水平内在动机情境下，被妒忌感知对工作退缩行为的正向影响作用较强，而在高水平内在动机情境下，被妒忌感知对员工工作退缩行为的正向影响作用明显减弱，内在动机在被妒忌感知与工作退缩行为之间起负向调节作用。

表11-6 内在动机的调节作用检验

变量	主动性行为				工作退缩行为			
	M_1	M_2	M_3	M_4	M_5	M_6	M_7	M_8
常数项	3.458	2.101	2.639	2.868	3.499	1.650	2.140	2.037
控制变量								
性别	0.179	0.190	0.184	0.136	-0.116	-0.101	-0.106	-0.084
年龄	0.039	0.009	0.010	0.013	0.038	-0.004	-0.004	-0.005
教育水平	0.050	0.072	0.067	0.077	-0.036	-0.006	-0.011	-0.015
工作种类	-0.129	-0.152*	-0.155*	-0.154	0.052	0.020	0.017	0.016
自变量								
被妒忌感知		-0.376***	0.334***	0.253***		0.513***	0.474***	0.510***
调节变量								
内在动机			-0.142**	-0.081**	0.011		-0.129***	-0.156***
交互项								
被妒忌感知*内在动机				0.120**	0.011			-0.090**
R^2	0.021	0.162	0.184	0.231	0.935	0.369	0.393	0.406
ΔR^2	0.021	0.141	0.022	0.047		0.358	0.025	0.013
F	1.900	13.339***	12.891***	14.705***		40.296***	37.162***	33.545***

注：*表示$p<0.05$，**表示$p<0.01$，***表示$p<0.001$。

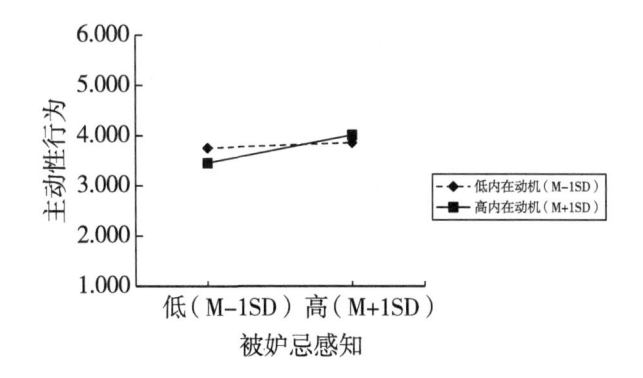

图11-2　内在动机在被妒忌感知与主动性行为之间的调节作用

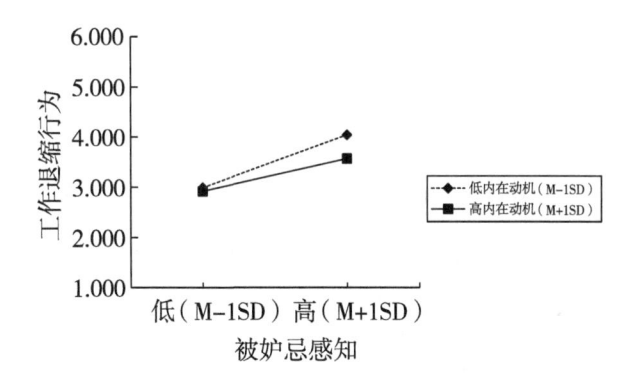

图11-3　内在动机在被妒忌感知与工作退缩行为之间的调节作用

11.4.6　有调节的中介效应检验

为验证有调节的中介效应，继续使用Bootstrap（抽样数=5000次）验证在不同的内在动机水平下，被妒忌感知在职场地位与主动性行为/工作退缩行为之间的中介效应，检验结果如表11-7所示。由表11-7可知，在职场地位——被妒忌感知——主动性行为路径中，当内在动机水平较低时，中介效应值为0.021，95%的置信区间为[-0.045，0.087]，包含0，被妒忌感知的中介作用不显著；当内在动机处于较高水平时，中介效应值为0.112，95%的置信区间为[0.051，0.182]，不包含0，被妒忌感知的中介作用变得显著，且检验参数INDEX= 0.048，95%的置信区间为[0.011，0.092]，不包含0，因此被妒忌感知在职场地位与主动性行为之间的中介作用受到内在动机的正向调节，也即假设5a得到验证。

由表11-7可知，在职场地位——被妒忌感知——工作退缩行为路径中，当内在动机水平较低时，中介效应值为0.210，95%的置信区间为[0.127，0,297]，包含0，被妒忌感知的中介作用显著；当内在动机处于较高水平时，中介效应值降为0.115，95%的置信区间为[0.059，0.181]，不包含0，被妒忌感知的中介作用显著，且检验参数INDEX=-0.050，95%的置信区间为[0.078，0.023]，不包含0，因此被妒忌感知在职场地位与工作退缩行为之间的中介作用受到内在动机的负向调节，也即假设5b得到验证。

表11-7　有调节的中介效应检验结果

员工行为	内在动机	效应系数	标准误差	95%的置信区间
主动性行为	低内在动机	0.021	0.032	[-0.045，0.087]
	中内在动机	0.066	0.026	[0.020，0.123]
	高内在动机	0.112	0.033	[0.051，0.182]
工作退缩行为	低内在动机	0.210	0.043	[0.127，0.297]
	中内在动机	0.162	0.035	[0.095，0.235]
	高内在动机	0.115	0.031	[0.059，0.181]

注：低内在动机、高内在动机分别为其标准化后的均值减一个标准差、标准化之后的均值加一个标准差。

11.5

研究结论、理论贡献与管理启示

11.5.1 研究结论

本研究基于社会比较理论与资源保存理论,构建了职场地位影响员工工作行为(主动性行为与工作退缩行为)的研究模型,通过对351份有效调查问卷的分析,得出以下结论:第一,职场地位能够正向影响被妒忌感知。第二,被妒忌感知对员工主动性行为有显著的正向影响作用,对工作退缩行为有显著的正向影响作用。第三,被妒忌感知在职场地位与主动性行为、工作退缩行为之间起中介作用。第四,内在动机正向调节被妒忌感知与主动性行为之间的中介关系,负向调节被妒忌感知与工作退缩行为之间的中介关系。第五,内在动机正向调节职场地位通过被妒忌感知与主动性行为之间的关系,负向调节职场地位通过被妒忌感知与工作退缩行为之间的关系。

11.5.2 理论贡献

本研究具有以下理论贡献。

首先，通过关注职场地位对员工行为结果的双面性影响，本研究突破了以往单一研究视角的局限性，拓展了职场地位对个体行为的可能差异性影响。以往研究虽然针对职场地位展开了一定的探索，但研究结果呈两极分化的态势；且过往研究更多聚焦于职场地位影响的积极面，关于职场地位影响阴暗面的研究略显匮乏。随着对职场地位影响研究成果的梳理，王碧英（2020）指出职场地位具有双面性，并呼吁同时探讨职场地位的"双刃剑"作用。本研究结果表明，职场地位既能够促使员工实施主动性行为，也会诱发员工实施工作退缩行为。以往关于个体差异性行为结果的研究大多聚焦于个体在职场地位提升与维持方面的行为动机，而忽略了拥有职场地位的个体的资源自我保护行为动机（个人资源损耗或者增益方面）所诱发的不同行为结果。本研究跳出职场地位利他的工具性社会价值视角（王碧英，2020），从行为内在动机的资源视角切入，有助于丰富职场地位对员工个体行为结果的双面性影响，为职场地位开拓新的研究视角以推动职场地位影响效应的研究。

其次，本研究证明了被妒忌感知是职场地位与员工工作行为结果之间的重要中介变量。以往研究主要从妒忌者视角切入，相比而言较少探究被妒忌者及其相关影响（刘得格，2018；Lee，

2018；张兰霞，2020；Ye，2021）。本研究基于社会比较理论与资源保存理论，主要聚焦于被妒忌者的心理及行为反应研究，通过分析被妒忌者在面对他人妒忌情绪时的心理及行为反应，补充被妒忌感知的适应性反应结果研究。研究结果表明，资源可能是贯穿"职场地位——被妒忌感知——工作行为"的线索，他人赋予员工高职场地位的同时可能会勾起他人的"酸葡萄"心理，高职场地位作为优势资源经过比较会诱发他人妒忌情绪，使员工产生被妒忌感知，为进行自我保护，被妒忌者会做出适应性行为反应。因此，本研究有助于揭示职场地位与个体差异化行为结果之间的黑箱效应，从资源视角理解被妒忌感知，同时深化被妒忌感知作为资源损耗与增益的影响结果研究。

最后，本研究证实了内在动机是被妒忌感知影响员工主动性行为的一个边界条件。研究结果表明，当员工内在动机水平较高时，被妒忌感知与主动性行为的正向关系更强。该结论印证了Yu和Duffy（2017）的观点，也就是说，被妒忌者在考虑实施何种应对策略时会受到被妒忌者动机等个人认知评价的影响。这也与胡琼晶（2015）的研究观点不谋而合，也即动机因素与资源因素（抑或能力）在职场地位对员工行为的影响过程中起交互作用，将内在动机纳入考量有助于全面客观理解职场地位对员工行为结果的影响；然而内在动机并未调节被妒忌感知与工作退缩行为之间的关系，这说明当被妒忌感知被作为一种工作要求消耗资源时，内在动机的资源补充并不能抵消外界（如妒忌者所带来的压力）资源消耗，内在动机却能在职场地位——被妒忌感知——工作退缩行为的中介路径中起调节作用，这意味着其中可能存在复杂的作用机制。

11.5.3 管理启示

本研究对组织中被妒忌感知管理具有以下启示。

首先，职场地位可能产生双面性作用，既可能激励员工实施主动性行为，也可能导致员工做出工作退缩行为，因此管理者应当关注高职场地位者的心理及行为反应，扬长避短。可以通过培训激发高职场地位员工积极的自我评价进而发挥高职场地位的激励作用，同时要关注高职场地位者与同事之间的关系，当发现高职场地位者的同事关系质量存在问题时应适当加以干预，帮助高职场地位者疏导消极情绪并应对同事关系困境，以减少工作退缩行为。由于职场地位具有"零一总"性质，组织应该进行相应的制度及文化构建，树立良好的比较竞争风气，引导员工对职场地位进行合理的社会比较。

其次，员工产生被妒忌感知未必是一件坏事，管理者可以通过对其加以善用来实现积极管理。本研究发现，职场地位之所以会对员工行为结果产生双面性作用，是因为被妒忌感知这一重要的心理作用机制。高职场地位作为一种优势，可能会招致同事对拥有优势的员工的妒忌，使员工感知到被妒忌，被妒忌感知作为一种工作资源，能够通过满足胜任需求来激发员工的主动性行为，而被妒忌感知作为一种工作要求，通过诱发被妒忌者对人际关系的担忧而引发其工作退缩行为。因此，员工经历被妒忌并非全然有害，虽然会有担忧、恐惧，但也给被妒忌者指明了积极发展的方向。在实践中管理者回避妒忌情绪不切实际，反而可以适当激发这种情绪，以达到满足与激励被妒忌者的目的。

最后，考虑到职场地位与员工行为之间关系的复杂性，探索二者关系的情境因素对于管理实践有着十分重要的作用。例如，职场地位不仅会受到个体能力（Bendersky & Shah，2012）、资源（胡琼晶，2015）的影响，还会受到内在动机的影响（杨征，2019；胡琼晶，2015）。本研究发现，员工被妒忌感知与行为结果的关系会受到内在动机的调节。高水平内在动机强化了被妒忌感知对主动性行为的正面影响作用，而高水平内在动机加剧了被妒忌感知与工作退缩行为之间的关系。因此，员工的个体特质如动机因素会影响员工对被妒忌的认知评价进而产生不同的行为结果。企业中的管理者应该注意激发员工的内在动机，对员工加以培训，进而激发员工热爱工作、注重内在提升的动机。同时，管理者也可以采取一定的激励手段强化员工的内在动机，进而减少被妒忌感知产生的消极影响，增强其积极影响。此外，管理者也可以在招聘时注重筛选具有强工作欲望以及自我提升动机心理特征的员工，实现人职匹配，从而满足员工胜任需求，发挥被妒忌感知的积极作用，最大限度地扬被妒忌的"长"，避被妒忌的"短"。

11.5.4　研究不足与未来研究展望

本研究尚存在一些不足，未来的研究可以从以下几个方面来展开。

首先，本研究基于静态视角探究职场地位的影响效应，未来可以关注职场地位的提升与降低、竞争与获得等动态性及其相应的作用机制。现有研究大多基于静态视角分析职场地位（钱欣，2021；杨征，2019；Liu，2020），本研究亦是如此，而有学者研究发现，职场地位是动态变化的（Hays & Bendersky，2015；刘德鹏，2019；王碧英，2020）。王碧英（2020）等学者指出职场地位具有动态性，呼吁实证研究关注职场地位的动态变化过程以及"黑箱"作用机制。因此，关注动态情境下的职场地位，有助于全面理解职场地位，也是未来研究的发展方向。

其次，本研究单独探讨了被妒忌个体的心理及行为反应，未来可以从整体互动视角探讨被妒忌个体的心理及行为反应。妒忌情绪包含妒忌者、妒忌物和被妒忌者（Liu，2019），是一个整体，把被妒忌者与妒忌者割裂开来分析不利于客观全面理解妒忌。在同一情境中同时探讨被妒忌者与妒忌者的互动更有助于理解妒忌者与被妒忌者的心理行为特征，更能反映妒忌情绪的社会性。

最后，本研究采用问卷自评的方式收集各量表数据，可能存在共同方法偏差与社会称许偏差问题，未来可以采取自评与他评相结合的方式测量职场地位与被妒忌感知。中国崇尚谦虚低调的行为作风，人们通常会低估自己的职场地位与被妒忌感知，因为人们害怕被冠以自恋的负面标签，因此采用自评方式可能会导致研究结果的客观性较低，他评方式有助于真切了解他人对员工职场地位的评价与妒忌情绪，提高测量结果的一致性。因此，采用自评与他评结合方式相较而言更为客观真实。

12
PART

基于被妒忌者视角的被妒忌差异性体验综合模型构建

组织中的妒忌与被妒忌及其管理

被妒忌产生的体验可能是矛盾的，既可能是积极体验（愉悦感、成就感），也可能是消极体验（焦虑、担心）(Parrott, 2017)。被妒忌的矛盾性体验在不同人身上引起的反应可能是不同的，如偏积极或者偏消极更多或者更少，究竟导致这种差异的因素及其作用机制是什么值得深入探讨。因为这是深入理解被妒忌者反应及其可能的行为选择的基础，也是进一步管理职场中妒忌的重要理论依据。

12.1
被妒忌差异性体验的关键影响因素

组织情境中导致被妒忌差异性体验的关键影响因素究竟有哪些？对于这一问题的探讨是深入理解组织中被妒忌反应以及进行相应的组织中妒忌管理的基础。本研究主要探讨导致组织中被妒忌不同体验的可能原因，如被妒忌的触发器、被妒忌来源以及被妒忌的性质等可能的影响作用。

首先，被妒忌的触发器不同可能带来不同的被妒忌体验。导致员工被妒忌的原因是多种多样的。Lee等（2018）关注的是职场成功，他们认为，职场成功可能是组织背景中引发妒忌的最普遍和最常见的原因（Schaubroeck & Lam，2004；Scott，Shaw & Duffy，2008）。Parrott（2016）也指出，导致员工被妒忌的原因多种多样，可以说是无限可能。Lee等（2018）指出，导致被妒忌的原因不同可能引发的反应与结果也会有所不同。未来可以有针对性地考虑工作场所中导致被妒忌的不同原因可能引发的被妒忌的不同体验。

如较高的工作绩效常常是导致被妒忌的一个重要原因

（Parrott，2016；Yu & Duffy，2016），至于是否妒忌主要是针对特定的高绩效的明星员工，而这将引发妒忌对象什么样的反应，可能存在的作用机制是什么还要具体探讨。又如，LMX差异化可能会导致员工妒忌与被妒忌。Duffy等（2008）、Nandedkar和Deshpande（2012）就指出，组织成员会将自己的LMX与他人进行比较，这种比较结果以及不同LMX可能带来的不同领导对待可能会引发员工的妒忌。这可能是因为不公平的对待会让员工产生心理不平衡，从而引发妒忌。Kim等（2010）、Kim和Globm（2014）也发现，低LMX水平的员工更容易产生妒忌情绪。领导差异性地对待下属引发员工间的妒忌与被妒忌是组织情境中的一种普遍现象（Thompson et al.，2016）。这种可能引发组织不公平感相伴随的被妒忌的体验是什么，其间可能存在的边界条件如何，也可以深入剖析。基于此，未来研究有必要探讨工作场所被妒忌的具体触发器，并检验可能引发的妒忌对象的不同被妒忌体验及其机制。

另外，不同来源的妒忌也可能导致被妒忌的体验存在差异。如Parrott等（2008）研究发现，被妒忌是一个普遍存在且被个体所重视的问题，尤其当这种妒忌来自亲密朋友的时候更是如此。可见，妒忌者与自己的关系亲密度不同时，被妒忌者的重视程度也会有所不同，可能带来的体验也会有所差异。据此来看，来自不同人的妒忌可能引发个体的体验与反应也会有所不同。在组织情境中存在着地位和层级差异，来自上级或者组织中重要地位的人的妒忌产生的影响是否更大还需要进一步探讨。再者，妒忌有善意与恶意之分，不同性质的妒忌引发的被妒忌体验也可能会有所不同。这也是未来研究需要进一步细化探讨的一个重要问题。

12.2 差异性被妒忌体验产生的过程机制

Lee等（2018）指出，因为被妒忌员工会将被妒忌的情境看作是目标一致或者不一致，从而可能会相应产生积极或者消极情绪。实际上，Lee等（2018）在研究中特别强调并实证检验了情绪的作用，但同时他们也隐含地提出了认知在其中产生的影响作用。这是可以进一步探讨的问题，如被妒忌对象的目标是否会影响知觉或者认知评价，接着产生不同的情感体验并引发相应的反应？基于身份观视角，不同的身份关注点可能有所不同，这是否导致被不同人妒忌而产生的被妒忌感知与体验也会不同，从而产生不同的被妒忌体验？

被妒忌员工可能会知觉同事妒忌是传递了一种关于自己的地位与优越性的积极社会信息（Klein，1997；Mosquera，Parrott & de Mendoza，2010）。从这一点来说，员工被妒忌实际上是自己的积极自我评价得到了他人的确认。因为来自同事的妒忌会让妒忌对象确信他们做得比其他人更好，这意味着他们已经实现了他们"走在前面"的目标。员工往往希望通过达到并维持比其他同事更成功的状态来维护自己的自我评价（Pierce & Gardner，2004）。就此而言，积极自我评价是否与自我概念相关，并进一步与个体的职场身份或者工作身份有联系，可以进一步探究。

不过，员工也可能知觉同事妒忌是传递出一种负面的社会信息，即可能威胁同事关系的信息。被妒忌的员工可能会感觉到不安和担忧，因为他们感到自己的成就引发了同事关系不和（Lee et al.，2018）。妒忌对象可能害怕同事因感到自身处于劣势而对自己产生敌意，进而伤害妒忌对象的同事关系（Cohen-Charash & Mueller，2007；Duffy et al.，2012），阻碍其与同事"和睦相处"的目标的实现。被妒忌者的关系目标与当前情境的不一致导致了被妒忌者的负面情绪以及对于工作关系的焦虑（Lee et al.，2018）。

综上来看，被妒忌员工知觉同事妒忌可能产生不同的结果：其一，可能认为是传递了有关自身地位以及优越性等的积极正面的社会信息；其二，可能认为传递了潜在威胁自己与同事关系的消极负面的社会信息。由此看来，未来研究需要进一步探讨可能导致不同认知反应的边界条件，如是否关系身份突出性的影响，是否关系身份突出的个体知觉被妒忌传递负面社会信息的可能性更强。

此外，不同的妒忌原因，即被妒忌的不同来源，可能导致不同的认知与反应。如DLMX研究中强调了基于绩效的DLMX未必是负面的，可能会让人觉得这种差异化关系才是公平的。依此逻辑，被妒忌是基于优秀绩效还是LMX差异化是否会带来不同的认知与反应？这个问题未来可以深入探讨。

12.3 差异性被妒忌体验产生的跨层面边界分析

被妒忌体验可能存在显著的个体差异,其中的个体层面影响因素有哪些还需要检验。例如,个体层面影响因素中的价值观,包括个人主义—集体主义价值观、中庸思维等可能会产生重要影响。已有研究探讨社会文化价值观的影响作用,如集体主义文化背景中被妒忌者的体验不同于个体主义文化背景中被妒忌者的体验,在前种情境中,被妒忌带来的更多是消极体验(Rodriguez Mosquera et al., 2010;刘得格等, 2018)。个人主义—集体主义文化价值观也具有个体层面的差异性,这种个体差异性可能如何影响被妒忌体验与反应需要进一步研究。中国文化背景下的中庸思维是否也可能影响被妒忌体验,也值得进一步展开实证检验。又如,个体的人格特征也可能影响被妒忌者的反应(Exline & Zell, 2012)。研究发现,个体的特质性积极情感与消极情感(trait positive and negative affectivity)可能会影响员工的社会比较与互动知觉(Duffy et al., 2012;Gibbons & Buunk, 1999;Lee et al., 2018）。有学者指出，个体可能会将自己的创新观念与自我概念（self-concept）相联系（Grimes，2018）。除了创新想法之外，个体可能引发他人妒忌的地位或成就等优势也可能被认为是自我概念的重要基础。由此来看，被妒忌者的自我概念或者工作角色身份也可能导致对被妒忌的反应有所差异。当个体将被妒忌的因素作为其自我工作身份的一部分时，可能带来的被妒忌体验有何不同，未来可以进一步深入对比研究。

除了个体层面影响因素以外，组织环境因素也可能导致被妒忌体验的不同。社会比较是无法避免的（Duffy et al.，2008；Greenberg et al.，2007）。个体会通过观察他人涉及自己的信息来评价自己在高风险或者不确定情境中的状况，即进行社会比较（Festinger，1954；Buunk & Gibbons，2007；Goodman & Haisley，2007），而竞争性的环境会促使个体将自己与他人进行对比，或者关注彼此间的差异，而不是关注同化或者相似性（Brown et al.，2007；Mussweiler et al.，2004）。不过，现有研究很少探讨社会比较过程与可能促进或者抑制社会比较过程的组织因素之间的关系（Duffy et al.，2008；Duffy et al.，2012）。未来需要更深入地检验组织环境因素可能导致差异化被妒忌体验的影响机制。

概言之，妒忌有不同的界定，关注的类型不同，被妒忌引发的反应也会因为妒忌的来源不同而有所不同。具体来说，不同界定下的妒忌诱发原因不一样，被妒忌者的体验也会有所不同，反应可能也会有所差异。这是在进行具体的妒忌深入研究中需要注意的。比如不同地位的个体面对被妒忌的反应可能有所不同，正式地位和非正式地位的差异都可能带来不同的体验。综上所述，本研究提出了如图12-1所示的初步研究理论框架，有待进一步深入实证检验与完善。

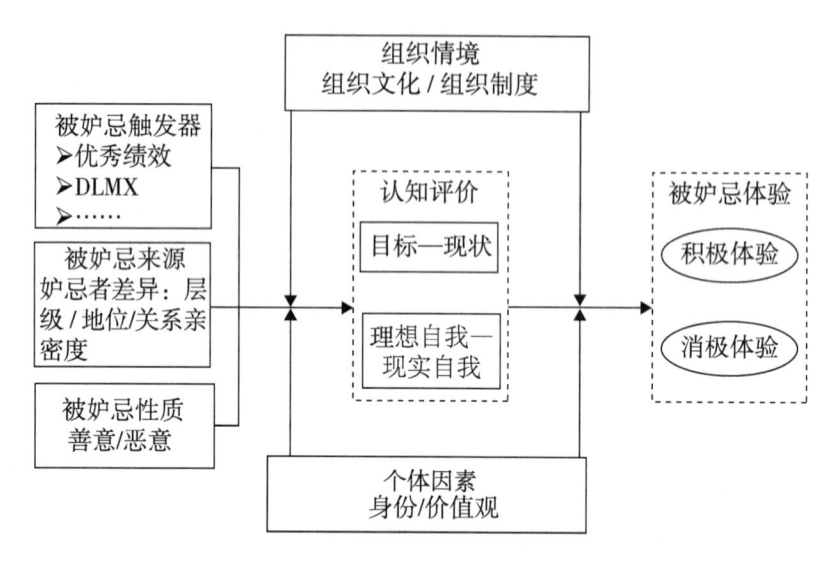

图12-1 被妒忌差异性体验的影响要素初步研究理论框架

12.4
妒忌对象的适应性选择反应的内在机制研究

妒忌对象对于被妒忌可能产生的反应会有很大的不同。一方面,妒忌对象可能会因妒忌者的拉低策略行为而产生焦虑、不安和压力(Parrott,2017)。另一方面,妒忌对象可能会因为被妒忌的优势传递出了自身成就和自我价值而产生积极的情感体验,如自我提升感、自豪感等(Mosquera et al.,2010;Lee et al.,2018)。不同的情感体验可能引发不同的反应策略。研究表明,害怕成为妒忌对象的个体常常会隐藏他们的积极品质,并且主动避免表现得非常成功(Cohen-Charash,2009;Schaubroeck & Lam,2004)。Yu等(2018)指出,下行妒忌的对象可能会投入印象管理的行动之中,如隐藏可能暴露领导者不足的观念,把自己的个人成就归于其领导者,等等。Lee等(2018)发现,被妒忌对象可能会产生消极的情感体验、对关系以及他人遭受的痛苦的担心,从而降低自己较好的工作绩效带来的意义感,并认为这种环境缺乏追求进一步成功的安全性。同时负面情感需要进行情感调节（emotion regulation），从而消耗被妒忌者本可以投入工作中的认知资源（cognitive resources）（Johns, Inzlicht & Schmader, 2008）。可见，被妒忌也可能带来负面的结果。未来研究可以从妒忌对象视角探讨可能引发的反应及其内在机制，如探讨什么时候可能会产生何种反应，其有效性如何，等等。妒忌对象对于同事关系的关注以及对自我职业成功的关注的不同是否会导致对被妒忌做出的反应有所不同？是否自我工作身份或者职业身份定位的不同会影响被妒忌者的反应，而妒忌者与妒忌对象之间的互动过程也可能导致后续的身份建构的动态调整，进而影响被妒忌者的反应？这些问题都是未来研究需要深入探讨的重要问题。

Lee等（2018）提出，情感是被妒忌影响动机与绩效的一个关键机制。这种情感包括一般的情绪状态和具体的特定类型情感。学者研究发现，被妒忌可能引发的不同的情感反应将会或者支撑或者束缚被妒忌者的工作投入与绩效。不过，认知评价也可能是其中一个重要的影响因素，未来研究可以在检验妒忌反应中情感的影响作用的基础上，融入对认知评价影响因素的探讨，以及认知与情感对被妒忌反应的综合影响机制。

12.4.1 认知—身份工作的联动影响机制

妒忌可能引发不同的行为反应，而其中的关键影响因素就是个体的认知与评价（何幸和崔丽莹，2016）。导致被妒忌的职场成功也可以有多种解释方式，这依赖于知觉者本身，如非常好的客户互动技巧、与领导者的关系、领导能力、更好的工作安排等都可能成为被妒忌的原因（Lee et al., 2018）。对被妒忌的不同的认知与评价也可能引发妒忌对象不同的反应。

妒忌对象评价被妒忌收益与成本的认知过程是其反应的重要内在驱动因素（Parrott, 2017）。评价过程可能与自己的目标定位有着密切的关系。Yu和Duffy（2017）、Zell和Exline（2010）就指出，被妒忌者对妒忌的应对策略受到其动机和目标的影响。究竟影响被妒忌者差异性反应策略选择的因素及其机制如何还需要进一步深入探讨。

妒忌基于对"他人财富"的认知评估而产生。妒忌反映了个体对他人所拥有的成就等非常渴望，同时体现出现实自我与理想自我之间的差距（Jankowski & Takahashi, 2014；何幸和崔丽莹, 2016）。个体在与自我相似的他人进行上行社会比较时更容易产生妒忌情绪，并且这种上行比较会对个体的自我概念及自我评价产生一定的威胁（刘得格, 黄晓治, 李焕荣等, 2018）。不少学者指出，个体在进行社会比较时，如果发现这一比较威胁到了自我概念，会重新解释当下情境（Crusius & Lange, 2016；Sterling et al., 2016；刘得格等, 2017）。根据身份建构理论，这也是一种身份威胁与身份再建构，可以进一步检验。Vidaillet（2006）就明确强调，妒忌会引起一种对于个体职业身份（professional identity）核心的威胁。这种威胁作为一种变化的刺激可能会引发对自我职场身份的再思考，并进行相应的身份工作。相应地，被妒忌感知也可能作为外界的一种刺激，引发相应的职场身份的再思考，激发身份工作的动机与行为。虽然有学者指出妒忌可能对职场身份产生威胁，但是究竟如何影响身份感知与调整，对于被妒忌者而言可能采取什么样的身份工作，其职场身份又可能如何发展与调整目前仍不明确。

大部分人都希望能够拥有并维持一个积极的自我概念，而这主要来源于自己在某些特别关注的领域中的良好表现（Pyszczynski et al., 2004；王月竹和方双虎，2013）。对他人产生妒忌的一个可能原因就是他人所获得的成就（如优异的成绩或者职位晋升）。被妒忌者对于被他人妒忌的优势与自我概念或者职场身份的密切程度也将影响其对被妒忌的认知评价与随后做出的行为反应（Schaubroeck & Lam，2004）。需要特别强调的是，中国文化背景下，"面子"与"关系"的考量会不会使得这一选择有其不同于西方研究的独特发现？如"面子"鼓励被妒忌中发现的有助于积极自我评价定位的信息更受重视，而"关系"强调维护和谐关系。未来需要探讨被妒忌者反应策略如何选择，多种策略如何组合，这些组合策略的效果如何，以及其中的内在机制和边界条件如何，等等。中国人所强调的"人情"是否也是一种策略的考虑？上述问题也是未来研究的一个重要关注点。

12.4.2　情感—身份工作的联动影响机制

情感，不管是积极的还是消极的，都可能作为一种社会功能发挥作用，如让个体对当下不太理想的情境保持警觉，时刻准备在需要做出改变的时候采取补救行动（Hill & Buss，2006）。妒忌也可能扮演着社会功能的角色，让个体不断监控所处的社会环境中表明其在某些重要领域相对其他人有所欠缺或者不足的信息，并且努力调整以消解妒忌所引发的对于自尊的威胁（Hill & Buss，2006）。

Lee等（2018）指出，在工作中与社会比较相关的体验是工作投入的一个重要预测变量，因为这种社会比较可能会形成积极的情感体验，也可能会形成消极的情感体验。情绪状态一般可以分为积极情绪（positive moods）与消极情绪（negative moods）（Lazarus，1991）。Lee等（2018）采用系列中介模型实证检验被妒忌的影响效应机制，指出被妒忌经由两种不同的路径影响工作投入进而影响工作绩效。具体来说，研究结果表明，被妒忌可能带来积极情绪，也可能带来消极情绪。学者研究发现，被妒忌在一定程度上影响了积极或者消极情感，而这对于员工进一步的工作投入和绩效有着相反的意义。实证研究表明，一般的积极情绪状态中介被妒忌和工作投入之间的关系，不过具体的情感（骄傲）并不中介被妒忌和工作投入之间的关系。分析其原因，可能是骄傲并不是员工可能感受到被同事妒忌的一系列积极情感的准确代表。因为被妒忌的员工可能会控制骄傲情绪（Lange & Crusius，2015），但是体验到了其他形式的积极情感，如高兴（Joy）（Roseman，Spindel & Jose，1990）。

Lee等（2018）认为对于个体而言，被妒忌其实也证明个体处于一种有利的情境之中，在此情境中，感激提供了一种非常有力的解释，即为什么某些员工对于被妒忌会产生建设性的反应。

Lee等（2018）认为，与被妒忌相联系的情感体验可能是多方面的，未来需要进一步探讨来自被妒忌的可能具体情感，如各种类型的积极情感。

妒忌是令人不快的，甚至是令人痛苦的，同时可能会进一步威胁到个人职业身份的核心（Duffy, Scott, Shaw et al., 2012；Smith, 2004；Vidaillet, 2007）。如果这发生在一个重要领域，可能会激发补偿性的行为（compensatory behavior）（Dineen et al., 2017）。大量研究表明，妒忌可能会引发偏离反应（deviant responses），如破坏、报复、反生产行为；也可能引发建设性的反应（constructive responses），如增加努力和提升绩效表现（Duffy et al., 2008；Smith & Kim, 2007；Van de Ven et al., 2011）。被妒忌也可能产生对立的矛盾性体验，是否同样对个人职业身份或者工作身份有所影响，激发起相应的身份工作，包括解构现有身份和再建构新的身份；这些身份修整工作又将如何影响个体的反应是一个需要深入研究的问题。

12.4.3 妒忌对象差异性选择反应的边界条件

妒忌对象的差异性反应选择，可能会受到多种因素的影响，从而导致妒忌对象对于被妒忌的反应具有差异性，可能的边界条件有个体特征、被妒忌类型、被妒忌原因等。

员工被妒忌情境下可能产生一种矛盾的心理体验，如中国人看面子是一方面，集体主义文化价值观又是一方面。研究发现，被信任有好处也可能成为负担，那被妒忌呢？是否也有正、负两面性作用？面子需要是中国特有的一种社会文化心理，对于中国文化背景中的个体的心理与行为有着重要的影响作用（赵金金等，2017），而集体主义文化价值观也是中国人所强调的。究竟中国情境下追求面子与集体主义价值观在员工被妒忌情境下将如何影响其可能的体验与反应，是值得深入探讨的一个重要问题。

被妒忌类型可能具有一定的调节影响作用。实际上，研究表明，个体常常不只是被一个同事妒忌（Dineen et al.，2017；Duffy et al.，2012）。Lee等（2018）的研究是探讨被多个同事同时妒忌的知觉以及这种知觉对于个体工作投入和绩效的不同意义，即关注的是环境性妒忌，而特质性妒忌或者情景事件妒忌与之有何不同，也可以进行对比研究。

妒忌者的不同反应策略选择可能与妒忌的性质有关，如是善意妒忌还是恶意妒忌。那么，是否不同类型的妒忌可能引发的被妒忌者的体验与行为反应也会有所不同呢？根据拉低策略，拥有正式权力位置的妒忌者可能会被激发去伤害被妒忌的下属，即所谓的"老板妒忌"的危险（Yu et al.，2018）。在这样的情况下，下属为了不冒险，可能选择将自己最好的想法藏在心里，只说领导想听的话，在讨好领导的同时，也不会让自己成为领导妒忌的对象。与下行妒忌相比，横向妒忌会因妒忌性质不同而有所不同吗？其间的差异有哪些？这些问题也是未来研究需要重点关注的内容。领导者也可能体验到对下属的妒忌这种情感体验（Yu et al.，2018）。处于领导者位置的个体总是认为自己应该相应地拥有较高的非正式社会影响力，获得他人对于自己的任务或者管理能力的尊重，拥有更丰富的专业人士的社交网络。当下属拥有这些优势后，领导者就会觉得这违背了自己的预期。正是因为一直以来人们都认为领导者应该比下属拥有更多的优势与特权，当领导者知觉到下属拥有自己渴望而又没有的东西的时候，这种反差或者矛盾可能会令领导者感到不舒服。下行妒忌是否可能带来更不同的反应，不同于横向妒忌或者上行妒忌。这也是一个值得探究的问题。当然，并不是所有的领导者都拥有上面所说的这种优于下属的预期，什么样的领导者才会有这种预期，从而导致下行妒忌的可能性更高？其对待优秀下属的反应，即妒忌后产生的行为反应会有何不同？其中可能存在的边界条件是什么？这些都是可以深入探讨的问题。

被妒忌的原因不同引发的反应也会有所不同，如可能是因与领导者关系密切引起妒忌，也可能是因工作成就引起妒忌（Lee et al., 2018）。如基于绩效的妒忌引发的反应是不是积极的？这一问题还需要进一步检验。

妒忌者与被妒忌者的关系亲密度也可能有所影响。有关人际关系亲密度对于妒忌的影响作用的研究目前还没有形成一致的结论。有研究发现，关系亲密度负向联系妒忌水平（Hofer & Busch, 2011）。另有研究发现，不同测量方式得到的研究结果不一致，间接测量妒忌水平时，高关系亲密度的妒忌水平也较高；而在直接测量妒忌水平时，高关系亲密度的妒忌水平较低（曹钰等，2018）。妒忌下属的领导者如果知觉该下属为朋友可能会选择较长期的差距修复策略，如自我提升。有研究表明，被妒忌的朋友会引发妒忌者的一种生产性的行为反应（productive behavioral responses），如主动学习（Fiske et al.，2007）、亲社会行为（Tai et al.，2012；Cuddy et al.，2008）。此处所强调的"朋友"是反映可信度高、具有亲切性及安全性的（如让人感觉友好的）他人（Cuddy et al.，2011；Fiske et al.，2007）。基于此逻辑，是否妒忌者与被妒忌者的关系状态会影响双方的反应，也是需要进一步验证的问题。社会认同在妒忌研究中有着非常突出的作用（Smith，2004；Vidaillet，2006），尽管社会认同的影响尚不明确（Alicke & Zell，2008）。根据人们之间存在的联系，包括个人归属、亲密性或者相似性进行界定，对他人的高水平的社会认同使得妒忌的感觉更可能发生并且会更加强烈（Van Dijk et al.，2006）。大量的关于道德排斥的理论和实证研究表明，个体对那些与我们更亲密的人的道德义务感会更强烈，而对那些心理距离较远的人的道德义务感则较弱（Reed & Aquino，2003；Tepper, Moss & Duffy，2011）。是否被不同人妒忌而产生的被妒忌认知与体验也会因妒忌者与自己关系亲密度的不同而有所不同，从而产生不同的影响呢？

组织情境因素也是一个需要考虑的边界条件。Duffy等（2012）的实证研究表明，妒忌通过道德脱离对于社会阻抑的间接作用仅会在社会认同较低或者团队暗中破坏规范问题较突出的时候发生。Fredrickson（2004）强调，良好的或者有利的情境，可能引发个体的感激之情（gratitude），这不仅可以促进关系和资源的发展，而且可以帮助个体消除负面的情感体验。Yu和Duffy（2017）的"妒忌—被妒忌"社会情境模型指出，个体处在不同的情境中可能产生不同的被妒忌体验。基于此，在组织情境中需要考虑组织因素对被妒忌体验与行为反应的可能的影响作用，并加以利用，更好地管理组织情境中的妒忌问题，尽力避免可能产生的负面影响。

早期研究主要关注的是社会认同（亲密性、相似性）与妒忌的正相关关系，因为认同创造了一种预期，即他人应该与自己经历相似的结果（Schaubroeck & Lam, 2004；Smith & Kim, 2007）。Duffy等（2012）提出，社会认同具有调节作用，并基于道德排斥理论（Opotow, 1990, 1995）和自我解构（self-construal）（Bandura, 1986）指出，妒忌者仅会在他们感觉与工作环境中的他人心理联系较少，即体验到较低的社会认同的时候，才会产生道德脱离。与此相对，高社会认同使得个体难以将妒忌转化为对伤害行为的认知合理化。因此，尽管先前的研究关注点在于社会认同在妒忌产生过程中所起的作用，但Duffy等（2012）强调社会认同如何通过缓和道德脱离的倾向来影响妒忌引发的反应。总的来说，Duffy等（2012）检验了妒忌导致社会阻抑的两个条件，即妒忌员工对同事没有强烈的认同，阻止社会阻抑的规范比较弱。

社会影响与身份认同研究指出，遵从社会规范的含蓄的和非正式的压力会影响行为，甚至在缺乏明确的协议或者正式规则的情况下也会如此（Duffy et al., 2012）。社会影响可以有不同的分类，包括规范影响、信息影响以及参照信息压力。其中，规范影响（normative influence）涉及基于个体渴望被认可或者避免被排斥的遵从压力，即遵从压力之所以起作用是因为在社会环境中的他人有奖励或者惩罚个体的可能。信息影响（informational influence）涉及个体搜寻能用于进行准确行为选择的信息。参照信息压力是指个体试图与自己的信念和对那些被认为是某些突出社会身份特征的知觉相匹配的过程中产生作用的影响力（Bamberger & Biron, 2007）。个体会使用描述性规范或者在其社会环境中他人所展现的典型行为作为自己在相应背景下的行为决策参照，而在个体的自我调节能力被耗尽的情况下，规范的作用会更加突出（Berger & Rand, 2008）。社会环境发挥着规范性、信息性作用并参照信息压力以制止有害行为。基于身份工作观，个体的身份建构是一个动态的过程，在这一过程中受到个体与环境两层面因素的共同影响。正如上文所指出的，受自我社会身份（如职场身份或者工作身份）的特征知觉影响，个体可以进行相应的自我调节以及对自我身份的解构与再建构。此外，社会环境的规范、参照信息压力也可能发挥情境影响作用。

综上所述，情感状态（包括一般情绪状态和具体类型的情感）即是个体对其所处环境与自己的目标一致性的评价结果（Lazarus, 1991, 1999）。由此可见，认知影响情感。被妒忌感知作为一种认知可能进一步影响具体的被妒忌情感体验以及由此引发的行为反应。未来研究可以基于身份工作观，探讨被妒忌感知对被妒忌反应的影响路径机制及可能的边界条件，包括认知—身份工作以及情感—身份工作的双重联动中介机制。具体如图12-2所示。

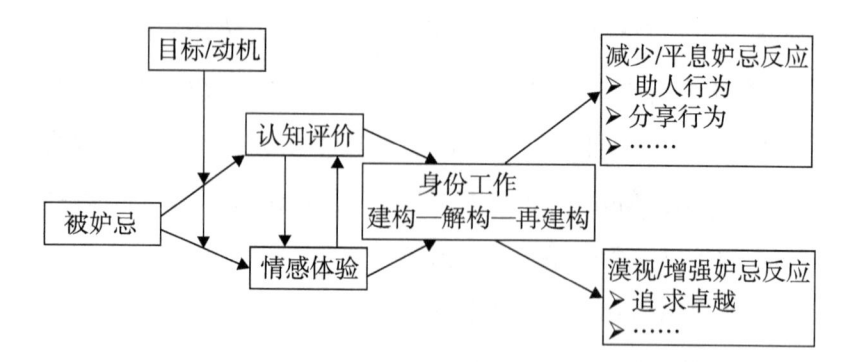

图12-2　妒忌对象适应性选择反应的初步理论模型

13
PART

工作场所中被妒忌者与妒忌者双主体影响下的被妒忌反应

组织中的妒忌与被妒忌及其管理

被妒忌个体的行为反应可能会有两种性质对立的选择。不过，其具体效果如何，针对不同类型的结果变量的影响可能会有何区别，等等，这些尚不明确。一方面，被妒忌者的谦虚行为这种弱化策略未必能够带来积极结果。如 Zell 和 Exline（2010）就指出，自我贬低行为未必能给个体带来积极结果。由此来看，过度谦虚的行为也未必是好策略，"过度谦虚就等于骄傲"这一说法就反映了策略需要把握一个度的问题，而影响这个度的因素是什么还需要进一步探讨。对这一问题的思考将有助于更好地理解被妒忌者反应策略的选择，并能更有针对性地指导妒忌管理实践。另一方面，妒忌者所采取的拉低策略也可能使得被妒忌者采取相应的报复措施，从而导致恶性循环。究竟被妒忌者的策略选择受哪些因素影响，又如何发展，这一过程可能会受到密切联系的妒忌者行为策略怎样的影响，如何才能对妒忌者与被妒忌者进行有效引导均还需要进一步探讨。Parrott（2017）指出，妒忌中涉及人际互动，因此探讨妒忌时需要关注人际互动因素。未来研究可以基于时间维度，探讨妒忌对象与妒忌者互动对妒忌对象反应的可能影响的动态机制，以更深入理解和把握妒忌对象的动态反应模式与内在机制。

13.1 基于被妒忌者视角的被妒忌者—妒忌者互动与反应动态发展

Van de Ven 等（2010）发现，被妒忌者可能通过实施帮助行为来减少他人的恶意妒忌。这意味着这种帮助行为可能是选择性地针对某些人，如特别明显地表现出恶意妒忌的那些人。不过，上述分享行为、帮助行为等可能也存在一定的风险，如何应对这些风险也是需要被妒忌者考虑的问题之一。如可以基于妒忌者—被妒忌者二元关系互动视角探讨策略的可能结果与可能的互动模式。未来研究可以基于 APIM（行动者—对象效应）模型检验妒忌者与被妒忌者互动的影响效应。

Yu 等（2018）指出，对于员工而言，给人印象很能干可能会引发领导者的敌意，但是如果该下属同时具有友好的特点，就可能激发起领导者的自我提升而不是拉低所妒忌下属的反应。被妒忌的下属一旦被领导者知觉为"敌人"，领导者可能会认为该下属对自己有直接的、正在进行的和不间断的威胁（Crocker &

Park，2004；Van Dellen et al.，2011），而采取自我提升策略需要花费领导者较多的时间，所以在这种情况下妒忌的领导者更可能采取拉低策略（Yu等，2018）。由此来看，妒忌对象与妒忌者互动过程中主动的友好展现，如可信、加强关系亲密度等，可能引发的是良性互动，妒忌对象与妒忌者的反应都可能更为积极，呈现出积极的动态发展过程。这样一来，妒忌对象也不需要隐藏自己的能力，而是更注意在组织人际互动过程中展现出自己积极的互动品质，如友好性、可信性等。

许多社会认知研究都关注友好与能力在引发群体或者社会层面的妒忌过程中所起的作用（Fiske，2012；Fiske et al.，2002），研究结果显示，人们常常妒忌那些高能力但是较冷淡的人（Cuddy et al.，2011）。一般来说，妒忌者会有意无意地忽视无能力的对象，会认为他们的优势只是暂时的，因而不会采取太多的应对策略。领导者可能会知觉冷漠而有能力的下属是"敌人"，因为这样的下属有能力实施明显不好的意图（Cuddy et al.，2011；Fiske et al.，2002）。当知觉被妒忌的下属是"敌人"后，会激起领导者一种敌意的适应性的差距减小策略，如采用辱虐管理的方式去拉低被妒忌的下属（Yu et al.，2018）。基于道德排斥观（moral exclusion perspective）（Tepper，Moss & Duffy，2011），敌意（hostility）常常是针对那些被知觉为不值得公平和道德对待的个体。Opotow（1990）使用"公正范围"（scope of justice）这一术语来反映分离应用道德规则与不应用道德规则的对象的心理边界（psychological boundary）。落在公正范围之外的个体会成为排外性实践的目标对象，从轻度的无礼到严重的人权违背（Opotow，

2001）。在一定程度上，一旦领导者知觉被妒忌的对象是"敌人"，即处于公正范围之外，那么辱虐管理就会成为一种具有极大可能的反应（Tepper et al.，2011）。被妒忌者可以如何主动影响自己在妒忌者眼中的印象？影响对被妒忌者采取不同性质策略的心理边界是什么？基于身份工作视角，被妒忌者可以如何修整自己的自我身份，包括个体私人身份与他人接受的社会身份，从而影响妒忌者的评价？这些问题都可以进一步研究。

社会比较理论认为，基于情感的社会比较会影响行为（Festinger，1954；Greenberg et al.，2007）。Buunk 和 Gibbons（2007）指出上行比较会引发防御，表明一个优秀的他人会构成威胁，需要采取行动来对抗这种威胁。由比较的差异，以及威胁而不是挑战的知觉，可能产生报复、欺骗、表达愤怒或者怨恨（Smith & Kim，2007）。这是否就是羡慕妒忌而发展为恨的一种机制？在这一过程中被妒忌者的反应可能会对这一过程产生怎样的影响？这些问题都可以进一步研究。有研究发现，领导者可能知觉友好的、有能力的下属是"朋友"（Tai et al.，2012），认为这些下属有能力也有意愿出于建设性的目的使用他们的技能（Cuddy et al.，2011；Fiske et al.，2002）。使用辱虐的方式去缩小与被妒忌下属间知觉到的差距可能会将那些下属从朋友变成敌人（Yu et al.，2018）。Yu 等（2018）指出，将被妒忌下属知觉为朋友会鼓励领导者采用一种较长期的适应性的聚焦于自我提升的差距缩小策略。被妒忌的下属敌人会被看作一个开拓者或者剥削者（exploiter），而被妒忌的下属朋友会被看作是有善意意图的人（Cuddy et al.，2011）。知觉妒忌下属为朋友的领导者也会知觉到对自尊的威胁，但是不会体验到紧迫的需要，不会像知觉妒忌下属为敌人那样要去立即修复差距。从长远来看，知觉下属为朋友的领导者较容易产生一种欣赏（admiration）的心理而不是愤恨（resentment）(Smith & Kim，2007；Van de Ven, Zeelenberg & Pieters，2012)。所谓"羡慕妒忌恨"并不是必然的发展趋势，妒忌未必带来恨。

13.2
基于妒忌者视角的妒忌者——被妒忌者互动与反应动态发展

作为一种社会情绪,妒忌既会影响妒忌者本身,也会对被妒忌者产生影响(Parrott,2017;Yu & Duffy,2017;刘得格等,2018)。因此,探讨妒忌对象对被妒忌的反应及其动态发展还可以从其源头入手,即从妒忌本身及其发展入手进行分析。妒忌可能有积极的和消极的演变发展(Lee & Duffy,2014;Smith & Kim,2007;Tai et al.,2012)。有时候妒忌会引发破坏性的、基于威胁的反应,有时候妒忌会引发建设性的、基于挑战的反应(Gino & Pierce,2009;Kouchaki & Desai,2015;Schaubroecck & Lam,2004;Tai et al.,2012)。妒忌的这种动态演变可能导致被妒忌的何种反应及变化是未来研究需要探讨的问题。

妒忌是令人不快的,因为妒忌可能同时伴随着挫败和敌意两种情绪(Smith & Kim,2007)。个体常常被引导要减少妒忌,减少觉得自己不如人的挫败感(Crossley,2009;Dunn &

Schweitzer，2006）。根据社会功能观，妒忌意味着个体需要采取一些纠正性行为（Smith & Kim，2007）。一方面，妒忌可能导致破坏性的行为模式（Cohen-Charash & Mueller，2007；Duffy et al.，2012；Vecchio，2007）。另一方面，妒忌可能是自适应的（adaptive），通过让个体知道他的绩效是相对不足的，从而激励他努力提升自己以达到一个更好的状态（Smith & Kim，2007；Tai et al.，2012）。从情感的社会功能观来看，妒忌可以看作一种既是自我威胁又是适应性的情感（Hill & Buss，2006），可能驱使个体调动自身资源以推进自身相对状况（Lee & Duffy，2014；Yu et al.，2018）。

随着妒忌相关研究的不断推进，普遍认为个体妒忌后的反应可能是拉低被妒忌者也可能是提升自我（Duffy et al.，2012；Schaubroeck & Lam，2004），但是做出不同反应的内在机制的相关研究还是相当少的（Yu et al.，2018）。知觉到自己缺乏并且渴望他人拥有的优秀品质、成就或者拥有物是对自尊的一种重要威胁（Duffy et al.，2012）。个体可能会通过以目标对象为代价夸大自我来减轻与妒忌相联系的不愉快（Wert & Salovey，2004）。如作为一种工具性的攻击，社会阻抑行为是一种强有力的以他人为代价支撑自我的方式（Salmivalli，2001）。还有研究发现，妒忌激活与道德脱离相联系的认知机制（Duffy et al.，2012），而个体对于妒忌对象的基于身份的解释将影响道德脱离中介过程是否显著，具体表现为当对同事的社会认同较高的时候道德脱离的中介作用将较弱（Duffy et al.，2012）。

Yu等（2018）指出，领导者的下行妒忌可能引发拉低策略反应，也可能引发提升策略反应。从社会功能观来看，妒忌最直接的结果就是导致对自尊的威胁，随后转化为旨在缩小知觉到的妒忌者与被妒忌者间差距的行为反应（Smith & Kim，2007）。对于领导者而言，可采取的行为选择有拉低所妒忌的下属以缩小与其的差距的策略（如辱虐管理）或提升策略（如自我提高）（Yu et al.，2018）。如辱虐管理这些拉低被妒忌对象的行为一方面会使目标对象受到伤害，只是表面上减少了被妒忌下属的优势；另一方面，这种拉低策略对于领导者来说也是有一定成本代价的。其实用辱虐管理方式拉低下属对于领导者来说是付出了社会成本代价的（social costs）（Tepper et al.，2017），这些领导者会因此更不受人喜欢，也会被认为是较不可靠的（Tripp，Bies & Aquino，2002）。对妒忌对象采取拉低策略是主动表现出敌意，带来的可能是不受人喜欢，较低的信任水平，这些社会成本代价可能带来更严重的负面结果。这种结果一方面是对妒忌者，另一方面可能是对被妒忌者。与辱虐管理之类的拉低策略不同，领导者也可能选择一种需要较少个人成本的自尊修复策略，如在导致自尊受威胁的方面提升自己，即利用自我提升的方式来缩小与被妒忌下属间的差距（Yu et al.，2018）。

Yu等（2018）针对下行妒忌问题提出了妒忌的社会功能观，实证探讨了主管领导对于其直接下属的妒忌问题，结果表明主管对下属的妒忌会威胁主管的自尊，并可能引发主管的适应性行为反应，对自尊的威胁是妒忌与行为反应间的中介机制。当个体体验到妒忌的时候，其积极自我观念（self-view）将会受到打击（Yu et al.，2018）。

13.3
妒忌者—被妒忌者互动与反应动态发展的综合互动影响机制

Lee等（2018）明确指出，未来研究可以检验妒忌者与被妒忌者间的关系是如何随着时间的推移而变化的，并且这种变化可能对双方产生怎样的影响。Floyd和Sterling（2017）也指出，妒忌者与被妒忌者之间的关系定位如何，妒忌者与被妒忌者之间的关系如何，也是妒忌问题探讨中需要关注的重要因素。研究发现，当被妒忌员工表现出绩效下降后，妒忌者可能会幸灾乐祸（Takahashi et al., 2009）。另外，妒忌者可能会通过对妒忌对象提供帮助来减轻自己因对妒忌对象有敌意而产生的愧疚感。未来研究可以进一步考虑"相互的人际影响"（Hareli & Rafaeli, 2008），如通过纵向追踪研究设计在多个时间点搜集二元对偶数据。

有研究指出，朋友妒忌（friend-envy）是同化过程的触发器，在这一过程中焦点个体感知参照他人就是自己想成为的样子（Cohen-Charash, 2009）。自我提升策略使得自尊受威胁的领导者发展起被妒忌的下属朋友所拥有的优秀品质（Yu et al.，2018）。Yu等（2018）指出，领导者对于下属产生的下行妒忌并不总是导致领导者以一种给妒忌对象带来伤害的方式做出反应。当领导者知觉被妒忌下属是冷漠且有能力的时会采取辱虐管理的方式作为对妒忌诱发的自尊威胁的反应；当领导者知觉被妒忌下属是友好而有能力的时会选择自我提升的反应策略。Yu等（2018）的实证研究发现，领导者的下行妒忌会激起领导者的自尊威胁，而当知觉下属是冷漠而有能力的时，这种自尊威胁将转化为对该下属的辱虐管理；当知觉下属是友好且有能力的时，这种自尊威胁将转化为自我提升动机。Yu等（2018）的研究主要关注解释下行妒忌会如何影响领导者的行为。

另外，社会比较过程会随着时间和事件的发展而产生不同的结果（Goodman & Haisley，2007）。比如工作搜寻妒忌在更多时间流逝的情况下或者更关键的搜寻时刻更可能引发简历造假（Dineen et al.，2017）。形势可变性与事件关键性是理解什么时候搜寻压力会发生以及这将如何影响妒忌演变的关键。巨大的时间压力会限制对形势可变性以及更好可能结果发生的看法。因此，当进行一个社会比较并产生了妒忌情绪的时候，其将如何演变还依赖于这一比较的关键程度如何以及形势看起来的可变性如何。如果更好的结果看起来是可能的，那么增加努力将是合理的；如果更好的结果看起来是不太确定的，那么偏离行为可能是最好的调整妒忌的方式。由此来看，在面对不同的情境时，妒忌可能引发的反应也会不同。随着时间的推移以及事件的推进，挑战导向的或者威胁导向的妒忌可能引发不同的行为反应，如规范行为或者偏离行为。因此，在研究妒忌可能引发的反应时需要引入时间维度，同时考虑事件关键性，由于事件的关键性可能会变化，并影响对不利社会比较的情感反应。这种动态变化是否可能影响被妒忌的感受以及反应呢？其中的具体可能影响机制如何？未来研究可以对此进行深入分析。

作为一种特定妒忌类型的工作搜寻妒忌，最近开始受到关注。Dineen等（2017）指出，工作搜寻妒忌是一种大概率会令人沮丧和痛苦的上行比较的结果，在这一过程中工作搜寻者渴望参照对象所拥有的资源或者成功（Duffy et al., 2012；Smith, 20004）。Dineen等（2017）认为，工作搜寻妒忌是一种动态发展的、基于时间演化的情感，可能展现出不同的演化模式，在这一差异性的演化过程中，基于时间和市场的压力知觉对于工作搜寻妒忌及其后续的工作搜寻行为有着重要影响。Dineen等（2017）假设较少的雇佣机会会增加工作搜寻者的压力，因而随着投入更多的时间搜寻工作会提高威胁导向的反应，即产生简历造假等偏离行为；但是他们也指出，还有一种可能是，充足的机会知觉实际上也可能提高威胁知觉，特别是随着时间流逝更是如此。因为当工作搜寻者有充分的机会而仍然不能够跟上他人的步伐时，充分的机会可能是一种"打脸"，这使得他们没有"借口"来为自己失败的工作搜寻做解释，从而更可能产生偏离行为以赶上他人，借以挽回面子。依此逻辑，工作场所中的妒忌—被妒忌互动反应也可能受到多种背景因素的影响，其中的具体影响因素和作用机制如何值得深入探讨。Dineen等（2017）提出了一个基于时间的理论框架，并通过实证检验了工作搜寻妒忌（job search envy）作为一种令人不快的社会比较情感，是如何演变并展现出偏离行为（deviant behavior）或者规范行为（normative behavior）的。作为一种特定形式的情境妒忌，工作搜寻妒忌引发的行为反应还受到基于时间的工作搜寻压力和基于市场的工作搜寻压力的影响。学者认为，一般而言，挑战导向的工作搜寻妒忌（challenge-oriented job search envy）会引发规范行为反应（normative behavioral responses），如增加努力；威胁导向的工作搜寻妒忌（threat-oriented job search envy）则会激发偏离行为反应（deviant behavioral responses），如简历造假。随着工作搜寻进程的发展，由于知觉到形势难以改变或者形势非常关键致使基于时间的压力增加，进而促使妒忌的工作搜寻者发展出偏离的工作搜寻行为，如简历造假。基于市场的压力，如源于雇佣机会知觉产生的压力，会调节上述关系。总之，工作搜寻妒忌会因为基于时间的压力和基于市场的压力的不同而有不同的演变。实证研究表明，工作搜寻妒忌会引发较大的威胁导向，然后当时间搜寻压力较大（如花费了大量的时间来搜寻工作而不成功之后）的时候会演变为简历造假；另外，当市场压力较小的时候，即雇佣机会较多的时候，工作搜寻妒忌更可能引发简历造假。关于市场压力影响的结果与预期假设相反，值得进一步探讨。

工作搜寻妒忌是一种重要的社会情感因素，它是由工作搜寻者的社会比较引发，并会影响进一步的工作搜寻行为反应（Dineen et al., 2017）。不少学者指出，可以在一个时间框架中理解社会比较评价（Goodman & Haisley, 2007；Hoogland, Thielke & Smith, 2017；Shipp & Cole, 2015）。Dineen 等（2017）也指出，需要考虑工作搜寻者会随着时间和事件的发展对社会比较产生不同的解释和行动。由于随着搜寻进程的推进可能会产生不同的工作搜寻压力，而这又会影响对工作搜寻妒忌的偏离或者规范反应倾向。由此看来，随着时间的推移面临的组织中的工作压力不同，对于社会比较引发的妒忌的反应可能也会产生不同的影响。

综上所述，被妒忌者的反应策略（如平息妒忌策略）未必会取得预期的效果，如分享行为还可能适得其反，产生副作用（Zell & Exline，2010）。据此，还需要研究被妒忌者的不同策略效果的可能边界条件及其内在机制，以更好地控制被妒忌反应的效果。这一过程需要基于被妒忌者—妒忌者互动视角综合探讨，即互动可能引发的反应循环及其内在机制。妒忌与自尊或者自我概念密切联系，同样地，被妒忌也可能与自我概念紧密联系。在组织情境中，作为一系列自我概念集合的职场身份，如工作身份或者职业身份可能如何受到妒忌与被妒忌的影响并不明确。基于身份工作视角探讨妒忌者—被妒忌者互动过程与动态身份工作的交互影响可以为组织中妒忌的动态发展及其效应机制提供新的研究切入点。

13.4
被妒忌者—妒忌者互动视角下妒忌体验综合模型构建及管理策略

Lee等（2018）的实证研究表明，员工对被妒忌的反应有很大的可变性。为了应对工作场所中被妒忌可能带来的负面体验，员工除了获得来自管理者的鼓励和支持之外，也可以自己进行换位思考或者对妒忌体验进行重新评价（Webb, Miles & Sheeran, 2012），以最小化甚至是改变由妒忌引发的负面反应。由此来看，被妒忌的员工可以更好地调节自身情感和努力而不是被负面情感和焦虑无谓地消耗自身资源。鉴于妒忌在组织情境中的普遍性，究竟如何才能有效管理组织中妒忌—被妒忌可能带来的负面结果，并尽可能发挥其积极的影响作用，是一个值得管理学者和实践者高度关注的问题。

敌意或者负面的工作环境往往会增加员工中令人不悦的、有害的或者令人反感的情感反应和行为（Duffy et al., 2012; Restubog, Scott & Zagenczyk, 2011）。与之相反，如果员工沉浸在一种强调相互支持、尊重及共享身份（shared identity）或者共同目标的组织文化中，通常会增强其满意感、幸福感以及与同事的积极互动模式（Kim & Glomb，2014；Tai et al.，2012）。由此可见，管理者可以试着建立一种支持性和统一性的文化，如强调团队精神，或者创建强调人际伤害是不能被容忍的规范，以使被妒忌的员工感觉到不用过于关注人际威胁（Lee et al.，2018）。由此看来，基于身份建构观，团队或者组织共享身份，将组织身份或者团队身份作为自我工作身份的重要基础可能有助于更积极地应对妒忌与被妒忌，可以思考通过强调共同身份感以及个体的工作身份，来减少被妒忌的员工对于人际威胁的关注。

早期研究中，妒忌被认为主要是产生破坏性结果，因为妒忌者极可能通过破坏和伤害妒忌对象来缓解自己的痛苦（Smith & Kim，2007）。实际上，妒忌分为恶意妒忌和善意妒忌，而这两种妒忌可能产生完全不同的结果。对于被妒忌者而言，如果其体验到的妒忌性质不同，是否产生的体验也会不同？影响被妒忌者体验的因素有哪些，而这又如何影响其选择性反应，值得进一步深入研究。妒忌者与被妒忌者以及领导者在这一过程中可能如何发挥主动性影响和管理作用值得探讨。相信对于这些问题的研究将有助于指导管理者和个体更好地管理妒忌，以避免妒忌可能产生的不良后果。基于此，本研究提出了图13-1所示的初步理论模型。

13.4.1 关注领导者角色的发挥

Yu、Duffy和Tepper（2018）指出，现有研究很少关注领导者是如何表达和管理对下属的妒忌的。相关的研究对于下行妒忌将如何影响领导者对于其领导角色的执行产生怎样的影响也没有进行深入研究。可以说，相关的研究还是比较少的（Leheta, Dimotakis & Schatten，2017）。实际上，领导角色在管理职场妒忌中也是不可或缺的。只是究竟可能发挥什么样的影响，如何才能有效发挥这些影响还不明确。

Duffy等（2012）关于妒忌与社会阻抑的关系机制的研究结果表明，组织领导者可以采取行动帮助减轻职场妒忌可能带来的不利结果。具体来说，管理者应该促进专业人员以及私人间的友谊。这可以降低员工由于妒忌带来道德脱离进而产生反社会行为的可能性，因为认同同事间的共同纽带和紧密联系可以减轻妒忌导致道德脱离的倾向，即缓和妒忌的不利结果。Exline和Zell（2008）就提出，关注可能促进移情的共同纽带或者联系有助于减轻妒忌的有害结果，提高对妒忌对象的积极情感有助于减轻妒忌的负面结果。

领导者需要考虑如何对待员工。研究表明，LMX差异化的影响作用更为突出，不过这一研究未必是负面的，对于引发妒忌而言，是否也会有所差异呢？这一问题可以进一步研究。如Chen、He和Weng（2015）指出，员工会区分LMX差异化的原因，如果是根据工作绩效进行的差异化对待，LMX差异化的负面影响并不突出。据此，领导如何对待LMX，如何让员工正确认知与评价这种LMX差异化，可能会影响员工的妒忌体验，而这又进一步影响被妒忌者的被妒忌知觉。

从企业管理的角度而言，营造什么样的氛围能让妒忌对象放心高歌猛进？不管是直接学习还是间接学习，让人放心成为妒忌对象并不是一件可怕的事情。

上行的形成鲜明对比的社会比较会引发负面的情感反应，如妒忌（Dineen et al., 2017）。为此，组织管理者如何引导是一个需要关注的问题。其中，管理者的以身示范作用也比较重要。研究表明，下行妒忌可能带来"老板妒忌"的风险，即领导采取拉低策略，直接或者暗中破坏其妒忌的下属来排解自己的妒忌情绪（Stein, 2005），如"武大郎开店"。在这种情况下，下属可能会被驱使隐藏自己的潜能、避免成功，以及采取"普通就最好"的策略（average is best）（Jensen, Patel & Raver, 2014），以减少自己成为第一个被领导者妒忌的对象的可能性。基于此，下行妒忌研究对于组织来说具有深远的意义。因为上述领导妒忌可能带来的对于领导者的威胁减少以及下属的风险回避的策略从长远来看对组织和个体均是不利的。

探讨下行妒忌的反应机制，有助于更好地理解领导者会如何受到下行妒忌这种心理体验的影响并相应地管理好这种体验。组织需要努力探索该如何管理妒忌及其结果。负面反应未来是妒忌的必然结果，如何将妒忌的结果转向积极的、生产性的结果值得关注。领导者享有正式组织地位所提供的优势与特权，包括决策自主、资源获取等。正是因为领导者拥有这些优势，所以许多人会努力追求领导职位（Chan & Drasgow, 2001）。不过尽管领导角色具备这些优势，现实的证据表明领导者也可能体验到对其下属的妒忌（Hochwarter & Ponder, 2014）。中国人"学而优则仕"的传统可能会使这一领导职位追求的动机更强，而这种想法与追求更可能使其不容易接受其下属比自己要优秀的事实。当领导者知觉到下属拥有较强的社交技能，展现出较强的领导潜力的时候，领导者会体验到下属这些优势给自己带来的威胁，进而产生妒忌情绪（Yu et al., 2018）。根据领导力涌现的文献，下属的领导力涌现如何引发领导者的妒忌，可能带来怎样的结果，以及该如何应对，这些问题都可以进一步探讨。

13.4.2 关注妒忌者角色的发挥

社会认同可能增强妒忌感，也可能使妒忌者产生对妒忌对象关心的更强道德义务感从而减小道德脱离（Duffy et al., 2012）。由此来看，社会认同可能是一把"双刃剑"，因为社会认同可能增强妒忌也可能减少妒忌的有害结果，如探讨正念的影响，检验如何识别和管理自己的妒忌"触发器"（Yu et al., 2018）。

妒忌引发的行为反应并不是固定的，可能是敌意的反应，也可能是发展性的反应。研究表明，对下属产生的下行妒忌可能导致领导者对该下属的辱虐管理反应，也可能引发领导者的自我提高的反应，反应选择受到一些边界条件的影响（Yu et al., 2018）。

研究表明，当知觉妒忌对象是"朋友"时，妒忌者会采取自我提升策略，而当知觉妒忌对象是"敌人"时，妒忌者会倾向于采取拉低妒忌对象的策略（Yu et al., 2018）。这对于组织和个体而言均是不利的。

13.4.3 关注被妒忌者角色的发挥

仅从妒忌者视角探讨工作场所中的妒忌问题难以反映妒忌对于组织及其成员的影响（刘得格等，2017；Parrott，2017；Yu & Duffy，2017）。通过妒忌者与被妒忌者双方的观念与行为的整合研究可以更全面地理解并更明智地管理工作场所中的妒忌。Lee 等（2018）的研究表明，被妒忌者的反应可能是积极的也可能是消极的，而且这一反应对于后续的动机与绩效结果均有着不容忽视的重要影响。Lee 等（2018）的实证研究表明，在工作场所中对于自己成为被妒忌的对象的反应并不是固定的，其可能引发的情感反应会有很大的不同。这说明员工对于被妒忌的反应有很大的可变性。

就妒忌对象而言，可以"高调做事，低调做人"，不仅使自己没有威胁，还对组织和他人都有所帮助，帮助周边的人共同进步，实现情感上归属的需要，从而避免忌妒者从羡慕、妒忌发展成恨，使组织妒忌成为一种良性的竞争。探讨被妒忌的体验与反应可能受到什么因素的影响、其内在机制如何、可能的情境因素是什么等问题，仍然不明确、不系统。未来研究需要探讨被妒忌对于个体、组织将产生什么样的影响，以及其具体作用机制如何。基于此可以进一步剖析被妒忌者在导向工作场所妒忌中的主动角色作用及管理机制。

综合来说，组织管理者、妒忌者与被妒忌者在职场妒忌管理中都可以发挥主动者角色。比如管理者可以营造适宜的组织和团队环境，使员工不是隐藏能力，不敢成功，而是在人际互动过程中留心个体友好特征的展现。组织可以强化这方面的培训，帮助员工改善自己在谦逊（civility）与人际敏感性表现方面的能力。基于此，构建了图13-1所示的被妒忌者—妒忌者互动视角下的被妒忌综合管理模型。

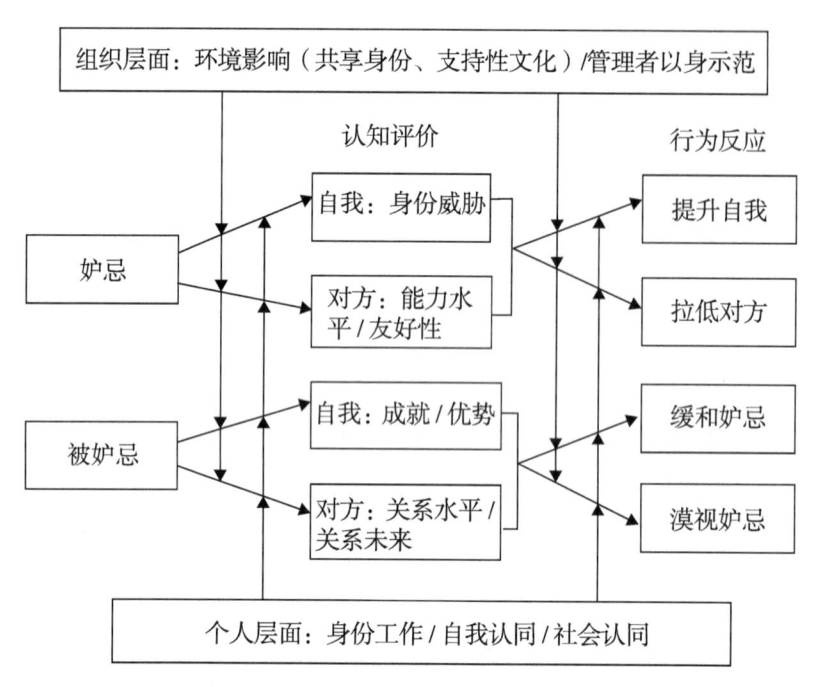

图13-1 被妒忌者—妒忌者互动视角下的被妒忌综合管理模型

·参考文献·

[1] AGUINIS H, GOTTFREDSON R K, JOO H. Using performance management to win the talent war[J]. Business Horizons, 2012, 55(6): 609-616.

[2] ALI M, USMAN M, SOETAN G T, et al. Spiritual leadership and work alienation: analysis of mechanisms and constraints[J]. The Service Industries Journal, 2022, 42(11-12): 1-22.

[3] AMBROSE M L, SCHMINKE M. The role of overall justice judgments in organizational justice research: a test of mediation[J]. Journal of applied psychology, 2009, 94(2): 491-500.

[4] ASPINWALL L G, TAYLOR S E. Effects of social comparison direction, threat, and self-esteem on affect, self-evaluation, and expected success[J]. Journal of personality and social psychology, 1993, 64(5): 708-722.

[5] AVEY J B, LUTHANS F, YOUSSEF C M. The additive value of positive psychological capital in predicting work attitudes and behaviors[J]. Journal of management, 2010, 36(2): 430-452.

[6] BACK M D, KENNY D A. The social relations model: How to understand dyadic processes[J]. Social and Personality Psychology Compass, 2010, 4(10): 855-870.

[7] BANDURA A. Social learning theory of aggression[J]. The Journal of communication, 1978, 28(3): 12-29.

[8] BARCLAY L J, KIEFER T. Approach or avoid? Exploring overall justice and the differential effects of positive and negative emotions[J]. Journal of management, 2014, 40(7): 1857-1898.

[9] BARON R A. Reducing organizational conflict: An incompatible response approach[J]. Journal of Applied Psychology, 1984, 69(2): 272-279.

[10] BAUMEISTER R F, LEARY M R. The need to belong: Desire for interpersonal attachments as a fundamental human motivation[J]. Interpersonal development, 1995, 117(3): 497-529.

[11] BAUMEISTER R F, VOHS K D. Narcissism as addiction to esteem[J]. Psychological Inquiry, 2001, 12(4): 206-210.

[12] BAUMEISTER R F, BRATSLAVSKY E, FINKENAUER C, et al. Bad is stronger than good[J]. Review of general psychology, 2001, 5(4): 323-370.

[13] BEDEIAN A G. Workplace envy[J]. Organizational Dynamics, 1995, 23(4): 49-56.

[14] BENDERSKY C, SHAH N P. The cost of status enhancement:

Performance effects of individuals' status mobility in task groups[J]. Organization Science, 2012, 23(2): 308-322.

[15] BERMAN A. Envy at the cross-road between destruction, self-actualization and avoidance. In Navaro L, Schwartzberg S L(Eds.), Envy, Competition and Gender: Theory, Clinical Applications and Group Work[M]. New York: Routledge/Taylor & Francis Group, 2007: 17-32.

[16] BOLINO M C, GRANTA M. The bright side of being prosocial at work, and the dark side, too: A review and agenda for research on other-oriented motives, behavior, an d impact in organizations[J]. Academy of Management Annals, 2016, 10(1): 599-670.

[17] BUFFARDI L E, CAMPBELL W K. Narcissism and social networking web sites[J]. Personality and Social Psychology Bulletin, 2008, 34(10): 1303-1314.

[18] CAMPBELL E M, LIAO H, CHUANG A, et al. Hot shots and cool reception? An expanded view of social consequences for high performers[J]. Journal of Applied Psychology, 2017, 102(5): 845-866.

[19] CHEN S S, HUANG C W, LIN C Y. Observational learning from acquisition outcomes of innovation leaders[J]. Financial Management, 2017, 46(2): 487-522.

[20] CHEN L, WEN T, WANG J, et al.. The Impact of Spiritual

Leadership on Employee's Work Engagement-A Study Based on the Mediating Effect of Goal Self-Concordance and Self-Efficacy[J]. International Journal of Mental Health promotion, 2022, 24(1): 69-84.

[21] CHEN X, WEI S, DAVISON R M., et al. How do enterprise social media affordances affect social network ties and job performance?[J]. Information Technology & People, 2020, 33(1): 361-388.

[22] CHOI J. Event justice perceptions and employees' reactions: Perceptions of social entity justice as a moderator[J]. Journal of Applied Psychology, 2008, 93(3): 513-528.

[23] CHOU H T G, EDGE N. "They are happier and having better lives than I am": The impact of using Facebook on perceptions of others' lives[J]. Cyber psychology, Behavior, and Social Networking, 2012, 15(2): 117-121.

[24] CLARK A E, KRISTENSEN N, WESTERGÅRD-NIELSEN N. Job satisfaction and co-worker wages: Status or signal?[J]. The Economic Journal, 2009, 119(536): 430-447.

[25] CLARK A E, KRISTENSEN N, WESTERGÅRD-NIELSEN N. Job satisfaction and co-worker wages: Status or signal?[J]. The Economic Journal, 2009, 119(536): 430-447.

[26] COHEN B P, ZHOU X. Status processes in enduring work groups[J]. American Sociological Review, 1991, 56

(2): 179-188.

[27] COHEN-CHARASH Y. Episodic envy[J]. Journal of Applied Social Psychology, 2009, 39(9): 2128-2173.

[28] COHEN-CHARASH Y, LARSON E C. An emotion divided: Studying envy is better than studying "benign" and "malicious" envy[J]. Current Directions in Psychological Science, 2017, 26(2): 174-183.

[29] COHEN-CHARASH Y, MUELLER J S. Does perceived unfairness exacerbate or mitigate interpersonal counterproductive work behaviors related to envy?[J]. Journal of Applied Psychology, 2007, 92(3): 666-680.

[30] COLLINS R L. For better or worse: The impact of upward social comparison on self-evaluations[J]. Psychological bulletin, 1996, 119(1): 51-69.

[31] COLQUITT, JASON, JERALD GREENBERG, et al. Handbook of organizational justice[M]. Mahwah N J: Lawrence Erlbaum Associates, 2005: 589-619.

[32] CONNELLY C E, ZWEIG D, WEBSTER J, et al. Knowledge hiding in organizations[J]. Journal of Organizational Behavior, 2012, 33(1): 64-88.

[33] CRUSIUS J, LANGE J. How do people respond to threatened social status? Moderators of benign versus malicious envy[J]. Envy at work and in organizations: Research, theory, and applications, 2017: 85-110.

[34] DAVIDAI S, DERI S. The second pugilist's plight: Why people believe they are above average but are not especially happy about it[J]. Journal of Experimental Psychology: General, 2019, 148(3): 570-587.

[35] DECI E L, RYAN R M. The general causality orientations scale: Self-determination in personality[J]. Journal of research in personality, 1985, 19(2): 109-134.

[36] DEMIRCIOGLU M A. Examining the effects of social media use on job satisfaction in the Australian public service: Testing self-determination theory[J]. Public Performance & Management Review, 2018, 41(2): 300-327.

[37] DEMIRTAS O, AKDOGAN A A. The effect of ethical leadership behavior on ethical climate, turnover intention, and affective commitment[J]. Journal of Business Ethics, 2015, 130(1): 59-67.

[38] DINEEN B R, DUFFY M K, HENLE C A, et al. Green by comparison: Deviant and normative transmutations of job search envy in a temporal context[J]. Academy of Management Journal, 2017, 60(1): 295-320.

[39] DOGAN K, VECCHIO R P. Managing envy and jealousy in the workplace[J]. Compensation & Benefits Review, 2001, 33(2): 57-64.

[40] DUFFY M K, SHAW J D, SCHAUBROECK J M. Envy in organizational life[M]. New York: Oxford University

Press, 2008: 167-189.

[41] DUFFY M K, SHAW J D. The Salieri syndrome: Consequences of envy in groups[J]. Small group research, 2000, 31(1): 3-23.

[42] DUFFY M K, SCOTT K L, SHAW J D, et al. A social context model of envy and social undermining[J]. Academy of management Journal, 2012, 55(3): 643-666.

[43] EAGLY A H, CROWLEY M. Gender and helping behavior: A meta-analytic review of the social psychological literature[J]. Psychological bulletin, 1986, 100(3): 283-308.

[44] EBNER N C, FREUND A M, BALTES P B. Developmental changes in personal goal orientation from young to late adulthood: From striving for gains to maintenance and prevention of losses[J]. Psychology and Aging, 2006, 21(4): 664-678.

[45] EISENBERG N, MILLER P A. The relation of empathy to prosocial and related behaviors[J]. Psychological bulletin, 1987, 101(1): 91-119.

[46] EISSA G, WYLAND R. Keeping up with the Joneses: The role of envy, relationship conflict, and job performance in social undermining[J]. Journal of Leadership & Organizational Studies, 2016, 23(1): 55-65.

[47] ELLISON N B, STEINFIELD C, LAMPE C. The

benefits of Facebook "friends": Social capital and college students' use of online social network sites[J]. Journal of computer-mediated communication, 2007, 12(4): 1143-1168.

[48] EXLINE J J, LOBEL M. The perils of out-performance: Sensitivity about being the target of a threatening upward comparison[J]. Psychological Bulletin, 1999, 125(3): 307-337.

[49] EXLINE J J, ZELL A L. Who doesn't want to be envied? Personality correlates of emotional responses to outperformance scenarios[J]. Basic and Applied Social Psychology, 2012, 34(3): 236-253.

[50] EXLINE J J, SINGLE P B, LOBEL M, et al. Glowing praise and the envious gaze: Social dilemmas surrounding the public recognition of achievement[J]. Basic and Applied Social Psychology, 2004, 26(2-3): 119-130.

[51] FESTINGER L A. Theory of Social Comparison Processes[J]. Human Relations, 1954, 7(7): 117-140.

[52] FLYNN F J, REAGANS R E, AMANATULLAH E T, et al. Helping one's way to the top: self-monitors achieve status by helping others and knowing who helps whom[J]. Journal of personality and social psychology, 2006, 91 (6): 1123-1137.

[53] FOSTER G M. The anatomy of envy: A study in symbolic

behavior[J]. Current Anthropology, 1972, 13(2): 165-202.

[54] FREDRICKSON B L. The role of positive emotions in positive psychology: The broaden-and-build theory of positive emotions[J]. American psychologist, 2001, 56(3): 218-226.

[55] FRIJDA N H. Emotion experience and its varieties[J]. Emotion Review, 2009, 1(3): 264-271.

[56] FRIJDA N. H. The emotions[J]. Studies in Emotion & Social Interaction, 1986, 1(5): 583-584.

[57] GAJENDRAN R S, HARRISON D A, DELANEY-KLINGER K. Are telecommuters remotely good citizens? Unpacking telecommuting's effects on performance via ideals and job resources[J]. Personnel psychology, 2015, 68(2): 353-393.

[58] GHADI M Y. Empirical examination of theoretical model of workplace envy: evidences from Jordan[J]. Management Research Review, 2018, 41(12): 1438-1459.

[59] GIBSON V. Organizations must adapt to employees' changing needs[J]. HR Focus, 1994(7).

[60] GRAEN G B, LIDEN R C, HOEL W. Role of leadership in the employee withdrawal process[J]. Journal of applied psychology, 1982, 67(6): 868-872.

[61] HALBESLEBEN J R B, NEVEU J P, PAUSTIAN-UNDERDAHL S C, et al. Getting to the "COR": Understanding the role of resources in conservation of resources theory[J]. Journal of Management, 2014, 40(5): 1334-1364.

[62] HENAGAN S C, BEDEIAN A G. The perils of success in the workplace: Comparison target responses to coworkers' upward comparison threat[J]. Journal of Applied Social Psychology, 2009, 39(10): 2438-2468.

[63] HENAGAN S C. The perils of workplace recognition: Antecedents to discomfort associated with being the target of upward comparisons[J]. Basic and Applied Social Psychology, 2010, 32(1): 57-68.

[64] HILL S E, DELPRIORE D J, VAUGHAN P W. The cognitive consequences of envy: attention, memory, and self-regulatory depletion[J]. Journal of Personality and Social Psychology, 2011, 101(4): 653-666.

[65] HILL S E, DELPRIORE D J, VAUGHAN P W. The cognitive consequences of envy: attention, memory, and self-regulatory depletion[J]. Journal of personality and social psychology, 2011, 101(4): 653-666.

[66] HILL S E, BUSS D. M.The evolutionary psychology of envy.In R. Smith(Ed.), Envy: Theory and research[M]. New York: Guilford, 2008: 60-70.

[67] HOLTZ B C, HAROLD C M. Fair today, fair tomorrow? A longitudinal investigation of overall justice perceptions[J]. Journal of applied psychology, 2009, 94(5): 1185-1199.

[68] HUANG Y. Spiritual Leadership and Job Engagement: The Mediating Role of Emotion Regulation[J]. Frontiers in psychology, 2022: 1658.

[69] JENSEN J M, PATEL P C, RAVER J L. Is it better to be average? High and low performance as predictors of employee victimization[J]. Journal of Applied Psychology, 2014, 99(2): 296-309.

[70] JUDGE T A, EREZ A, BONO J E, et al. The core self-evaluations scale: Development of a measure[J]. Personnel psychology, 2003, 56(2): 303-331.

[71] KHAN A K, QURATULAIN S M, BELL C. Episodic envy and counterproductive work behaviors: Is more justice always good?[J]. Journal of Organizational Behavior, 2014, 35(1): 128-144.

[72] KIM E, GLOMB T M. Victimization of high performers: The roles of envy and work group identification[J]. Journal of applied psychology, 2014, 99(4): 619-634.

[73] KIM S K, JUNG D I, LEE J S. Service employees' deviant behaviors and leader-member exchange in contexts of dispositional envy and dispositional jealousy[J]. Service

Business, 2013, 7(4): 583-602.

[74] KIM S K, JUNG D I, LEE J S. Service employees' deviant behaviors and leader-member exchange in contexts of dispositional envy and dispositional jealousy[J]. Service Business, 2013, 7(4): 583-602.

[75] KONOVSKY M A, ORGAN D W. Dispositional and contextual determinants of organizational citizenship behavior[J]. Journal of organizational behavior, 1996, 17(3): 253-266.

[76] KRASNOVA H, WENNINGER H, WIDJAJA T, et al. Envy on Facebook: a hidden threat to users' life satisfaction?[J].2013.

[77] LAI L, ROUSSEAU D M., CHANG K T T. Idiosyncratic deals: Coworkers as interested third parties[J]. Journal of Applied Psychology, 2009, 94(2): 547-556.

[78] LAM C K, VAN DER VEGT G S, WALTER F, et al. Harming high performers: A social comparison perspective on interpersonal harming in work teams[J]. Journal of Applied Psychology, 2011, 96(3): 588-601.

[79] LANGE J, CRUSIUS J. Dispositional envy revisited: Unraveling the motivational dynamics of benign and malicious envy[J]. Personality and social psychology bulletin, 2015, 41(2): 284-294.

[80] LANGE J, WEIDMAN A C, CRUSIUS J. The painful

duality of envy：Evidence for an integrative theory and a meta-analysis on the relation of envy and schadenfreude[J]. Journal of personality and social psychology, 2018, 114 (4)：572-598.

[81] LEE A R, SON S M, KIM K K. Information and communication technology overload and social networking service fatigue：A stress perspective[J]. Computers in Human Behavior, 2016, 55(A)：51-61.

[82] LEE K, DUFFY M K. A functional model of workplace envy and job performance：When do employees capitalize on envy by learning from envied targets?[J]. Academy of Management Journal, 2019, 62(4)：1085-1110.

[83] LEE K, DUFFY M K, SCOTT K L, et al. The experience of being envied at work：How being envied shapes employee feelings and motivation[J]. Personnel Psychology, 2018, 71(2)：181-200.

[84] LEONARDI P M, HUYSMAN M, STEINFIELD C. Enterprise social media：Definition, history, and prospects for the study of social technologies in organizations[J]. Journal of Computer-Mediated Communication, 2013, 19(1)：1-19.

[85] LEONARDI P M, VAAST E. Social media and their affordances for organizing：A review and agenda for research[J]. Academy of Management Annals, 2017, 11

(1): 150-188.

[86] LI X, SU Y, LIU X, et al. Prosocial behavior in envy scenarios[J]. Social Behavior and Personality: an international journal, 2017, 45(11): 1803-1814.

[87] LIAO C, WAYNE S J, ROUSSEAU D M. Idiosyncratic deals in contemporary organizations: A qualitative and meta-analytical review[J]. Journal of organizational behavior, 2016, 37(s1): S9-S29.

[88] LIND E A. Fairness heuristic theory: Justice judgments as pivotal cognitions in organizational relations[J]. Advances in organizational justice, 2001, 56(8): 56-88.

[89] LIND E A, KRAY L, THOMPSON L. Primacy Effects in Justice Judgments: Testing Predictions from Fairness Heuristic Theory[J]. Organizational Behavior and Human Decision Processes, 2001, 85(2): 189-210.

[90] LIU C, YUE C, LIU L, et al. Mediating role of perceived social support in the relationship between perceived stress and job burnout among midwives in the post-COVID-19 era[J]. Nursing Open, 2022.

[91] LIU F, LIU D, ZHANG J, et al. The relationship between being envied and workplace ostracism: The moderating role of neuroticism and the need to belong[J]. Personality and Individual Differences, 2019, 147(1): 223-228.

[92] LIU Y, ZHU J N, LAM L W. Obligations and feeling

envied: a study of workplace status and knowledge hiding[J]. Journal of Managerial Psychology, 2020, 35(5): 347-359.

[93] LOCKE K D. Aggression, narcissism, self-esteem, and the attribution of desirable and humanizing traits to self versus others[J]. Journal of Research in Personality, 2009, 43(1): 99-102.

[94] LÖCKENHOFF C E, CARSTENSEN L L. Socioemotional selectivity theory, aging, and health: The increasingly delicate balance between regulating emotions and making tough choices[J]. Journal of personality, 2004, 72(6): 1395-1424.

[95] LOCKWOOD P, JORDAN C H, KUNDA Z. Motivation by positive or negative role models: regulatory focus determines who will best inspire us[J]. Journal of personality and social psychology, 2002, 83(4): 854-864.

[96] LU Y, PAN T. The effect of employee participation in enterprise social media on their job performance[J]. IEEE Access, 2019, 7(1): 137+528-137+542.

[97] MAIER C, LAUMER S, ECKHARDT A, et al. Giving too much social support: Social overload on social networking sites[J]. European Journal of Information Systems, 2015, 24(5): 447-464.

[98] MANNA E. Envy in the workplace[J]. Economics Letters, 2016, 142(5): 18-21.

[99] MCCULLOUGH M E, KILPATRICK S D, EMMONS R A, et al.Is Gratitude a Moral Affect? [J].Psychological Bulletin, 2001, 127(2): 249-266.

[100] MEHDIZADEH S. Self-presentation 2.0 : Narcissism and self-esteem on Facebook[J]. Cyber psychology, Behavior, and Social Networking, 2010, 13(4): 357-364.

[101] MENON T, THOMPSON L. Don't hate me because I'm beautiful : Self-enhancing biases in threat appraisal[J]. Organizational Behavior and Human Decision Processes, 2007, 104(1): 45-60.

[102] NARA LEE, DONGGUN PARK, HYUNSUN CHUNG. The effect of superior peer's job-focused impression management on knowledge hiding[J]. Korean Journal of Industrial and Organizational Psychology, 2019, 32(1): 55-82.

[103] NG T W. Can idiosyncratic deals promote perceptions of competitive climate, felt ostracism, and turnover?[J]. Journal of Vocational Behavior, 2017, 99(1): 118-131.

[104] NG T W, FELDMAN D C. Employee voice behavior : A meta-analytic test of the conservation of resources

framework[J]. Journal of Organizational Behavior, 2012, 33(2): 216-234.

[105] NG T W, LUCIANETTI L. Goal striving, idiosyncratic deals, and job behavior[J]. Journal of Organizational Behavior, 2016, 37(1): 41-60.

[106] NGUYEN B, CHEN J, DE CREMER D. When new product development fails in China : mediating effects of voice behaviour and learning from failure[J]. Asia Pacific Business Review, 2017, 23(4): 559-575.

[107] NIVEDHITHA K S, MANZOOR A S. Get employees talking through enterprise social media reduce cyberslacking : A moderated mediation model[J]. Internet research, 2020, 30(4): 1167-1202.

[108] OREILLY B. The New-Deal-What Companies and Employees Owe One Another[J]. Fortune, 1994, 129(12): 44-&.

[109] ORGAN D W. Organizational citizenship behavior : The good soldier syndrome[M]. Lexington Mass : Lexington books/DC heath and com, 1988.

[110] ORGAN D W. Organizational citizenship behavior : It's construct clean-up time[J]. In Oraganizational Citizenship Behavior and Contextual Performance, 2014, 10(2): 85-97.

[111] PARKER S K, BINDL U K, STRAUSS K. Making

Things Happen: A Model of Proactive Motivation[J]. Journal of Management, 2010, 36(4), 827-856.

[112] PARKS J M, CONLON D E, ANG S, et al. The manager giveth, the manager taketh away: Variation in distribution/recovery rules due to resource type and cultural orientation[J]. Journal of Management, 1999, 25(5): 723-757.

[113] PARROTT W G, MOSQUERA P M. On the pleasures and displeasures of being envied. In R. H. Smith (Ed.), Envy: Theory and research[M]. New York, NY: Oxford Press, 2008: 117-132.

[114] PARROTT W G. The benefits and threats from being envied in organizations. In R. H. Smith, U. Merlone, & M. K. Duffy (Eds.), Envy at work and in organizations[M]. New York, USA: Oxford University Press, 2017: 455-474.

[115] PELUCHETTE J V E, KARL K, FERTIG J. A Facebook friend Request from the Boss: Too Close for Comfort?[J]. Business Horizons, 2013, 56(03): 291-300.

[116] PENG K Z. Responding to emotions in China: Gender differences and the emotion-job outcome relationship[J]. Asia Pac J Manag, 2017, 34(2): 443-460.

[117] PIFF P K, KRAUS M W, CÔTÉ S, et al. Having

less, giving more: The influence of social class on prosocial behavior[J]. Journal of Personality and Social Psychology, 2010, 99(5): 771-784.

[118] PLEBAN R, TESSER A. The effects of relevance and quality of another's performance on interpersonal closeness[J]. Social Psychology Quarterly, 1981, 44(3): 278-285.

[119] PURANIK H, KOOPMAN J, VOUGH H C, et al. They want what I've got (I think): The causes and consequences of attributing coworker behavior to envy[J]. Academy of Management Review, 2019, 44(2): 424-449.

[120] QUICK J C. Causes, Coping and Consequences of Stress at Work[J]. 1989.

[121] ROBERTS R, WOODMAN T, HARDY L, et al. Psychological skills do not always help performance: The moderating role of narcissism[J]. Journal of Applied Sport Psychology, 2013, 25(3): 316-325.

[122] RODRIGUEZ MOSQUERA P M, PARROTT W G, HURTADO DE MENDOZA A. I fear your envy, I rejoice in your coveting: On the ambivalent experience of being envied by others[J]. Journal of Personality and Social Psychology, 2010, 99(5): 842-854.

[123] ROMANI S, GRAPPI S, BAGOZZI R P. The bittersweet

experience of being envied in a consumption context[J]. European Journal of Marketing, 2016, 50(7/8): 1239-1262.

[124] ROUSSEAU D M, HO V T, GREENBERG J. I-deals: Idiosyncratic terms in employment relationships[J]. Academy of management review, 2006, 31(4): 977-994.

[125] SALOVEY P, RODIN J. Some antecedents and consequences of social-comparison jealousy[J]. Journal of Personality and Social Psychology, 1984, 47(4): 780-792.

[126] SCHAUBROECK J, LAM S S. Comparing lots before and after: Promotion rejectees' invidious reactions to promotees[J]. Organizational Behavior and Human Decision Processes, 2004, 94(1): 33-47.

[127] SCOTT K L, TAMS S, SCHIPPERS M C, et al. Opening the black box: Why and when workplace exclusion affects social reconnection behaviour, health, and attitudes[J]. European Journal of Work and Organizational Psychology, 2015, 24(2): 239-255.

[128] SEIBERT S E, CRANT J M, KRAIMER M L. Proactive personality and career success[J]. Journal of Applied Psychology, 1999, 84(3): 416-427.

[129] SHAPIRO D L. The death of justice theory is likely if

theorists neglect the "wheels" already invented and the voices of the injustice victims[J]. Journal of Vocational Behavior, 2001, 58(2): 235-242.

[130] SHARMA P. Positive and negative affect: Impact on empathy and prosocial behaviour among college going adolescents[J]. The International Journal of Indian Psychology, 2015, 2(3): 12-17.

[131] SHELLENBARGER S, HYMOWITZ C. As the population ages, older workers clash with younger bosses[J]. Wall Street Journal, 1994, 13: A1-A5.

[132] SHIPP A J, COLE M S. Time in Individual-Level organizational studies: What is it, how is it used, and why isn't it exploited more often?[J]. The Annual Review of Organizational Psychology and Organizational Behavior, 2015, 2: 237-260.

[133] SHU C Y, LAZATKHAN J. Effect of leader-member exchange on employee envy and work behavior moderated by self-esteem and neuroticism[J]. Journal of Work and Organizational Psychology, 2017, 33(1): 69-81.

[134] SIBUNRUANG H, GARCIA P R J M, TOLENTINO L R. Ingratiation as an adapting strategy: Its relationship with career adaptability, career sponsorship, and promotability[J]. Journal of Vocational Behavior, 2016,

92(2): 135-144.

[135] SMITH R H, KIM S H. Comprehending envy[J]. Psychological bulletin, 2007, 133(1), 46-64.

[136] SMITH R H, MERLONE U, DUFFY M K, et al. Envy at Work and in Organizations[M]. New York, USA: Oxford University Press, 2016.

[137] SMITH R H, PARROTT W G, OZER D, et al. Subjective injustice and inferiority as predictors of hostile and depressive feelings in envy[J]. Personality and Social Psychology Bulletin, 1994, 20(6): 705-711.

[138] SONG Y, ZHAO Z. Social Undermining and Interpersonal Rumination among Employees: The Mediating Role of Being the Subject of Envy and the Moderating Role of Social Support[J]. International Journal of Environmental Research and Public Health, 2022, 19(14): 8419-8419.

[139] STERLING C, VAN DE VEN N, SMITH R H. The two faces of envy: Studying benign and malicious envy in the workplace. In R. H. Smith, U. Merlone & M. K. Duffy (Eds.), Envy at work and in organizations[M]. New York, USA: Oxford University Press, 2017: 57-84.

[140] STRÜMPFER D J W. Positive emotions, positive emotionality and their contribution to fortigenic living: A review[J]. South African journal of psychology,

2006, 36(1): 144-167.

[141] STURMAN M C. Searching for the inverted U-shaped relationship between time and performance: Meta-analyses of the experience/performance, tenure/performance, and age/performance relationships[J]. Journal of management, 2003, 29(5): 609-640.

[142] TAI K, NARAYANAN J, MCALLISTER D J. Envy as pain: Rethinking the nature of envy and its implications for employees and organizations[J]. Academy of Management Review, 2012, 37(1): 107-129.

[143] TESSER A, COLLINS J E. Emotion in social reflection and comparison situations: intuitive, systematic, and exploratory approaches[J]. Journal of Personality and Social Psychology, 1988, 55(5): 695-709.

[144] TESSER A. Toward a self-evaluation maintenance model of social behavior[M]//Advances in experimental social psychology. New York, USA: Academic Press, 1988, 21(8): 181-227.

[145] TESSER A, CREPAZ N, COLLINS J C, et al. Confluence of self-esteem regulation mechanisms: On integrating the self-zoo[J]. Personality and Social Psychology Bulletin, 2000, 26(12): 1476-1489.

[146] THOMPSON G, BUCH R, GLASØ L. Follower jealousy at work: A test of Vecchio's model of

antecedents and consequences of jealousy[J]. The Journal of Psychology, 2018, 152(1): 60-74.

[147] THOMPSON G, GLASØ L, MARTINSEN Ø. Antecedents and consequences of envy[J]. The Journal of social psychology, 2016, 156(2): 139-153.

[148] TREADWAY D C, YANG J, BENTLEY J R, et al. The impact of follower narcissism and LMX perceptions on feeling envied and job performance[J]. The International Journal of Human Resource Management, 2019, 30(7): 1181-1202.

[149] UHLMANN E L, COHEN G L. "I think it, therefore it's true": Effects of self-perceived objectivity on hiring discrimination[J]. Journal of Organizational Behavior and Human Decision Processes, 2007, 104(2): 207-223.

[150] VAN DE VEN N, ZEELENBERG M, PIETERS R. Leveling up and down: the experiences of benign and malicious envy[J]. Emotion, 2009, 9(3): 419-429.

[151] VAN DE VEN N, ZEELENBERG M, PIETERS R. Warding off the evil eye: When the fear of being envied increases prosocial behavior[J]. Psychological Science, 2010, 21(11): 1671-1677.

[152] VAN DEN BOS K, LIND E A. Uncertainty management by means of fairness judgments[M]//Advances in experimental social psychology.New York, USA:

Academic Press, 2002: 1-60.

[153] VAN VEELEN R, OTTEN S, CADINU M, et al. An integrative model of social identification: Self-stereotyping and self-anchoring as two cognitive pathways[J]. Personality and social psychology review, 2016, 20(1): 3-26.

[154] VAN ZOONEN W, VERHOEVEN J W, VLIEGENTHART R. Understanding the consequences of public social media use for work[J]. European Management Journal, 2017, 35(5): 595-605.

[155] VECCHIO R P. Negative emotion in the workplace: Employee jealousy and envy[J]. International Journal of Stress Management, 2000, 7(3): 161-179.

[156] VECCHIO, ROBERT. Explorations in employee envy: Feeling envious and feeling envied[J]. Cognition & Emotion, 2005, 19(1): 69-81.

[157] VIDYARTHI P R, SINGH S, ERDOGAN B, et al. Individual deals within teams: Investigating the role of relative i-deals for employee performance[J]. Journal of Applied Psychology, 2016, 101(11): 1536-1552.

[158] WANG H J, LU C Q, SIU O L. Job Insecurity and Job Performance: The Moderating Role of Organizational Justice and the Mediating Role of Work Engagement[J]. Journal of Applied Psychology, 2015, 100(4): 1249-

1258.

[159] WANG Y D, SUNG W C. Predictors of organizational citizenship behavior: Ethical leadership and workplace jealousy[J]. Journal of Business Ethics, 2016, 135(1): 117-128.

[160] WHITING S W. Effects of message, source and context on evaluations of employee voice behavior[J]. Journal of Applied Psychology, 2012, 97(1): 159-182.

[161] WHITING S W, MAYNES T D, PODSAKOFF N P, et al. Effects of message, source, and context on evaluations of employee voice behavior[J]. Journal of Applied Psychology, 2012, 97(1): 159-182.

[162] WHITING S W, PODSAKOFF P M, PIERCE J R. Effects of task performance, helping, voice, and organizational loyalty on performance appraisal ratings[J]. The Journal of Applied Psychology, 2008, 93(1): 125-139.

[163] WILLIAMS K D. Ostracism[J]. Annual review of psychology, 2007, 58: 425-452.

[164] WILLS T A. Downward comparison principles in social psychology[J]. Psychological bulletin, 1981, 90(2): 245-271.

[165] WORTMAN C B, LINSENMEIER J A W. Interpersonal attraction and techniques of ingratiation in organizational

settings.In Oostawb W, Salancikg R.New directions in organizational behavior[M].St. Clair Press, 1977: 133-178.

[166] WU C, ZHANG Y, HUANG S, et al. Does enterprise social media usage make the employee more productive? A meta-analysis[J]. Telematics and Informatics, 2021, 60(7): 101578.1-101578.13.

[167] WU J, MEI W, LIU L, et al. The bright and dark sides of social cyberloafing: Effects on employee mental health in China[J]. Journal of Business Research, 2020, 112(C): 56-64.

[168] YING XUE, XIYUAN LI, HONGMEI WANG, et al. How Employee's Leadership Potential Leads to Leadership Ostracism Behavior: The Mediating Role of Envy, and the Moderating Role of Political Skills[J]. International Journal of Environmental Research and Public Health, 2020, 17(9): 3080-3094.

[169] YINGJIE L, DENG S, PAN T. Does usage of enterprise social media affect employee turnover? Empirical evidence from Chinese companies[J]. Internet Research, 2019, 29(4): 970-992.

[170] YU L T, DUFFY M K. Envy at Work and in Organizations [M].New York, USA: Oxford University Press, 2017: 39-56.

[171] ZANG N, CAO H, ZHOU N, et al. Job load, job stress, and job exhaustion among Chinese junior middle school teachers: Job satisfaction as a mediator and teacher's role as a moderator[J]. Social Psychology of Education, 2022, 25(5): 1003-1030.

[172] ZELL A L, EXLINE J J. How does it feel to be outperformed by a "good winner"? Prize sharing and self-deprecating as appeasement strategies[J]. Basic and Applied Social Psychology, 2010, 32(1): 69-85.

[173] ZEMKE R, RAINES C, FILIPCZAK B. Generations at Work: Managing the Clash of Veterans, Boomers, Xers, and Nexters in Your Workplace[J]. Career Planning & Adult DevelopmentJournal, 2010, 41(2): 98-99.

[174] ZHANG X, BARTOL K M. Linking empowering leadership and employee creativity: The influence of psychological empowerment, intrinsic motivation, and creative process engagement[J]. Academy of management journal, 2010, 53(1): 107-128.

[175] ZURRIAGA R, GONZÁLEZ-NAVARRO P, BUUNK A P, et al. Jealousy at work: The role of rivals' characteristics[J]. Scandinavian Journal of Psychology, 2018, 59(4): 443-450.

[176] 毕砚昭, 张捷, 聂琦, 等. 员工社交媒体使用的作用效果及理论机制——研究述评与展望[J]. 管理现代化,

2020,40(4):119-123.

[177] 曹元坤,秦峰,张焱楠.谦逊型领导的负面效应研究——基于社会认知理论的视角[J].当代财经,2021(3):78-87.

[178] 陈晨,杨付,李永强.职场排斥的作用机制与本土化发展[J].心理科学进展,2017,25(8):1387-1400.

[179] 陈虎强.论面子观念——一种中国人典型社会心理现象的分析[J].湖南师范大学社会科学学报,1999,28(1):111-115.

[180] 陈景秋,范清月,黄敏妍.农民工的工作退缩行为:基于多重嵌入和身份压力的视角[J].心理科学进展,2022(9):1955-1967.

[181] 陈力凡,刘圣明,胡小丽.社会认同视角下谦卑型领导与员工主动性行为[J].管理科学学报,2022,25(2):104-115.

[182] 崔德霞,习怡衡,程延园,等.工作中即时通讯过载对员工主动性行为影响研究——基于自我损耗视角[J].软科学,2021,35(7):84-90.

[183] 丁凤琴,陆朝晖.共情与亲社会行为关系的元分析[J].心理科学进展,2016,24(8):1159-1174.

[184] 樊景立,钟晨波,张曙光,等.中国的组织公民行为研究[J].中国社会心理学评论,2006(2):102-124.

[185] 高旺.中国文化背景下被妒忌者的应对策略问卷编制与被妒忌者心理健康的相关研究[D].开封:河南大

学，2014.

［186］关涛，晏佳敏."一碗水端不平"：领导者宽容差序、同事妒忌及其后果研究[J].商业经济与管理，2021（11）：34-46.

［187］郭小艳，王振宏.积极情绪的概念、功能与意义[J].心理科学进展，2007，15（5）：810-815.

［188］郭英栋.以主动性应对不确定性——员工主动行为的内涵、机制与展望[J].经营与管理，2023（3）：1-15.

［189］胡青，王胜男，张兴伟，等.工作中的主动性行为的回顾与展望[J].心理科学进展，2011，19（10）：1534-1543.

［190］胡琼晶，谢小云.团队成员地位与知识分享行为：基于动机的视角[J].心理学报，2015，47（4）：545-554.

［191］黄桂，朱晓琼，李玲玲，等.领导沉默与员工主动性行为关系研究——基于信任主管和权力距离导向的作用[J].学术研究，2022（7）：98-107.

［192］黄林，郑大庆，黄丽华.企业社交媒体影响组织知识共享的路径研究[J].图书馆学研究，2019（7）：27-33.

［193］黄庆，蒋昀洁，蒋春燕.被妒忌员工的情绪反应与工作投入——情绪认知评价视角[J].软科学，2019，33（3）：133-136.

［194］黄婷婷，刘莉倩，王大华，等.经济地位和计量地位：社会地位比较对主观幸福感的影响及其年龄差异[J].心理学报，2016，48（9）：1163-1174.

［195］贾良定，杨椅伊，刘德鹏.感知深层次差异与个体创

造力——基于资源保存理论的研究[J].武汉大学学报：哲学社会科学版,2022,75(3):104-114.

[196] 姜定宇,张菀真.华人差序式领导与部属效能[J].本土心理学研究,2010(6):109-177.

[197] 蒋昀洁,黄庆,张绿漪,等.自信的员工更有创造力吗——和谐型激情与团队成员交换关系的交互作用[J].科技进步与对策,2018,35(8):149-154.

[198] 来宪伟,许晓丽,程延园.领导差别对待：中西方研究的比较式回顾与未来展望[J].外国经济与管理,2018(3):92-106.

[199] 李方君,王俊杰,陈泽英.被妒忌感对员工积极情绪的影响：年龄的调节作用[J].心理科学,2020,43(4):891-897.

[200] 李凯,谢悦,何慧梅.社交媒体超载对健康自我效能感的影响机制研究[J].新闻与传播评论,2022,75(5):86-98.

[201] 李倪.差序氛围知觉对组织公民行为的影响[D].开封：河南大学,2014.

[202] 李朋波,王帅康,王润娜,等.资源保存理论视角下职场负面八卦对员工幸福感的影响机制研究[J].管理学报,2022,19(4):545-554.

[203] 李晓玉,党广龙,高昂,等.差序式领导对离职意向的影响：主动性人格与职场排斥的作用[J].心理研究,2018(5):444-451.

[204] 李晓玉，赵申苒，高昂，等. 差序式领导对员工建言行为的影响：组织承诺与内部人身份认知的多重中介效应[J].心理与行为研究, 2019（3）: 408-414+432.

[205] 李新田，彭鹏.真情还是假意？情绪劳动策略对工作退缩行为的差异化影响[J].中国人力资源开发, 2018, 35（6）: 50-61.

[206] 李志成，王震，祝振兵，等.基于情绪认知评价的员工绩效压力对亲组织非伦理行为的影响研究[J].管理学报, 2018, 15（3）: 358-365.

[207] 廖化化，黄蕾，胡斌.资源保存理论在组织行为学中的应用：演变与挑战[J].心理科学进展, 2022, 30（02）: 449-463.

[208] 刘得格，黄晓治，陈文晶，等.被妒忌：一种矛盾体验[J].心理科学进展, 2018, 26（1）: 118-133.

[209] 刘得格，李文东，陈文晶.恶意妒忌和善意妒忌的影响因素与作用机制[J].心理科学进展, 2017, 25（2）: 342-357.

[210] 刘得格，朱伟春，李文东，等.组织行为学领域妒忌研究的不同视角、分歧和未来方向[J].心理科学进展, 2019, 27（10）: 1780-1792.

[211] 刘平青，崔遵康，赵莉，等.中国情境下精神型领导对研发人员创新行为的影响机理[J].北京理工大学学报：社会科学版, 2022, 24（1）: 65-76.

[212] 鲁沛竺.内卷化：一个跨学科理论话语的教育领域误

用与反思[J].苏州大学学报:教育科学版,2022,10(3):71-80.

[213] 吕霄,樊耘,张婕,等.前摄型人格对角色内绩效的影响:个性化交易和员工创新行为的作用[J].科学学与科学技术管理,2016,37(8):170-180.

[214] 吕逸婧,彭贺.工作场所中的妒忌研究综述[J].经济管理,2014,36(9):180-189.

[215] 马君,王慧平,闫嘉妮.跳一跳够得着:妒忌公司明星何时引发阻抑何时催人奋进?[J].管理工程学报,2022,36(3):40-50.

[216] 马晓悦,季楚玮,陈强,等.社交媒体超载对公务员任务绩效的影响——一个链式中介模型[J].公共管理与政策评论,2021,10(5):33-46.

[217] 苗彬,涂孟.相互投资型雇佣关系对员工工作主动性行为的影响[J].管理评论,2021,33(12):252-261.

[218] 彭正龙,赵红丹.团队差序氛围对团队创新绩效的影响机制研究——知识转移的视角[J].科学学研究,2011,29(8):1207-1215.

[219] 沙开庆,杨忠. 组织中的明星研究回顾与展望[J].外国经济与管理,2016,38(7):86-95+112.

[220] 沈伊默,诸彦含,周婉茹,等.团队差序氛围如何影响团队成员的工作表现——一个有调节的中介作用模型的构建与检验[J].管理世界,2019,35(12):104-115.

[221] 史占彪，张建新，李春秋.嫉妒的心理学研究进展[J].中国临床心理学杂志，2005（1）：122-125.

[222] 宋锟泰，张珊，杜鹏程.领导授权赋能行为与员工主动性行为的非线性影响机制研究[J].管理学报，2022，19（6）：861-872.

[223] 苏淑芬.高绩效水平员工被妒忌对工作健康的影响——依恋取向的调节效应[J].当代经济，2020（2）：101-105.

[224] 孙会，陈红.工作与非工作边界相互渗透的方向性和不对称性对工作倦怠的影响[J].经济经纬，2020，37（1）：132-139.

[225] 孙继伟，林强.差序氛围感知如何影响员工知识破坏行为：一个被调节的双中介模型[J].科技进步与对策，2023（4）：114-123.

[226] 孙晓军，连帅磊，牛更枫，等.社交网站使用对青少年抑郁的影响：上行社会比较的中介作用[J].中国临床心理学杂志，2016，24（1）：32-35.

[227] 屠羽，吴维库.团队追随力为何以及何时对领导效能产生影响——团队冲突的新视角[J].科学学与科学技术管理，2021，42（9）：162-180.

[228] 王财玉，罗润锋，姬少华.自然联结与社交网站使用中的妒忌：生命意义感与向上社会比较的中介作用[J].中国临床心理学杂志，2022，30（3）：619-624.

[229] 王林琳，龙立荣，张勇.新员工个别协议对同事职场

排斥和自我完善的影响：妒忌与整体公正感的作用[J].管理评论，2021，33（8）：234-244.

[230] 王轶楠，杨中芳.中西方面子研究综述[J].心理科学，2005，28（2）：398-401.

[231] 王桢，陈乐妮，李旭培.变革型领导与工作投入：基于情感视角的调节中介模型[J].管理评论，2015，27（9）：120-129.

[232] 王振源，吴俊红，孙珊珊.同事离职对留任员工离职意图影响的机制研究[J].管理科学，2015，28（5）：67-78.

[233] 吴士健，刘国欣，聂国栋.企业社交媒体常载与过载使用对员工工作绩效的影响[J].软科学，2020，34（7）：108-113.

[234] 夏福斌，林忠.组织公民行为与职场排斥关系研究——基于妒忌的"遮掩效应"[J].软科学，2021，35（5）：99-103+110.

[235] 向燕辉，何佳丽，李清银.嫉妒与幸福感因果机制：基于追踪和日记法研究[J].心理学报，2022，54（1）：40-53.

[236] 邢淑芬，俞国良.社会比较研究的现状与发展趋势[J].心理科学进展，2005，13（1）：78-84.

[237] 徐虹，梁佳，李惠璠，等.顾客不当对待对旅游业一线员工公平感的差异化影响：权力的调节作用[J].南开管理评论，2018，21（5）：93-104.

[238] 闫威，田密，张勇.职场妒忌的行为、反应与后果：一个研究综述[J].珞珈管理评论，2022（1）：21-41.

[239] 杨皖苏，赵天滋，杨善林.差序式领导、自我效能感与员工沉默行为关系的实证研究——雇佣关系氛围与组织结构有机性的调节作用[J].企业经济，2018（10）：110-119.

[240] 姚柱，张显春."妒能"如何变成"赋能"：职场妒忌对工作绩效的影响[J].商业经济与管理，2020（5）：34-47.

[241] 叶仁荪，倪昌红，黄顺春.职场排斥、职场边缘化对员工离职意愿的影响：员工绩效的调节作用[J].管理评论，2015，27（8）：127-140.

[242] 于永伟，张艳红，熊猛，等.被动关注社交网站与高中生抑郁的关系：妒忌和正念的作用[J].中国临床心理学杂志，2018，26（3）：502-505+476.

[243] 詹小慧，李群，杨东涛.LMX差异化对反生产行为的影响——基于跨层次的调节效应[J].山西财经大学学报，2019，41（1）：87-97.

[244] 詹小慧，汤雅军，杨东涛.员工建言对职场排斥的影响研究——基于社会比较理论的视角[J].经济经纬，2018，35（3）：103-109.

[245] 占小军.情绪还是认知——主管不文明行为对员工工作及生活的作用机制研究[J].管理评论，2017，29（1）：82-92.

[246] 张兰霞,刘晓娜,钱金花,等.员工被妒忌感知对创新绩效的双重作用机制研究[J].东北大学学报:自然科学版,2021,42(9):1341-1348.

[247] 张新,马良,张戈.社交媒体使用与员工绩效的关系研究[J].管理科学,2018,31(2):71-82.

[248] 张振刚,余传鹏,李云健.主动性人格、知识分享与员工创新行为关系研究[J].管理评论,2016,28(4):123-133.

[249] 张征,闫春.团队学习氛围对员工积极情绪和创新绩效的跨层次影响:集体主义导向的调节作用[J].预测,2020,39(2):27-33.

[250] 赵琛徽,陈子萌.职场地位对工匠技能人才职业使命感的影响机制研究[J].管理学报,2021,18(11):1640-1648.

[251] 赵金金,于水仙,王妍.社会比较视角下同事晋升对知识型员工职业倦怠影响机制研究——基于情景妒忌和面子需要的作用[J].软科学,2017,31(4):75-79+84.

[252] 赵修文,谢婷,刘雪梅,等.工作价值观对员工跨界行为的影响机制:调节焦点与内部动机的作用[J].中国人力资源开发,2021,38(7):60-74.

[253] 朱千林,魏峰,杜恒波.职场排斥对员工主动性行为的作用机制——自我损耗的中介效应和认同导向的调节效应[J].科学学与科学技术管理,2020,41(4):

113-129.

［254］朱瑜，谢斌斌.差序氛围感知与沉默行为的关系：情感承诺的中介作用与个体传统性的调节作用[J].心理学报，2018，50（5）：539-548.

·后记·

　　转换工作场所妒忌研究的关注点，从妒忌对象视角探讨被妒忌问题，有助于更全面、深入地理解和管理工作场所中的妒忌。员工对于妒忌的知觉可能不同于真实的妒忌情况。不过，Lee等（2018）研究也指出，基于对两个实证研究样本的二元关系水平的数据统计结果表明，被妒忌感知是基于真实妒忌的，即两者高度相关或者说被妒忌感知是受到真实妒忌高度影响的，而不是个体的归因偏差或者是对他人的错觉。当然，本研究打算从妒忌者与被妒忌者视角检验被妒忌数据的相关性以及各自影响，以全面地理解被妒忌的影响效应机制，包括被妒忌者的被妒忌感知以及妒忌者的真实妒忌引发的被妒忌者的体验与反应。

　　根据身份工作的社会性特征，个体在塑造独特性个人身份的同时，要注意其社会接受性。为了提高身份的社会意义和社会接受度，个体可能会根据外部反馈进行相应的身份调整（韦慧民和刘洪，2014）。依此逻辑，妒忌对象可能会将被妒忌看作一种来自外部的反馈，促使其进行相应的身份工作以调整身份，提高自我工作身份的价值。只是在这一过程中，可能采取的调整方式有哪些，其间的机制与边界条件是什么，还需要深入探讨。比如，可能是提高社会身份接纳度，以获得更多人的认可和共鸣，甚至是包括妒忌者在内的认同；还可能是提高个体身份的独特征，强调个人身份的意义。鉴于职场身份对个体体验与行为的重要意义,可能导致上述差异性发展的因素及内在机制将是未来值得进一步探讨的重要话题。同时,身份工作的动态性也使得个体可能会根据情境变化对自我身份进行适应性调整(韦慧民和潘清泉,2014)。究竟环境变化和刺激,如来自他人的妒忌以及妒忌行动策略作为一种环境刺激,可能对妒忌对象产生什么样的影响,具体影响路径机制如何,等等,都还不明确。结合工作环境中身份工作视角探讨组织妒忌与被妒忌问题将是一种有益的尝试。

身份是个体系列自我概念所构成的一个集合(韦慧民和刘洪,2014)。身份是理解一个人的总体参考框架,对于理解个人及其周围环境均有着重要意义(Pratt et al.,2006)。身份工作就是个体对自我身份进行建立、维持、强化或者修整的一系列活动(Watson,2008),是个体对于身份的主动建构。身份工作既包括个体对身份的创建与巩固(建构起自我的身份),也包括随着环境变化与要求而进行的动态的修整(解构并再建构起自我身份)(Pratt et al.,2006)。理解个体的身份工作可以更深刻地理解并管理其行为,因为通过身份工作建构或者再建构起的身份是个体行动以及进行社会互动的重要基础。

个体可以通过身份工作主动对自己的身份进行管理。身份工作具有动态性、主动性及社会性。首先,身份工作具有动态性特征,即个体将通过自己动态性地持续努力创立起关于"我是谁"的更好的自我感(Musson & Duberley,2007),特别是当环境发生变动或者产生新的刺激时,身份工作就可能被激发。其次,身份工作具有主动性特征,即虽然个体对"我是谁"的界定与观念会被周围环境所影响，但个体也可以对"自我"进行主动铸造（Ashcraft，2013）。最后，身份工作具有社会性特征，即身份工作是个体与环境相互影响的结果（Watson，2008）。身份工作的社会性意味着个体既要努力塑造一个独特的私人自我身份，也要遵从社会可接受性，处理好自我与外部环境之间的关系，在这一过程中可能需要个体做出一定的妥协。个体的工作身份需要他人的认同，是马斯洛归属需要以及尊重需要的要求。

在职场环境中，个体的职场身份（如工作身份、职业身份）同样可能通过身份工作进行创建、维持或者修整。工作身份是个体对工作自我的定义，反映个体在工作中的自我特征与概念（Wrzesniewski & Dutton，2001）。职业身份是个体对自己作为某一特定职业的一个成员的自我定义（Chreim et al.，2007）。对工作身份和职业身份进行的身份工作，影响个体对工作中自我意义及所处境遇的解释，将对个体工作相关的体验与行为产生重要影响。

身份工作包括一个自我定义的发展与演化过程（Ladge et al.，2012），包括一个个体对自我概念的管理、发展及修整的过程（Watson，2008）。获得一种自尊感是个体职业角色确立与发展的关键（Hall & Mirvis，1995）。当妒忌发生时，个体的自尊和自我概念受到威胁（Yu et al.，2018；刘得格等，2018），妒忌者职业角色发展与角色身份建立可能会受到影响，而被妒忌者虽然其自尊可能得到了满足，但是否一定有助于其自我概念的确定，对自我职场身份发展一定是积极的呢？这些问题还有待深入检验。

概言之，工作场所中的妒忌与被妒忌是一种普遍现象，并且对于组织及其成员有着重要的影响作用，因此有必要深入探讨工作场所中的妒忌与被妒忌，一方面促进组织中妒忌研究的理论发展，另一方面对于组织中妒忌现象的管理有着重要的借鉴意义。当前工作场所中妒忌研究已经取得了较为丰富的研究成果，并且对组织中的妒忌研究已经从对妒忌者的关注转向了对被妒忌者的关注，相关研究也受到越来越多的学者的重视，而且取得了一定的研究进展。

组织中的被妒忌与妒忌紧密相关，是人际互动中的一种常见现象，但是被妒忌有其不同于妒忌的独特一面。因此在对组织中的妒忌做了大量研究之后，还需要对被妒忌及其影响因素和作用机制做进一步探讨，以便更全面地理解组织中的妒忌现象。当前组织中被妒忌的中介机制与边界条件的影响作用研究不断得到推进，未来可以进一步探讨被妒忌其他可能的中介机制和调节影响因素，如可以进一步探讨不同层面因素的边界影响或者不同视角下的中介传递机制。具体来说，可以检验组织氛围与个体特征的跨层面调节影响，认知与情感的并行中介传递机制，等等。相信随着未来相关研究的进一步拓展，组织中的妒忌与被妒忌问题一定会取得更丰富的研究成果，并据此为组织中的人际互动妒忌现象提供更有针对性的指导，促进组织与个人的共同进步与发展。

最后，笔者的研究生柏元金、吴楠、宋亚茹、王秋洁、孙智佳、邓琦和张译之参加了本书部分章节的撰写和校对工作，在此表示感谢！本书得到了国家自然科学基金资助项目"'时间窗'

视角下双收入夫妻的身份建构对工作—家庭边界渗透的效应机制研究"（项目批准号：72062005）的部分资助，在此一并表示感谢！

潘清泉

2022年12月